ライブラリ スタンダード心理学＝2

スタンダード
感覚知覚心理学

綾部早穂・熊田孝恒 編
Saho Ayabe　Takatsune Kumada

サイエンス社

「ライブラリ スタンダード心理学」刊行にあたって

　科学的な心理学は，ドイツの心理学者ヴィルヘルム・ヴントが心理学実験室を開設した1879年に始まると言われる。130余年の時を経て，心理学は多様に発展してきた。数多の理論が提唱され，神経科学をはじめとする他の学問領域とのクロスオーバーが進み，社会問題の解決にも徐々に寄与するようになってきた。しかし，多様化するに従って，研究領域は細分化され，心理学という学問の全体像をつかむことが難しくなりつつある。心理学の近年の啓発書は，個々の研究のおもしろい調査結果や意外な実験結果の紹介に紙数を割くことが多く，初学者にとっては全体像をつかむことがよりいっそう難しくなっている。いわば魚影の美しさに目をとられ，大海原を俯瞰することができなくなった迷子船のように。

　本ライブラリは，初学者が心理学の基本的な枠組みを理解し，最新の知見を学ぶために編まれた。今後10年以上にわたり心理学研究の標準となりうる知見を体系立てて紹介する。また，初学者でも，独習が可能なようにわかりやすい文章で記述している。たとえば，心理の専門職を目指して偏りなく学ぼうとする方や，福祉職，教育職や臨床職を目指して通信教育で学ぶ方にとっては，本ライブラリはよい教材になるであろう。

　なお，本ライブラリの執筆者には，筑波大学心理学域（元心理学系）の教員および卒業生・修了生を多く迎えている。同大学は，丁寧で細やかな教育で高い評価を受けることがある。本ライブラリにも，執筆者のそうした教育姿勢が反映されているであろう。

　本ライブラリ執筆者による細やかな水先案内で，読者の方々が心理学という美しい大海原を迷わずに航海されることを。

2012年10月

監修者　松井　豊

目　次

第0章　はじめに　　1

第1章　近世感覚論事始　　9
1.1　どうして世界が見えるのか　　9
1.2　ミュラーの感覚特殊神経エネルギー説　　13
1.3　ロックとライプニッツ——哲学ノートより　　15
1.4　ヤングとゲーテ——19世紀色覚論の幕開け　　23
1.5　フェヒナーと精神物理学　　31
1.6　ヘルムホルツとヘリング　　33
1.7　ヴントの生理学的心理学　　40
1.8　20世紀とゲシタルト心理学　　43

第2章　感覚知覚心理学の時流　　49
2.1　はじめに　　49
2.2　感覚知覚をもたらす脳の基本原理　　52
2.3　腹側経路と物体認識　　55
2.4　空間認識と背側経路　　61
2.5　期待や知識による知覚の変容　　67
2.6　おわりに　　69

第3章　発達的視点から見た感覚知覚心理学　　71
3.1　はじめに　　71
3.2　体性感覚　　73
3.3　前庭感覚（平衡感覚）　　77

i

3.4	聴　　覚	79
3.5	嗅　　覚	82
3.6	味　　覚	82
3.7	視　　覚	83
3.8	感覚間の統合	86
3.9	注　　意	87

第4章　嗅　覚　91

4.1	嗅覚情報処理	91
4.2	匂いの知覚	96
4.3	匂いの記憶	100
4.4	匂いの快不快	104
4.5	おわりに	107

第5章　知覚の体制化　109

5.1	図 と 地	109
5.2	体 制 化	113
5.3	群化の要因の定量的研究	120
5.4	アモーダル知覚	123
5.5	アモーダル縮小と拡大	128
5.6	プレグナンツへの傾向	129
5.7	運動によってもたらされる体制化	131
5.8	日常生活における知覚の体制化	133

第6章　視覚的特徴の統合　135

6.1	単純特徴と特徴統合理論	135
6.2	表面特徴と形の特徴	141
6.3	視覚のモジュール構造	143

	6.4	異なる属性で定義された形の統合 ………………………	145
	6.5	ま と め …………………………………………………	152

第7章　潜在的知覚　　　　　　　　　　　　　　　　　155

7.1	潜在的知覚 …………………………………………………	155
7.2	閾下知覚研究 ………………………………………………	156
7.3	非注意の知覚研究 …………………………………………	165
7.4	ま と め …………………………………………………	177

第8章　聴　　覚　　　　　　　　　　　　　　　　　　179

8.1	聴覚の情景分析——聴覚研究の基礎的観点 ……………	179
8.2	聴覚認知の基本機能 ………………………………………	184
8.3	音声知覚——スピーチパーセプション …………………	189
8.4	音楽の知覚 …………………………………………………	194
8.5	聴覚における高次認知 ……………………………………	197
8.6	ま と め …………………………………………………	202

第9章　クロスモーダル知覚　　　　　　　　　　　　　203

9.1	クロスモーダル知覚とは …………………………………	203
9.2	クロスモーダル知覚の例 …………………………………	204
9.3	クロスモーダル知覚の仕組み ……………………………	218
9.4	クロスモーダル知覚の神経基盤 …………………………	222

第10章　精神時間の測定　　　　　　　　　　　　　　225

10.1	精神時間測定 ………………………………………………	225
10.2	速さ—正確さのトレードオフ ——ウッドワースの実験とフィッツの法則 ………	234
10.3	減算法の復活 ………………………………………………	237

10.4 加算要因法 ……………………………………… 242
10.5 速さ—正確さのトレードオフ関数 ……………… 249
10.6 反応時間の指標 …………………………………… 259

引 用 文 献 …………………………………………………… 268
人 名 索 引 …………………………………………………… 285
事 項 索 引 …………………………………………………… 288
執筆者紹介 …………………………………………………… 296

はじめに

「夜になり，雲間から真ん丸な月が小さく白く輝いていた。日中に積もった雪のせいで，辺りは一面白銀の世界である。サクサクと音のする方に目を凝らすと，仕事帰りの父がこちらに向かって歩いてくる姿が見えた。」

われわれは，陽が沈んだ後に，東の地平線上の黄みがかった月の大きさに驚くことがある。月と地球の距離はほぼ一定であるにもかかわらず，地平線上に昇る月は大きく，天空にある月は小さく「見える」。五円玉を持った腕を伸ばして，五円玉の穴から月を覗くと，あれほどまでに大きく見える地平線上の月も，小さく光る天頂の月も五円玉の穴の中にちょうど収まる。つまり（当然のことながら），地球から見える月は（満ち欠けによって形は変化しても）常にほぼ同じ大きさである。しかし，特定の前景（地平線または天空）の中にある月の大きさはわれわれには違って「感じられる」のである。

また，雪は自然な太陽光の下では，太陽光の全波長を反射するために白く見える。一方，太陽が沈んだ夜間は，雪に反射する光量そのものが少ないので，物理的には黒っぽい状態である。しかし，われわれは「雪は白い」と知っているので，夜でも雪は白く「見える」。さらに，遠くにいる人物と自分のすぐ目の前に立つ人物とでは眼の網膜に映る像の大きさは確実に異なるにもかかわらず，われわれは遠くの人物を「小人」，近くの人物を「巨人」だと思うことはない。これらの例からわかることは，われわれは感覚器から入力されたボトムアップ情報だけに基づいて，外界を知覚しているのではないということである。われわれの知覚は，それまでに知覚（体験）してきたさまざまな情報の記憶に基づいて，脳が，われわれを取り巻く環境を正しく

（？）再生してくれた結果なのである。

　駅のホームで電車から大勢の乗客が降車する情景を目にし，ドアが閉まるのを知らせるチャイム音やアナウンスを雑踏の中で聞くことは，われわれには当たり前のことである。目があるから自分の前にあるものが見え，耳があるから周囲の音が聞こえるのだということを，今さら何ら不思議に思うことはないかもしれない。しかし，実際に眼の神経生理学的構造を学ぶと，自分の前方の物すべて，隅から隅まで，総天然色で鮮明に「見えている」とわれわれが感じている「映像」は，今その瞬間に眼が受け取っている情報だけでは到底構築できるものではなく，われわれの脳が作り出してくれている世界であることを思い知らされる。本書をお読みいただければわかるとおり，このようなことは視覚だけではなく，ほかの感覚（聴覚，触覚や嗅覚）においても生じているのである。なお，一般的には，感覚（sensation）は感覚器官が刺激を受容したことで生じる比較的単純な外界に関する状態や経験，知覚（perception）は刺激の受容に伴って生じるより高次で複雑な外界に関する状態や経験を指すことが多い。しかし，感覚と知覚は一連の過程により生じるため，この両者を切り離すことは難しい。

　世間一般には，心理学は「人（とくに他人）の心を読み解く」学問であると誤解されていて，感覚や知覚も心理学の範疇かと驚かれることが多い。しかしながら，われわれ人間が自分を取り巻く環境の情報をどのように取り入れ，知覚するのかについて「知る」ことは，まさに人間の基本的な「心の機能」を学ぶことにほかならない。繰返しになるが，外的環境に存在する対象物を知覚することはボトムアップ情報の受容だけでは成立せず，トップダウンの処理があわさることによってわれわれは対象物を知覚できるのである。そして，われわれは物的世界にのみ生きているのではなく，「社会」のさまざまな人間関係（たとえば，家族，学校，会社や地域）の中で人物を「知覚」している。ゆえに，感覚知覚心理学は対人場面や教育現場での人間関係等々を理解するための基盤でもある。ゴキブリのような不快な対象物が「目に見えた」ときに，それにいつまでも注意がひきつけられる人もいれば，そ

の存在を気にしないでいられる人もいる。個人の性格特性や感情状態の違いによって，自分が置かれた環境中の情報の「知覚」も異なってくるのである。曖昧な図形（絵）を見せて，それが何に見えるのか診断することでその人の精神状態を評価する方法も臨床心理学では有名であるが，このような評価は，ものの見え方に精神状態が反映されるという人間の基本特性に基づいている。PTSD（心的外傷後ストレス障害）に悩まされる人は，特定の感覚が敏感になり，それゆえに外界の情報を過度に取り入れることがさらなる症状の悪化につながることも指摘されている。さまざまな意味で感覚知覚心理学は心理学という学問の入り口であり，本ライブラリの第2巻として位置づけられているゆえんでもある。

　「ライブラリ スタンダード心理学」は，心理学の初学者向けに，専門分野の基礎的な概念，つまりは「スタンダード」を幅広く取り上げることになっている。ただし，本巻は，ほかの巻と少々異なる趣を呈し，このライブラリが目指す「スタンダード」からはやや逸脱しているかもしれない。感覚知覚心理学は前述のとおり，心理学の礎（いしずえ）であり，古典的知見も多く，「スタンダード」な良書はすでに多数存在している。そこで本巻は，感覚知覚心理学の各分野で業績を上げておられる筑波大学（旧東京教育大学）感覚知覚心理学研究室に縁のある諸氏に，新たなスタンダードとなるべき内容を執筆依頼した。そのために，感覚知覚心理学全体を網羅する構成にはなっていないことをお断りしておく（たとえば，感覚知覚心理学のスタンダードの教科書には定番の色の知覚や運動の知覚の章はない，また味覚に関する章もない）。結果的に，従来の「スタンダード」より深く感覚知覚心理学の世界に踏み込んでもらうための，手引きとしての位置づけになったものと自負している。また，編者たちの恩師である金子隆芳先生と菊地　正先生にも，貴重な原稿をお寄せ頂いた。当該分野の碩（せき）学の名講義の雰囲気を読者にも味わって頂けるものと確信する。

　第1章では人間が自らを取り巻く環境（外部世界）をどのように感覚知覚

しているのかを理解しようとしてきた歴史について解説されている。とくに近世以降に議論された感覚論について，「哲学」から「心理学」が誕生するプロセスの中で描かれている。編者（綾部）も学生時代に執筆者である金子隆芳教授（当時。現筑波大学名誉教授）の講義で一部を聴講したが，そのときにはこの話題が心理学にどのように結びつくのか十分には理解できなかった。しかし今，改めてこの章を読むと心理学の学問としての奥深さを実感させられ，長年の時を経て，やっと感動を覚えることができた。その意味では初学者にはやや難解であるかもしれないが，いつの日かこの章の深意が理解できるときまで，ぜひ，心理学に触れていて頂きたい。「心理学は古くて新しい学問である」としばしばいわれるように，人類は「我＝意識」とは何かを常に追究してきたのである。この章では，古代からの人類の意識の探求が感覚知覚研究として今日まで受け継がれてきている，まさにその「感覚知覚心理学の原点」を，実感して頂けるであろう。

　第2章は近代の心理学，とくに脳研究の発展にともなって，その機能を実際に調べることが可能になって以降の視覚心理学研究と脳研究の境界領域で明らかにされてきた知見についてまとめられている。脳の研究もまた，心理学と密接な関係にあることがわかる。人の心が脳の機能に支えられていることに疑いの余地はないとすれば，脳を知ることで，人の心の働きを理解することができるのは自明である。この章でも，人の心，とくに感覚知覚を理解するために必要な脳の研究の成果が解説されている。

　第3章は発達的観点から感覚知覚全体を中川氏に概観して頂いた。この章だけで「ミニ感覚知覚心理学入門」の要素を有している。この領域にはどのようなトピックがあるのかを初学者の方に知って頂くには適した章となっている。また，われわれ成人の感覚知覚が成立する過程が，胎児期から詳しく解説されている。感覚知覚心理学は，どのように感じられるかを観察者に聞くところから研究が始まるが，聞けない，聞いても応えられない乳幼児の感覚知覚がどのように調べられるのかを理解して頂きたい。

　第4章から第9章は，各分野の最新の研究のトピックを集めた章である。

第4章は嗅覚心理学を，実践の場である企業の研究所で商品開発や製品の品質向上のために活かしている杉山氏に，匂い物質の受容メカニズムから心理学における基本的な知見をオーソドックスに執筆して頂いたものを，編者（綾部）が一部加筆した。近年まで，心理学の領域で「嗅覚」に注意が向けられることはほとんどなかったが，日常生活の中（とくに食品や日用品を生産する企業）では「匂い」が人間に与える影響に関する知見に対するニーズは決して低くはない。いわば，嗅覚は，新しくて役に立つ感覚知覚心理学のテーマなのである。

　第5章は，視覚における知覚的体制化についての基本的な知見に加え，執筆者である藤井氏の研究を踏まえ，アモーダル知覚について詳細な知見を紹介して頂いた。アモーダル知覚の研究は，感覚知覚心理学の中でも古い歴史を持っているが，それでもなお，十分にわかっていない，まさに「古くて新しい」テーマである。

　第6章では視覚情報がどのように取り込まれるのか，色と形はどのように処理されるのかを，この分野の第一人者であるトリーズマン（Treisman, A. M.）のモデルを中心に執筆者の森田氏自身の研究データも加えながら最新の知見を丁寧に解説して頂いた。従来の感覚知覚心理学では，色や形の知覚に関する研究はそれぞれ，独立に進められてきていたが，われわれが最終的に知覚する物体は，それらが統合されたものである。このような特徴統合という問題もまた，感覚知覚心理学の新しいテーマである。

　第7章では八木氏に，視覚刺激への潜在的接触や注意を向けられていなかった視覚刺激が後に及ぼす影響について，単純接触効果という意識が関連する現象を，自身の研究も取り上げながら解説して頂いた。感覚知覚心理学研究が，正面から意識の問題を取り上げるようになったのは，ごく最近のことである。まだ解明は道半ばのテーマではあるが，現代の心理学者が意識の問題にアプローチしようとしている姿が見て取れるであろう。

　第8章では，中島氏に，聴覚の特性，とりわけ知覚の恒常性の現象を中心にいくつかの身近で興味深い例を取り上げて解説して頂いた。また，第9章

にも続く，クロスモーダル知覚，とりわけ視覚と聴覚の感覚間相互作用に関する研究についても触れられている．

　第9章では視覚と触覚の相互関係（クロスモーダル）の研究について，和田氏の研究成果も踏まえながら解説をして頂いた．視覚や触覚は，これまで多くの場合，互いに独立に研究がなされてきている．一方で，近年，感覚間の相互作用を明らかにする研究が盛んに行われるようになってきた．この章もまた，もっとも「近代的な」感覚知覚心理学の一部が取り上げられている．

　そして最後の第10章は，菊地　正筑波大学名誉教授に担当して頂いた．この章はほかのテキストでは類を見ない，精神時間測定法の歴史から測定の実際にいたる幅広い知見が凝縮されている．心理学は質問紙（アンケート）に答えるだけのものと考えている人もいるかもしれないが，実際には多様な方法が用いられている．そこでは研究する方法（手法）が非常に重要であり，おそらくほかの学問と比べると実験計画に際して，最適な実験方法を考案することに研究者はかなりの労力を割かなければならないだろう．心理学では人間の心理状態を的確に，かつ客観的に，また多くの要因を統制しながら計測する必要がある．そのための方法に関する知識は心理学研究の基礎であり，「独特な技術」ともいえるかもしれない．しかし，このような基礎的な計測方法に関して系統的に記述されている書籍は少ない．本章では，実験心理学領域では従属変数として測定されることの多い「反応時間」について，本来の意味から詳しく解説をして頂いた．最初の段階ではこの4倍の分量があり，それだけで一冊の著書として出版できるほどの充実した，貴重な内容であったが，本巻に収まるように大幅に割愛させて頂くことになってしまった．それでもなお，この章は「反応時間」の意味とその計測の意義が系統的に解説されている．初学者のみならず，普段，その意味を深く考えずに使用しているかもしれない研究者にも，一読を強くお勧めしたい．

　本書に盛り込まれている貴重な見識が，読者のみなさんの目に触れることが当初の予定より大幅に遅れたのはひとえに編者の責任である．本書は，各

章を独立に読んでも理解できるような構成になっている。まずは，興味がある章からお読み頂き，感覚知覚心理学の最前線に触れて頂きたい。また，第1章から入って感覚知覚心理学という学問（ディシプリン）の高尚な世界に誘（いざな）われることも，ぜひともお勧めしたい。

編者　綾部早穂・熊田孝恒

近世感覚論事始

　21世紀も1デカードを経てみると，20世紀はもはや現代とはいえず，近世あるいは近代の概念も変わってくることだろうが，ここではともかくも西欧の18世紀と19世紀の，まだ心理学というディシプリンがなかった頃，西欧研究家は人間の感覚について何を考えたか，視覚を中心に考察した。心身二元論という否応のないパラダイムの中で，精神優位とするか，物質優位とするか，連動して生得説をとるか経験説をとるか，有機論か機械論か，時代と地域を意識しながら，哲学も交えて述べた。

1.1　どうして世界が見えるのか

1.1.1　目から光が——古代の視覚論

　眼を塞げば世界は見えないのだから，われわれは眼で世界を見ていることは古代人にもわかったことだ。しかし科学の方向でそれ以上のことが論じられてきたのは，近世であった。もちろん科学の話は西欧のことで，残念ながら東洋のことは普通には知られていない。また科学を西欧に伝えた中東の文化もあったのだが，よくわからない。

　五感と称してわれわれには視覚，聴覚，嗅覚，味覚，触覚があるが，これはいずれも外部世界を知るための感覚である。感覚にはわれわれの身体という内部世界についてのものもある。つまりわれわれには内外のいろいろな感覚があり，どれも重要なのだが，中でも人間にとって重要で，考えてみればもっとも不思議な感覚といえばまずは視覚，ついで聴覚といわざるをえない。そういうわけで感覚学は古くからもっぱら視覚を中心に展開してきた。もちろん古代人も，それでは目はどうやって世界を見るのかを考えたことは確か

9

だが，伝えられるところでは，それは眼から何か線が発射して世界を照らすからだという放射説がある．夜間，ネコの目が輝くのはそれだ，というのはたとえ話ととるべきだが，現代から見てナンセンスに見えて，実は放射説にも一理ある．

1.1.2　カメラ・オブスクラ——近世生理光学のはじめ

　時代はルネサンスに下がるが，天文学とともに近世科学の始めに比較的早く発達してきたのが光学で，その意味で近世を象徴する一つの道具が**カメラ・オブスクラ**（camera obscura；暗箱）であった（**図 1.1**）．はじめ，これはいわゆるピンホールカメラ，やがて凸レンズを装着した単玉レンズのカメラのことで，スクリーンに外の景色の倒立像を映して見る光学装置である．ピンホール型は古くは太陽の黒点や蝕（しょく）の観察に使われた．凸レンズ型は画期的な改良で，ルネサンスの潮流にのって，画家や建築家，あるいは一般的知識人の愛用するところであった．倒立像を正立像とする改良もなされた．

　そして実に「眼はカメラ・オブスクラなり」といったのが，17 世紀の当

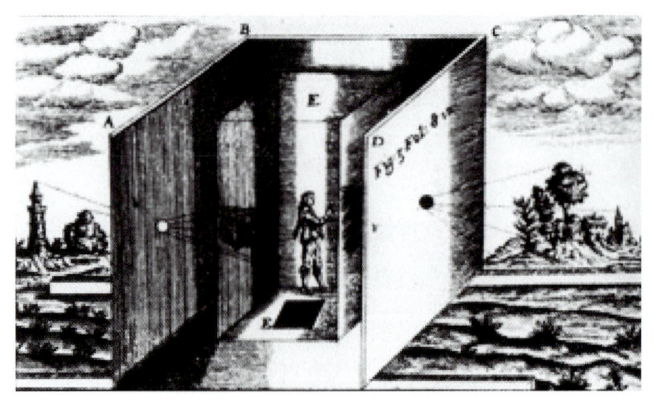

図 1.1　カメラ・オブスクラ
(http://www.camera-obscura.co.uk/)

初，一説に天文学者のケプラー（Kepler, J.；1571-1630）といわれ，これをもって眼の近世生理光学のはじめとすることもある．実際に牛の眼球を取り出して，確かに網膜に像が写っていることを確認したと伝えられる．当時，すでに放射説はなく，眼は光を受ける器官であるという認識はあったのだろうが，光を感じるのは眼の中の特殊な透明な玉（水晶体）の神秘的な能力としか想像できなかった．

そういうわけだから，眼はカメラと原理が同じで，網膜に像が映るから見

コラム 1.1　カメラ・オブスクラ・ミュージアム

スコットランドはエジンバラ城の丘に登る坂道の途中，アウトルック・タワーと称する建物はカメラ・オブスクラ・ミュージアムで，エジンバラ大学の所有である（図1.2）．昔の各種のカメラ・オブスクラが供覧されているが，メインのデモンストレーションは屋上の塔に仕掛けた大がかりなカメラ・オブスクラで，エジンバラ城周辺の光景の投影像を映し出し，部屋がせまいのでそう多くない観客が，それを一緒に見て楽しむことにある．外を見るなら屋上から直接眺めればよいわけだが，わざわざそんなことをするのには，ヨーロッパ人の間に古きよきテクノロジーへの郷愁があるのかもしれない．同様なミュージアムはよそにもある．

図1.2　カメラ・オブスクラ・ミュージアム
(http://www.camera-obscura.co.uk/)

1.1　どうして世界が見えるのか　　11

えるのだというだけで，大きな発見であり，それだけで十分納得できる説明であった．現代的ソフィスチケーションからすれば，どうしてそれが説明になるのかわからないところだが，それにもかかわらず，これを真に受けた結果が近世視覚心理学の謎の一つ，「網膜像は逆さまなのに，なぜ世界は逆さまに見えないのか」であった．この問題は多くの視覚心理学者を真実，いっとき悩ませた．

1.1.3　ホムンクルス——物心二元論のジレンマ

　近世哲学の父，デカルト（Descartes, R.：1596-1650）といえば**物心二元論**であるが，それ以来，西欧思想は心身問題に苦慮してきた．精神と物質（心と体）が別々の実体とすれば，どうして両者に関連があるのか．これについてデカルトは，どこかに精神と身体の接点があると考える**交互作用説**であった（**図 1.3(a)，(b)**）．

　近世は解剖学も進んで，視覚系についても眼球の奥，大脳レベルにまで大胆に議論が及んだ．デカルトの交互作用説によれば，心と体の接点は大脳の内奥にある松果体であった．松果体は第三脳室の後上方中央にある単体という解剖学的特徴がその理由である．ここで多少のイマジネーションを交えていえば，眼に映った世界の姿は視神経を伝って大脳に達し，脳室空間の壁面に映る．その映像を脳室の一隅から心の実体のエージェントである松果体が「見ている」のである．

　大脳におけるこのような感覚意識の座を**センソリウム**（sensorium）という．そこで神経の物的活動が精神の心的活動になる．そうでないと「見える」という心的体験（感覚）の説明がつかない．いい換えれば，脳室という映画館にもう一人の本当の自分がいて，映画を観ている．それは頭の中にいる「小さな人間」なので，**ホムンクルス**（homunculus）（小人の意）という．この考え方は，擬人説ともマネキン説とも小人説ともいわれる．

　これで納得すればよいが，それならそのホムンクルスはどうして見ることができるか，などと畳み込んだら，それは次なるホムンクルスを必要とする

 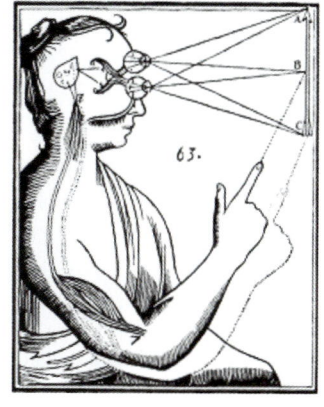

(a) デカルト　　　　　　　　(b) 交互作用説

図 1.3　デカルト（Descartes, R.; 1596-1650）と交互作用説

ことになって，エンドレスの矛盾に陥ることは明らかである。

1.2　ミュラーの感覚特殊神経エネルギー説

1.2.1　光線に色はない

　17世紀後半という時代，イギリスではニュートン（Newton, I.; 1642-1727）がプリズムによる太陽光のスペクトル色の実験を行い，一連の研究が名著『光学（*Optics*）』（1704）となって世に出た。ケプラーの「眼はカメラ・オブスクラなり」（1604）の100年後のことになる。当時すでに光の粒子説と波動説が議論になっていたが，粒子説といわれるニュートンも，網膜における光の波動的作用を認めた。すなわち，光によって視神経に振動が励起されて，それが大脳センソリウムに行って色の感覚となる。これについてニュートンの有名な言葉が「光線に色はない」（The rays are not coloured.）である。色は感覚で，物理的事実ではない。

図 1.4 ミュラー（Müller, J. P.；1801-1858）

さて，もう一度遡ってデカルトの時代，神経を伝わる「何か」をエスプリ・アニモ（動物生気）とよんだ。感覚神経も運動神経も区別がなかったが，その後，スコットランドの医学者ベル（Bell, C.；1774-1842）は神経に運動系と感覚系の区別があることを発見した（1811）。感覚神経にもまた視覚，聴覚などの神経分業があり，それぞれの感覚に特異なエネルギー（specific energy）を考えたのが19世紀ドイツの生理学者ミュラー（Müller, J. P.；1801-1858）であった（図 1.4）。そしてミュラーにおいては感覚特異的神経エネルギーには単なる分業以上の深い意味があった。そして邦語では伝統的にミュラーの説を**感覚特殊神経エネルギー説**とよんできた。

1.2.2　感覚特殊神経エネルギーとは何か——ホムンクルスの化身

感覚特殊神経エネルギーは次のように説明される。普通，光の感覚は光が視神経を刺激するから光を感じるといわれるかもしれないが，そうではない。刺激が光でなくても，視神経が刺激されれば光を感じる。眼は圧迫しても光を感じ，電気刺激でも閃光を見る。聴覚神経も同じで，聴覚を起こすのは音

刺激に限らない。耳鳴りはたぶん何か異常な生理的刺激による。仮にだが，視神経を切って耳につなぎ，聴神経を切って目につなげば，音を見，光を聞くことになる。それが視覚や聴覚の神経エネルギーなるものの天与の性質だからである。

いい換えれば光や音の感覚は物理的世界の事実を反映しない。眼と耳は世界が何であろうと，光と音としてのみ，これを認識する。そもそも光や音は，感覚体験として心的世界の事実である。それに対して，刺激は物的世界の事実である。自然科学的心理学は，物的事実がどこでどうして心的事実となるのか説明しようとして，物心二元論のジレンマに突き当たる。もし，光や音の意識体験を精神の主体的働きとして認め，感覚現象はそのような精神の働きを明らかにするものと考えれば，光を見るというのは精神の働きそのものなのだから，それについて何ら説明を要しない。それは精神の論理であり，それを認めるのがイデアリズムであり，観念論である。

ミュラーのいう感覚特殊神経エネルギーは，そのような精神的エネルギーで，心の世界の話である。近代実験生理学を確立したとされるミュラーであるが，その思想の根ざすところは生命の神秘を認める生気論，あるいは精神の主体性を無視できない精神主義であった。特殊神経エネルギーを有する感覚神経はいうなればホムンクルスの化身でもある。そこには精神が顔を出している。ミュラーはライン河畔，コブレンツの出身で，はじめボン大学教授となったが，その教授就任演説の題が「生理学における哲学的視点の必要について」であったということは興味深い。後，ベルリン大学に移った。

1.3 ロックとライプニッツ——哲学ノートより

1.3.1 ロックと『人間悟性論』

ロック（Locke, J.；1632-1704）はイギリスの思想家だが，その主著『人間悟性論（*An essay concerning human understanding*）』（1689）は西欧哲学に根本的に新しい方向を与え，また現代心理学の一つの基礎ともなった

（図 1.5）。これは当時，道徳・宗教の論争が果てしもなく続くところから，そのような問題に対処する人間の認識能力そのものを反省考察したものであった。これを**認識論**という。ちなみにイギリスでは 1640 年代，ピューリタン革命の内乱があり，ヨーロッパ大陸では三十年戦争である。

　人間精神は悟性（understanding）を有するが，悟性は目と同じで，自分以外のものを見るけれども自己自身を見ることがない。そこで今その悟性を考察するに当たってロックは，精神の本質や物体との関係などについて何らの前提も設けないこととした。

　悟性の対象は**アイディア**または観念である。アイディアは精神の内にあるが，それがどうして精神の内にあるのか，ロックはその起源を問題とした。ついで悟性がこれに作用する仕方である。それによって知識の本質と範囲が明らかになる。

　このような意味でのアイディアは心理学でいえば表象，心像，知覚，概念，

 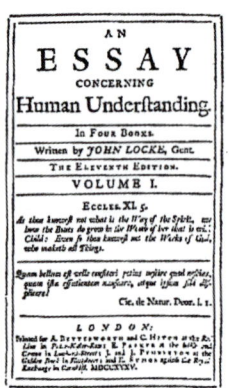

(a) ロック　　　　　　　(b) 『人間悟性論』

図 1.5　ロック（Locke, J.; 1632–1704）と『人間悟性論』（1735 年版）
（バーミンガム大学教授 J. H. ウオルステンクロフト氏提供，セント・トーマス病院〈ロンドン〉写真部撮影）

理念など，いろいろによばれる。ギリシャ時代，アイディアは形相で，個を超越し，かつ客観的な性格であったが，ロックにおいてそれが個人の心（マインド）の中にある主観的なものとなったのは，それが近世というものであった。

1.3.2　アイディアの起源とその連合

　ロックの基本的な立場は観念の先験性の否定であった。いい換えれば経験なしに人間精神に観念は生まれない。すべての観念は経験による。経験主義は今や哲学というよりは心理学的な人間理解で，それが観念連合心理学となった。ロックは経験主義以外のあらゆる先入観をさけ，できるだけ事実に即して考えようとしたが，そのようなロックの出発点は，精神でも物体でもなく，アイディア，すなわち観念そのものであった。

　アイディアの存在は証明を要しない。だれもが自己自身の内に意識し，また人々の言葉や行動を見れば，他者もアイディアを共有することがわかる。したがって，問題はアイディアそのものではなく，いかにしてわれわれはアイディアを持つにいたったか，ということである。これについてロックが経験主義であるということはきわめて常識的であった。常識的はイギリス哲学の特徴である。経験なしにはいかなる文字も精神の**タブラ・ラサ**には書かれない。感覚の窓を通さずには，いかなる光も悟性に入らない。

　感覚経験は精神の基本的素材で単純観念となり，単純観念は互いに連合して複合観念となる。単純観念を操作して知識とするのはマインドである。ロックの観念連合心理学の思想は，ニュートンの万有引力とのアナロジーと見ることができる。自然の機械論的解釈を精神現象に持ち込み，精神をメカニズムとして説明しようというのが近世である。

　一般に有機体の思想から機械論への転換には，ものは「それ自身あるもの」でなく，作られたものであり，したがってそのメカニズムは変更できるという野心がある。近代科学のこのメカニズム観が人間に向けられるとき，近代の心理学となる。

「有機論 対 機械論」は「進化 対 改革」の思想となる。進化はそれ自身の内的発展であるのに対して，改革は外的変革である。有機体を機械より上位に置くのはドイツの考え方で，イギリスやフランスにはない。ここにドイツの中世的性格がある。

1.3.3 感覚のリアリティ

ロックの悟性論によると，リアリティの根拠は単純観念に求めることになるが，すべての単純観念が必ずしもリアルとはいえない。それについてロックは感覚の2つの性質を区別した。たとえば色，匂い，味，音などの単純観念は感覚の主観的属性で，事物それ自体に色や匂いや味があるわけではない。こういう感覚を**第2性質の感覚**という。それに対して，広がり，形，運動，数などの単純観念は，感覚であると同時に，事物そのものの性質でもある。これが**第1性質の感覚**である。この区別はわれわれの意識に成立する色，匂い，味，音などの性質と，物そのものとを分けて考えることで，重要な内容を含む。

第2性質の感覚は明らかにニュートンの言「光線に色はない」を連想させる。ちなみにロックとニュートンは10歳違いで，人生の半世紀以上をイギリスで同時代を共に過ごした第一級の知識人であった。両者の間に関係がないはずがない。

1.3.4 ライプニッツの計画

ドイツの思想家ライプニッツ（von Leibniz, G. W.；1646–1716）は人類思想の統一という途方もない計画を持った（図1.6）。ライプニッツはライプチッヒに生を受け，その2年後に三十年戦争が終わった。ウェストファリア条約によってドイツは多数の王公国に分断され，概ね南部はカトリック，北部はプロテスタントに分かれたが，今やヨーロッパにこの上なく望まれたのは宗教，政治，思想の平和と統一であった。ライプニッツが人間思想のアルファベットを見出そうとしたのは，それがわかれば，その組合せで一切の

図 1.6 ライプニッツ (von Leibniz, G. W.; 1646-1716)

思想が形成され，統一できると考えたからといわれる。

そのためにはあらゆる知識を集めて分析する必要がある。そこでライプニッツはエンサイクロペディアの編集や，世界の総合的なアカデミーの設立を試みた。そのための世界語も企てた。その一つの手段が記号論理学であり，思想の代数的還元であった。

ライプニッツの論著の数は膨大で，その整理には後世長いことかかった。著書の多くは没後の刊行で，存命中の刊行は『神の善意，人間の自由と悪の起源に関する弁神の論』通称『弁神論』（1710）だけだった。これは理性と信仰の調和を論じた神学論で，調和はライプニッツ思想のキー概念である。

ライプニッツの『人間悟性新論』はロックの『人間悟性論』への反論で，1704年には脱稿していたが，この年，ロックが没したという理由で出版されなかった。有名な『単子論』も世に知られたのは19世紀も末で，カントもこれを知ることはなかった。

コラム 1.2　タブラ・ラサ考

　ロックの**タブラ・ラサ説**，いわゆる**白紙説**は経験主義のキー・ワードである。生まれたとき，人の心は白紙のようなもので，はじめは何もないが，そこに感覚経験を通していろいろな素材が書き込まれ，知識となる。実はこのラテン語はロックの造語ではなく，ロックから自著『人間悟性論』(1690)を贈られたライプニッツが，それを批判して著した『人間悟性新論（*Nouveaux essais sur l'entendement humain*）』（原文仏語）で使ったのだといわれる。

　ロックが『人間悟性論』でタブラ・ラサとはいわなかったとしても（同書はもともと英語本なのだから，英語で white paper といったのであろうか），『人間悟性論』には仏語訳があって，そこでは une table rase と訳されているそうだ。そしてライプニッツが読んだ『人間悟性論』は実はそのフランス語訳版だということになると，巷間伝えられるようには，タブラ・ラサはライプニッツの造語ではないことになる。

　ラサがそのまま白という意味ではないことは確かだが，辞書的には，ras は「短く刈った」とか「平坦な」という意味で，熟語に faire table rase de（白紙に還る）というのがある。一方，table にはテーブルとか板という意味とともに熟語として faire table rase（一掃する）というのがある。両方とも「無」に通ずるが，前者の「白紙に還る」はロックのメタファーそのものである。

　ラサはラテン語の動詞 rado，フランス語の raser（どちらも削るの意）の分詞形で，したがってタブラ・ラサは削り板のことになる。古代の粘土板や木簡がそれで，字を書いたり消したりした。心も同じである。ロックが自国語の英語で哲学を論じ，ライプニッツがフランス語やラテン語で書いたというのは，当時のドイツの後進性を暗示している。先進国で科学論文も自国語で書くようになったのは近世の科学ナショナリズムである。

1.3.5 ライプニッツにおける主体と現象

　ライプニッツの登場で近世も新段階に入った。デカルトでは精神と物体は並立する実体であったが，ライプニッツにおいて精神と物体は**主体**と対象の関係になった。物体は精神に対して**現象**である。真に存在するものは主体としての精神で，これこそが近代の意味の精神である。これは実体から主体への精神の転換であり，今や物体は実体でなく現象となった。ここにドイツ観念論が始まるが，なぜドイツに観念論かといえば，それには古くからのドイツ神秘主義という土壌もあった。

　普遍的空間的原理に対してライプニッツは個体的存在を窮極とし，個的にして内的な精神原理の独立と優位を主張した。ここに精神は物的性格を精算し，個体性を本質とする行為において理解されるようになった。精神は単に内的存在でなく，内から働くものである。

　精神は単に「おのずから存在する実体」ではない。主体として「みずから働く存在」である。精神は作用するものとして「私」あるいは「個性」の性格を与えられた。デカルトにおいて精神は精神という一つの実体であったのが，ライプニッツでは無数の個体的自我という多元的存在になる。

　デカルトでは（辛うじて人間精神を除いて）動物も含めてすべての存在は物的機械がモデルであったが，今度は精神の自由発動性が存在の基礎になる。それまで存在の根源は個を超えた普遍的な空間にあったが，ライプニッツにおいては自己の内から作用する個体が存在の基礎となる。

　存在の本質はそれ自身の個性にあり，個体は独立者として自己自身の内に無限性を含む。個体の本性は行為にあるが，それは自己の中からの働きとして発展の性格を持つ。これがライプニッツの根本動機であり，**モナドロギー**（単子論）となった。

　こうしてライプニッツは人格的精神を根本としたが，総じてドイツ哲学は近世にしては保守的であった。イギリス哲学もフランス哲学も，いずれも中世スコラ哲学の否定を出発点としたが，ドイツはその意味での近世哲学のリーダーシップをとることなく，むしろそれと妥協する。これはドイツには近

世と中世の境となるルネサンスがなかったことにもよる。ライプニッツの課題も近世と中世とを総合することにあった。その統一原理を彼は調和に求めた。

1.3.6 モナドとは何か

デカルトにおける延長としての物体は，どこまで分割してもなお分割できるから，真の**アトム**（ギリシャ語の不可分）はない。いい換えれば物体には真の窮極的要素としての「一」がない。真に窮極的な「それ自身において一なるもの」は，もはや分割できない。それをライプニッツは物質的なアトムと区別して**モナド**（ギリシャ語の一）とよんだ。

モナドとはそれ自身において一なるもの，空間的延長のないものである。かといって数学的な点ではない。自己の性質を持ち，他から区別される個である。モナドは一にして，しかも多を含む。どうして一と多とが結合できるか。結局，モナドは精神的なものでしかありえない。点は点だが，形而上学的な点である。ライプニッツは一つの円の無限個の直径がクロスする円の中心点にたとえた。

精神はそれ自身一であって分割しえないが，しかも無限の態様を含む。無限の過去と未来がある。一における多の表出と表象がある。一つのモナドは他のモナドとの関係を含む。互いに独立なモナドが互いに関係し合う仕方が表現と表出の関係である。AなるモナドはBなるモナドに対立し，関係し合うことによってAなるモナドとなる。

すなわち一つのモナドの存在は他のモナドの存在を前提とし，互いに互いを表象する。こうしてモナドは世界を表現し，そこに自己を表出している。この関係をライプニッツは予定調和といった。互いに独立でありながら，同時に必然的な関係にあることが予定調和である。モナドには窓がないと俗にいわれるが，実はモナドは窓そのものである。

モナドは表象と表出をその本性とする。世界の表象を心理学では知覚という。知覚は精神の働きである。精神は不可分にして一なるモナドであり，し

かも一切を表象する。表象には段階があり，希薄な表象は「小さな知覚」である。心理学では無意識という。意識は「表象の表象」であり，これを**統覚**という。モナドは知覚の段階で精神となり，統覚にいたって理性となる。人間精神は理性的精神である。

1.4　ヤングとゲーテ──19世紀色覚論の幕開け

19世紀ヨーロッパ色彩論はイギリスにヤング，ドイツにゲーテの相対立する事件で始まった。それはヤングにおいては王立協会講演論文「光と色の理論について」(1801) であり，ゲーテにおいては大著『色彩論 (*Zur Farbenlehre*)』(1810) である。ニュートンの『光学』(1704) からほぼ1世紀後のことであった。

1.4.1　ヤングの色覚三原色説

イギリスのヤング (Young, T.; 1773–1829) は医学・物理学を修めたが，

図1.7　ヤング (Young, T.; 1773–1829)

ロゼッタ・ストーンのエジプト聖刻文字の解読もしたという多才な人物である（図 1.7）。1801 年，王立協会における講演論文は光の波動説が主題だったが，その中で色覚の三原色説を引合いにしたのが，今日ではそのほうがモニュメンタルである。上にも述べたが，ニュートンは光の粒子説をとりながらも，網膜においてはその波動的性質を認めた。ヤングは自説の波動説のために，ニュートンの権威をそこのところでふんだんに引用した。実はニュートンが波動説を認めたのは，強硬な波動説論者であった当時の王立協会会長のロバート・フックに逆らえなかったためである。

　ヤングが光の波動論の中で色覚を扱ったのは次のような文脈である。波動説によれば網膜の色覚細胞が光の波動に同調して振動し，その波動が視神経を伝って大脳センソリウムに達し，そこで振動数に応じた色の感覚が起こる。網膜の各点はそれぞれあらゆる色を感じるのだから，各点にはあらゆる振動数に共振するあらゆる網膜細胞が含まれることになるが，それは不可能である。そこでヤングは，網膜の各点には三原色の感覚神経細胞だけを仮定すればよいと考える。ほかのすべての色は大脳センソリウムで三原色感覚が融合して生じる。こうしてヤングは波動説を強化するために色覚の三原色説を利用した。

　科学史の常であるが，絵の具の三原色はもちろんのこと，感覚の三原色についてもヤング以前に先駆者がいなかったわけではない。多分，そのようなこともあってヤング三原色説はとくに注目もされぬまま，王立協会に埋もれたままとなり，後にヘルムホルツらによって掘り出され，再評価されるまでに半世紀が過ぎた。以後，ヤング説はヤング＝ヘルムホルツ三原色説として今日にいたった。

　ミュラーの弟子であるヘルムホルツがそのとき指摘したことだが，ヤング三原色説は感覚特殊神経エネルギーの概念を 3 種の原色感覚にまで推し進めたものと解釈される。年代的に見れば，確かにそれはミュラーの特殊エネルギー概念の先取りで，早すぎたのが天才ヤングの不運であった。

　話は前後するが，三原色説以前に，当時としてそれ以上にヤングを著名に

コラム 1.3　ヤングの調節実験

　眼の調節実験のヤングの手口は，そんなことが可能かと思われるような手荒なものであるが，ともかくそれによって，近くを見るときにも眼球が前後方向に伸びるということはないことを証明した。

　「なめらかによく磨いた金属片なら，たいした不快感なしに眼球面に触れることができる。そこで柄のついた滑らかな鉄のリングを眼球の眼頭側に当て，眼窩の内縁に押しこむ。その結果，眼球の前方への伸びは抑えられる。被験者は眼を内側に回し，リングを通して鼻梁越しに遠くを見る。
　つぎに別の小さい柄つきリングを眼尻側で眼球と骨との間に押し込む。このようにリングで眼球の背後を圧迫したために網膜が刺激され，暗い影が鼻梁の前方に見える。ヤングにはそれは視野の中心近くにまで及び，この圧迫イメージの部分では真っ直ぐな線が曲がって見えるほどであった。これはリングの圧迫によって強膜が凹んだためと思われた。
　圧迫イメージが視野の中心近くにまであるということは，リングが眼球の黄斑部の裏側に触れているということに違いない。このように眼球をがっちり固定して視軸方向の長さが変わらないようにしても，眼はそれまでどおり調節が可能であった。したがって視軸方向の眼球の長さの調節ということは考えられなかった。」
（ヘルムホルツ『生理光学ハンドブック（*Handbuch der Physiologischen Optik*）』英語版より著者訳）

　ヘルムホルツも自分で同じ実験をしてみたが，目尻側のリングはそんなに奥まで入らなかった。ヤングは出目だったからそんな実験もできたのだとヘルムホルツはいっている。なお，危険だから読者は決してヤングをまねしていただかないように。

したもう一つの視覚論上の業績があった。冒頭に「眼はカメラ・オブスクラなり」といったが，眼のピント調節がカメラと同じかどうかが問題になっていた。それには角膜や水晶体のような屈折系の調節か，もう一つは眼球の前後方向の長さの調節か，という2つの可能性があった。それについてヤングは自分の眼球を実験対象として大胆な実験を行い，水晶体による調節機能をはじめて明らかにした。1793年，それを王立協会に発表したのが好評で，ヤングは若くして協会会員に推挙された。『光と色について』の講演はそれにつぐものであった。

1.4.2 ゲーテの色彩研究

ドイツの文豪・詩人ゲーテ（von Goethe, J. W.；1749-1832）に『色彩論』（1804）がある（図1.8）。ゲーテが自然科学に熱心であったことは周知のことで，したがって色彩研究があっても何ら異とするところではないが，こと色彩におけるゲーテの反ニュートンは，ライプチッヒ在学時代からといわれる。ただし，実際に色彩研究にかかったのはイタリアから帰った1788

図1.8 ゲーテ（von Goethe, J. W.；1749-1832）

年で，逸話的ではあるが，そのとき，プリズムを手にしたゲーテが最初にしたことが，ニュートンとゲーテの違いをよく物語る。

ニュートンはプリズムで太陽光をスペクトル分解してスクリーンに投写し，それを他人事のように第三者の立場から観察したが，ゲーテはそのような客観的分析的方法が気に入らなかった。ゲーテはプリズムを眼前に翳して自ら世界を見た。プリズムが光を7色に分解するのなら，プリズムを通して見た世界は7色に彩られるに違いない。ところが黒と白の縁にわずかに色を見た以外に世界に何の変わりもなかった。これは明らかにニュートンを誤解しているのだが，ゲーテの色彩研究は科学史上，まさにこの世紀の誤解から始まった。念のためにいえば，ニュートンも自らプリズムを覗いて世界を見なかったわけではない。しかし実験の意図がゲーテと違った。また，ゲーテが黒白の縁に色を見たのも間違いではない。今日，それは境界色といわれて重要な意味がある。

ゲーテは自分の目で自然を自然のままに観察し，どのような現象を見るか，現象をそのように見る精神の働きを明らかにしようとした。自然科学は現象を見て自然の働きを明らかにする。現象学は現象の中に精神を見る。ここでは精神の働きが主役になる。ゲーテは次のような詩を引用し，その源流はギリシャのプラトンにあるといった。

Wär nicht das Auges sonnenhaft
Wie könnten wir das Licht erblicken.
眼が太陽のようでなかったら
どうして光を見ることができようか
（ゲーテ（著）　木村直司他（訳）『ゲーテ全集』潮出版社，1980年より）

心には太陽のように世界を照らす内なる光があるというのである。眼には潜在する光があり，内外の刺激を契機に顕れる。これには冒頭に述べた視覚の放射説に一脈通じるものがある。

ゲーテ『色彩論』は生理的色彩，物理的色彩，化学的色彩に分かれるが，

心理学に関係があるのは生理的色彩である。色は「眼に属する」がゆえに生理的色彩とよばれた。色は「うたかた」のものではなく，立派に感覚であり，精神の現象であるという意識が込められている。生理的色彩論の内容は現代の色彩の感覚心理学と変わらない。これを心理的色彩とよばなかったのは，心理という語の用語法が現代と違ったからだろう。実に，色彩の感覚心理学は「ゲーテに始まり，ゲーテに終わる」といって過言ではない。

1.4.3 ゲーテ色彩論の背景

　ゲーテの自然科学趣味は個人の知的志向ではあるが，なぜニュートンの『光学』から100年も経とうというその時期に反ニュートン論かといえば，そこには当時のドイツのロマン的自然哲学が時代精神・地域精神として強く背景にあった。ゲーテは哲学者カント（Kant, I.；1724-1804）と人生の半世紀を同時代に過ごした。カントもまた近代哲学者として人間知性の本質を追究したが，その結論は「自然法則は外的世界にではなく，われわれの内部にある」であった。ゆえに「赤の感覚はその感覚を引き起こした朱の性質とは関係ない」。こうして知的関心は外部から内部へ，物理学から心理学へ，

コラム 1.4　ベルリン大学建学の理念

　19世紀はじめ，プロイセン王国はナポレオン軍に制圧されて苦境の中にあったが，国家主義的理想を掲げて改革を進め，それは教育にも及んだ。現在のベルリン大学（1809）やボン大学（1818）はこのとき創設されたもので，それに当たったのがギリシャ古典主義者のフムボルト（von Humboldt, W.；1767-1835）であった。ゲーテやシラーの友人としても知られる。フムボルトの大学の理念は，科学と知識の価値はそれ自体にあり，その効用にあるのではないということであった。これはまさしく学問のイデアリズムというべく，教育と研究の新しい制度の枠組みとなり，そのロマン主義自然哲学は科学理論にまで浸透して大いに成果を上げ，他大学のモデルともなった（なおベルリン大学には1696年創設の歴史もある）。

自然から霊魂へと転回した。それが文芸のみならず，ドイツ・ロマン派的とされる自然科学への新たな関心を刺激した。多少極論ではあるが，その本質を以下のようにまとめることができる。

1. 世界と全宇宙は生きた有機体である。宇宙の万物に生命がある。
2. 人間の精神はこの聖にしてすべてを包括する有機体の一部である。
3. 自然の有機的統合は主体と客体，霊魂と物質，知識と存在から成る。
4. 自然は極性と強化の力動的原理によって運動し続ける。

この影響は生命科学に，そして心理科学に一層大きかったのは当然である。

1.4.4　影の色の現象

　ゲーテの色彩現象の観察は残像や対比が主で，**影の色の現象**はとくによく知られている。現代の心理学で対比色や残像色の「誘導」というところを，ゲーテは「要求する」と擬人的に表現する。残像には網膜疲労説が普通だが，ゲーテは真の理由として「刺激された眼は全体を要求し，それ自身の中に色全体を含む」といった。生きた有機体としての眼は外からの刺激に反作用する。ゲーテは補色という言葉を使わない。これはそのような色の対が互いに補って白になるというニュートン的概念である。哲学者ショウペンハウエル（Schopenhauer, A.；1788-1860）も若い頃，ゲーテ色彩論に心酔し，『視覚と色彩』（1816）を著した。ショウペンハウエルはその序文をゲーテに依頼したが，補色という用語を使ったために拒否されたという逸話がある。

　影の色は照明の色が要求した対比色である。ハルツ山脈の一峰，冬のブロッケンから下山の途中，ゲーテは雪上の影の色が日没とともに菫から青を経て緑に変わる現象を生き生きと描写した（1777）。実験的にはゲーテも述べるように，日没時，蝋燭の炎の作る影にも見ることができる。実験は現象をできるだけ純粋な形で観察することであり，判断は観察者の叡知と洞察に委ねられる。実験は回数を重ねる必要はない。

　「影の色」はもちろんゲーテの専売特許ではなく，ほぼ同時期（1797），イギリスのラムフォード（Rumford, C.；1753-1814）の実験もよく知られて

いる。ラムフォードは黒筒を覗いて，現代の用語でいえば還元窓で影の色を観察したが，黒筒によって周囲の色を排除すると，影の色は消えることを確認した。ラムフォードの研究は，分析的という点ではゲーテよりよほど優れていた。

1.4.5　ゲーテの使徒――プルキニエ

　プルキニエ（Purkyně, J. E.；1787-1869，ドイツ語ではPurkinje）はボヘミア出身でプラハ大学に医学を修めたチェコの感覚生理学者であるが，ドイツ観念論の自然哲学やロマン派文学に傾倒した（図1.9）。多くの主観的視覚現象が報告されたが，それにはゲーテの影響がある。眼を圧迫したときの光の感覚は，音の定常波のクラドニ図形とのアナロジーで説明されたが，網膜が圧力によって振動し，物理的に光が発生するという考えはゲーテのいう眼の内なる光を文字どおりとったものと解される。

　プルキニエの名を冠した医学生理学用語が多い中で，感覚心理学では**プルキニエ現象**がよく知られている。これは昼夜の明るさ変化にともなう色の固

図1.9　プルキニエ（Purkyně, J. E.；1787-1869）

有の明るさの変化をいうもので，プルキニエは明け方の色彩観察で発見した。プルキニエは観察を重視し，現象には視覚の生理学的過程の重要なヒントがあるとするのは，それが現象学的思想というものである。主著の一つ『感覚生理学における観察と実験（*Observations and experiments investigating the physiology of senses*）』（1825）はゲーテに捧げられた。ここでも自己観察と自己実験が徹底的に行われ，プルキニエ現象もこれに述べられている。黒が単なる無ではなく，白の対極としての積極的な視覚であるという双極的概念は，プラハ大学で後任のヘリング（後述）に引き継がれた。

1.5 フェヒナーと精神物理学

　フェヒナー（Fechner, G. T.; 1801-1887）はライプチッヒ大学で物理学を講じていたが，後，主観的視覚現象に移った（図 1.10）。残像や対比の実験研究に無理をして眼を傷めたことを契機に哲学的思索に入り，その統一的自然哲学の理想を求めて，ついに精神物理学を創始するにいたった。生涯，

図 1.10　フェヒナー（Fechner, G. T.; 1801-1887）

ライプチッヒに過ごしたが，生年がベルリン大学のミュラーと同じ19世紀元年というところが象徴的である。

　フェヒナーが視覚現象の自己観察実験を熱心に行った様子はプルキニエを連想させるものがあるが，その名をとどめて今日にもよく知られる現象に主観色がある。この現象は黒白模様の回転円板に見られるものだが，顕著なだけに発見に再発見が繰り返され，今日，一連の発見者の名を冠して**プレボスト＝フェヒナー＝ベンハム主観色現象**とよばれる。

　さて，フェヒナーの哲学は一口に神秘主義的汎心論ということができる。世界全体は有機的生命体で，物理的現象世界と心理的現象世界は一つの過程の両面である。そこで心身問題としては身体過程と精神過程の関係について何らかの原理を求めることになるのであるが，それがどういう形で結果したかといえば，それが**フェヒナーの法則**であった。これは事実上，刺激の強さと感覚量との関係を与える簡単な数式で，果たしてフェヒナーの目的に適ったものかどうかが問題だが，現在は心理物理的法則といわれて，感覚心理学の基本法則となっている。同時に現在では，もともとフェヒナーが意図したこの法則の哲学的意義を省みることはなくなった。それは心理学というものの現代的な形而下的変質によるのであるが，フェヒナーの哲学を考えれば心理物理学というよりはせめて**精神物理学**とよぶのが相応しい。これがウェーバーの法則の微分方程式を解いて得られるというところは，いかにも19世紀的方法論でもある。

　フェヒナーの法則は「相対弁別閾＝一定」というウェーバーの法則から導かれるので，ウェーバー＝フェヒナーの法則ともいわれる。ウェーバー（Weber, E. H.；1795–1878）はライプチッヒ大学の生理学教授で，フェヒナーの同僚である。フェヒナー法則の由来については，フェヒナーが精神物理的法則を求めて苦行していた1850年秋，いまだ明けやらぬ払暁，神の啓示のようにひらめいたと伝えられる。これはいかにも神秘主義のフェヒナーらしい逸話であるが，フェヒナー法則における刺激と感覚の対数的関係と似たような関係は，19世紀の資本主義経済の発展の中で，たとえばマルサス

> **コラム 1.5　ブーゲ゠ウェーバーの法則**
>
> 　ところでウェーバーの法則は理念的には感覚の一般法則とされているが，もともとウェーバーは重さの感覚でこれを確認した。ウェーバーがほかの感覚属性でどこまでこの法則を検証したかについてはあまり語られない。光の明るさについてはフランスのブーゲが同じことを発見しており，ウェーバーの法則はその再発見（1831）ということになる。したがってフランスの文献ではこれを**ブーゲ゠ウェーバーの法則**とよぶこともある。ブーゲ（Bouguer, P.；1698-1758）は数学，地球物理学，天文学，果ては造船工学と多方面の学者で，月や火星のクレイターにその名をとどめているというから，それなりにポピュラーな存在らしい。「光の段階についての光学論考」（1729）という論文があり，ブーゲの法則はこれにあると思われるが，そうだとするとウェーバーの法則の 100 年前の話になる。

の人口論におけるように，人口の幾何級数的増加に対して食糧は算術級数的にしか増加しないとか，経済的価値に対して心理的富裕感は対数的だとかいう考えが当時の風潮であったことも指摘される。

　フェヒナーにはドクター・ミーゼスの筆名で次のような神秘主義的な著作がある。

　　『天使の比較解剖学』（1825）

　　『死の後の生についての小著』（1836）

　　『ナンナまたは植物の精神生活』（1848）

　　『ツェンド・アヴェスタまたは天上と彼岸』（1851）

ツェンド・アヴェスタとは古代ペルシアのゾロアスター教の聖典である。

1.6　ヘルムホルツとヘリング

1.6.1　神経興奮伝播速度の測定

　ヘルムホルツ（von Helmholtz, H.；1821-1894）はベルリンに近いポツダム出身で，ミュラーのもとにベルリン大学で医学を修め，後年，同大学の

図 1.11　ヘルムホルツ（von Helmholtz, H.；1821−1894）

教授となった（図1.11）。はじめプロイセンの軍医だったが，早くから研究者として頭角を現し，筋肉活動における代謝や熱の発生の研究から生物体を含むシステムにおけるエネルギー恒存則を発表した（1847）。熱力学系におけるエネルギー恒存則はすでに知られていたが，有機体にもそれを確認したというところが重要である。

　1950年，筋肉活動の研究の一環として**神経興奮伝播速度の測定**に成功した。当時，ミュラーの生気論も手伝って神経興奮の伝播速度はきわめて速く，光速にも匹敵するとさえ思われていたから，短い神経軸索での測定は不可能とされてきた。それには精密な時間計測器が不可欠で，その後，実験室の常備器具となった各種の機械式のクロノスコープは，多分この頃に開発された（図1.12）。心理学ではそれによって人間の反応時間が常套的に研究されるようになった。クロノスコープは1ミリ秒単位で時間を測定し，往時，この単位を1シグマ（σ）とよんだ。

　ヘルムホルツが測定したカエルの脚の神経筋標本における興奮伝播速度は毎秒30m程度という意外に遅いもので，心身並行論の自然哲学者にとっては，

図1.12　ヒップ（Hipp, M.）のクロノスコープ

意識と身体の事件に後先があってはならないから，この結果は甚だ困惑的であった。意識と身体はどちらが優位であっても困る。どちらが原因でも結果でもあってはならない。この素朴な反論に対しては刺激に対する人間の運動反応時間を考えてみればよい。たとえば音刺激に対する反応は，音源から耳までの音波の伝播時間があるからどうしても遅れるが，この遅れは物理的遅れで何の問題もない。この論理を延長すれば，耳から大脳の音センソリウムまで神経信号伝播時間を加えても，何の問題もないであろう。要は神経活動を音波と同様に物理的事象と見ればよいことである。いい換えれば，これはホムンクルスが末梢器官の耳から中枢の音センソリウムに後退しただけのことである。ヘルムホルツはホムンクルスとはいわないが，これを否定してはいない。ただ当時としては，またそれは「今でも」であるが，実験研究ができないから議論しないだけである。ヘルムホルツのいう感覚知覚における無意識推論もホムンクルスを仮定すればこそ，である。ヘルムホルツの論敵ヘリングはこれを**ヘルムホルツのスピリチュアリズム**（**精神主義**）と批判した。

1.6　ヘルムホルツとヘリング　　35

1.6.2 聴覚のピアノ共鳴説

ヘルムホルツには当時の視覚論を総合した『生理光学ハンドブック(Handbuch der Physiologischen Optik)』(1856〜1867)があり，その姉妹編として聴覚論のハンドブックがある．色覚の三原色説とならぶ聴覚の古典理論の**ピアノ共鳴説**はこれにある．

耳の奥，内耳の蝸牛(かぎゅう)という器官の中に基底膜と称して多くの繊維が張られたテーパー型の膜がある．ヘルムホルツは長さの異なるこれらの繊維をピアノの弦のようなものとみなした．各繊維には固有の振動数があって，音波が内耳に達するとその音波に同調した弦が振動し，それに発する聴覚神経が興奮する．聴覚神経には音のピッチという感覚特殊神経エネルギーがあって，人はそのピッチの音を聞く．

人は音波の可聴範囲でいくつのピッチを聞き分けるかによって，聴覚神経にはそれだけの数のピッチの特殊エネルギーがあることになる．その数は明らかに色覚の三原色どころではないのだが，ヘルムホルツはここにも感覚特殊神経エネルギーの原理をふんだんに適用した．人はこうして空気振動という物的現象を音感覚という天与の心的現象として認識する．感覚特殊神経エネルギーの思想の是非はおいても，ピアノ説には当初からいくらでも疑問はあったのだが，ヘルムホルツの権威とともにほかに代わる有力な学説もなく，ピアノ共鳴説はしばらく続いた．

1.6.3 空間視問題

ロックの経験主義によれば，すべての知識は個人としての感覚であるから，その限り自然の普遍的認識はありえない．そこで登場したのがカントの**先験主義認識論**である．それによると人間精神には生得的に普遍的な直観や悟性の形式があり，経験はその先験的な枠組みに従って処理される．これが精神優位のドイツ観念論となり，哲学のみならず自然科学や生理学にも影響した．

カントが認識の先験的枠組みとしたのが時間，空間，因果律であるが，ここに感覚心理学として重要なのが空間であることは論をまたない．19世紀

感覚心理学で空間感覚の代表的学説はロッツェ（Lotze, R. H.；1817-1881）の局所徴験説であった。人間の空間感覚は皮膚感覚や視覚にあるが，そのような広がりを有する感覚器表面の各点の神経は，刺激それ自体の感覚と同時に，その「位置に固有の信号」（局所徴験）を備えていて，その信号が空間表象の座標となり，空間知覚になると考える。局所徴験の生理学的正体については意見が分かれる。カントのように空間を先験的普遍概念とすれば局所徴験は生得的であることになり，その本質はミュラーの感覚特殊神経エネルギーのようなものだという解釈も可能である。経験主義の立場からは局所徴験は経験的に得られたもので，ヘルムホルツはそれであった。それに対してヘリングは生得説であった。

　ヘリング（Hering, E.；1834-1918）はザクセン州出身で，同州のライプチッヒ大学で医学・生理学を修め，ウェーバーやフェヒナーの講義を聞いている（図 1.13）。ライプチッヒの講師を経て，1869年，プラハ大学にプルキニエの後任としてこれを引き継いだ。当時のヘリングの研究は空間視で，ヘ

図 1.13　ヘリング（Hering, E.；1834-1918）

1.6　ヘルムホルツとヘリング

ルムホルツの経験説と対立したが，時代の流れはヘリングの生得説に「利あらず」であった。

　カントの先験的認識論はユークリッド幾何学とニュートン力学が基づく絶対空間を根拠としてきたのだが，19世紀中頃，非ユークリッド幾何学が現れ，ユークリッド空間以外の空間もあることが明らかになった。そうなるとユークリッド空間ばかりが先験的である必然性がない。たまたまユークリッド空間がわれわれの生活空間として，経験的にわれわれの観念の中に形成されたに過ぎない。

1.6.4　色覚論争

　すでに述べたようにヤングの色覚三原色説はヘルムホルツによって再発見され，ヤング=ヘルムホルツ説として世に出た。三原色は赤緑青の3色であるが，さらにその正確な規定についてヘルムホルツのもとで実験が重ねられた。この実験には森林太郎，北里柴三郎らとともにドイツに留学した明治の俊秀の一人，榊　俶（はじめ）（1857-1897）が参加して重要なデータを残している。

　さて赤緑青の三原色は混色三原色といわれるが，原色といえば赤黄緑青の四原色は，春夏秋冬，東西南北などの四元的世界観もあって，三原色以上に古くから根強いものがある。何より心理的原色，いい換えれば現象学的原色から黄をはずすことはできない。混色的には赤と緑の混色であろうが，心理的には黄はあくまでも純色である。ヘリングは心理主義であった。

　一方，精神物理的並行論の立場からヘリングは精神物理的対件（ついけん）として視物質を仮定した。視物質には異化と同化の拮抗過程があり，明るさについては白─黒物質を，四原色については拮抗的組合せとして赤─緑物質と青─黄物質を仮定した。これらの物質の力動的平衡作用は残像や対比，その他の色覚現象と並行するが，このような仮説は当時の生理学にとってはほとんど現実的でなかった。

　ヤング=ヘルムホルツの原色活動が単極的であるのに対して，ヘリング説の神経活動が双極的であることが，感覚特殊神経エネルギー説に馴染まなか

った。ヘリング説が難しい理由はまだある。色には明るさと色調の2つの属性があるが，色のない明るさはあっても，明るさのない色を考えることはできない。ところがこれがヘリングの卓見であるが，赤—緑と青—黄の原色感覚には明るさがない。色の明るさはそれと白—黒感覚との感覚融合の結果である。「明るさのない色」は感覚的に考えられないが，「考えられないことは存在しない」と考えてはならない。神経過程の奥底には何が起こっているかわからない。

1.6.5　色覚の段階説

やがて，ヤング=ヘルムホルツ説とヘリング説はそれほど相反するものではないことがわかり，折衷説が現れたが，その有力なのが**段階説**である。すなわち色覚の伝達経路のはじめの段階は三原色過程であるが，次の段階で神経マトリクスによる信号変換が行われて反対色過程になると考える。今日，段階説は神経生理学的にも徐々に証明されてきたが，実はこの図式は現代のカラーテレビの画像情報伝達の仕組みと同じところがある。

カラーテレビの送信系はカラーカメラによって映像を光学的に赤緑青に色分解し，これを R, G, B の電気信号にする。これはヤング=ヘルムホルツ説の図式である。これをマトリクス回路を通して R, G, B から明度信号（W — Bk）と色度信号（R — G）&（B — Y）に変換し，これを発信する。これはヘリング説の図式である。実際にはこんなものではないが，基本的プロセスはこうである。いうまでもなく色度信号には明るさの成分がない。つまり「明るさのない色」であるが，テレビの電気信号だと思えば，何の不思議もない。色覚の神経過程も同じことである。

ここには期せずして，仮説とはいえ，感覚神経過程と工学的情報伝達過程との間の同型性がある。これは 19 世紀ドイツ自然哲学者の喜びそうなアナロジーである。21 世紀の今日，今や段階説は現代の学説ともいえない。これが出たのは 20 世紀もはじめの頃，間もなく 1 世紀にもなろうという，カラーテレビの登場以前のことであった。

1.7 ヴントの生理学的心理学

1.7.1 ヴントとヘルムホルツ

　ヴント（Wundt, W.；1832-1920）はドイツ連邦の一小国バーデン（南ドイツ）に生まれ，ハイデルベルク大学に医学・生理学を学んだが，一時，ベルリン大学に短期留学して，ミュラーに接したこともある。1858年，ヘルムホルツが生理学教授としてハイデルベルクに着任したとき，ヴントは母校ハイデルベルクの講師で，ヘルムホルツの生理学実験演習コースの補佐を務めた。ヘルムホルツに対しては第一等の生理学者として最高の敬意を惜しまなかったヴントであったが，実はこの間，ヴントの関心は生理学から徐々に心理学・哲学へと移った。1864年，教授に昇格したとき，その担当は医学心理学・人類学であった。1871年，ヘルムホルツはベルリン大学に帰任したが，そんなわけでハイデルベルクにおいてヴントがその後任につくことはなかった。1874年，ヴントは哲学教授としてチューリッヒ大学に移り，翌1875年，ライプチッヒ大学の哲学教授に迎えられ，以後，1917年までその職にあった。

　ハイデルベルクにおけるヘルムホルツとヴントの人間的関係については心理学史に取り沙汰されるところである。学究ヴントのイメージからして意外なことだが，ハイデルベルク時代，ヴントは政治活動に加わり，1864年から68年には，バーデン州議会議員でもあった。それはドイツ統一前夜という当時の特殊な政情のなせる業であり，またそれはヴントのみならずドイツ知識人のナショナリスティックな気質でもあった。一方，この時代のヴントの学的関心と研究は1874年の『生理学的心理学要綱（*Grundzüge der physiologischen Psychologie*）』となって結実し，これがやがて実験心理学の体系的テキストとなった。

1.7.2 実験心理学の成立

　科学史に明らかのように，象徴的にいえばニュートンにおいて「物理学」

が実験科学となり，下って19世紀に入ってミュラーによって「生理学」が実験科学となった。「心理学」が近世実験科学となるのは歴史的順番であり，いまや時間の問題であった。それがヴントの生理学的心理学で実現したということである。すなわち1879年，ライプチッヒ大学に実験心理学研究室が開設された。これは心理学史における最初ということで，『生理学的心理学要綱』と合わせて，今日，ヴントを「実験心理学の父」とよぶ。心理学実験室といわれるものがヴント以前にあったとしても，ライプチッヒの場合は大学の正規の科目・施設として認められ，その意味で心理学が一人前のディシプリンとなったということに意味がある。

ヴント実験心理学研究室は何年かにわたって拡充し，1881年には研究室紀要『哲学研究』が発刊された。海外からの訪問者や留学生も多く，ライプチッヒは他大学心理学研究室新設のモデルとなった。松本赤太郎（またあかたろう）（1865-1943）はその一人で，当時の日本の主要大学の心理学研究室設立に主要な役割を果たした。当然のように，日本の大学におけるアカデミックな心理学はヴント心理学で始まった。

1.7.3 実験心理学の方法論

ヴントは経験を直接経験と間接経験に分けた。直接経験とはまさに「意識」のことであり，心理学の対象である。間接経験とは直接経験が普遍化し，相互主観的な共通概念となったもので，自然科学の対象である。たとえば光を感覚と見れば直接経験であり，電磁波と見れば間接経験である。

今日の生理学的心理学は心理現象を生理学的に説明する「生理学」であるが，ヴントの生理学的心理学は心理学の科学的独立のためにも「心理学」でなければならなかった。当時，実験科学としての感覚生理学は一応，確立していた。問題はせめて「感覚生理学」をいかにして「感覚心理学」たらしめるか，ということであった。

そのためにヴントが感覚心理学の基本的方法としたのが直接経験の**内観**（自己意識観察法）であった。これは物理学にも生理学にもない，実験心理

図 1.14 ヴント（Wundt, W. 中央着座）と共同研究者（1908年頃）
左からザンデル（Sander, F.），クレム（Klemm, O.），ディットリッヒ（Dittrich, O.），ヴィルト（Wirth, W.），助手ハルトマン（Hartmann, I.）。

学独自の方法である。内観法に対してヴントは徹底した認識論的議論を行っている。内観の観察対象とされた個人の意識の世界は自己完結的である。いい換えれば意識の事実は意識の事実で構成され，説明される。生理学の世話にはならないということである。そうなると生理学は何のためかということになるが，確かにヴントの生理学的心理学における生理学の役割は，せいぜい心身平行論を前提として，意識過程の対件としての生理学的過程を条件統制的に調べるという，その意味で実験的であるための補助手段といえなくもない。生理学的心理学テキストのかなりの部分は感覚系の解剖学・生理学であり，実験心理学研究室は生理学実験室そのままを思わせる佇まいであった。これが実験心理学の原風景である（図 1.14）。

　ヴント心理学のこのような性格から，これを意識主義とか構成主義とか称することがある。その構成主義はイギリス経験主義連合心理学に負うところが大きい。意識の要素は感覚的直接経験で，それらが連合して複合体となる。

42　第 1 章　近世感覚論事始

このことから，ヴント心理学を要素主義ということもある．あるいはまた内観法の個人的性格のゆえに個人心理学といわれることもある．実は生理学的心理学は学究ヴントの全業績からみれば前半の一部に過ぎなかった，後半は民族心理学に捧げられた．実験心理学と民族心理学の取合せは馴染まないが，ハイデルベルク時代，生物進化論を背景としてヴントの関心は人類学に踏み込んでいたこと，政治・社会問題にも活動的であったこと，生理学的心理学の個人心理学的限界などを思い合わせれば，博学ヴントの心理学が民族心理学に及んだことは異とするところではない．

1.8 20世紀とゲシタルト心理学

1.8.1 場理論と原子論

　物理学における新しい場の概念は19世紀のことであるが，本来，場の概念は原子論のアンチテーゼとして常に存在した．ニュートンの万有引力を待たずとも，物と物との間に何らかの作用があることは否定すべくもないが，原子論の考える空間は原子と原子の間の空虚な空間に過ぎないから，この作用は遠隔作用ということになる．これに対して，物体間作用の媒介者としての空間の役割を積極的に考えようとするのが近接作用説である．

　近接作用にしても遠隔作用にしても，その説明のための窮余の策が空間を満たすエーテルのような架空の物質であったが，非ユークリッド幾何学の出現，ファラデーやマクスウェルの電磁場理論，やがて登場するアインシュタインの時空相対性理論などにおいて，今やエーテルは不要となり，媒介者としての空間そのもののリアリティがにわかに高まったのが，この時代であった．原子論が古代から近代に至る自然論であったのに対し，場の概念はこの意味で近世的性格をもつ自然論である．

　ヴント実験心理学はそのモザイク的要素主義を古典的原子論に比することができるが，20世紀初頭，これを批判する形で登場したのが，ゲシタルト心理学であった．

1.8.2 現象論としてのゲシタルト心理学

ゲシタルト心理学登場の契機とされる周知の視覚現象が**仮現運動**である。1910年，ウェルトハイマー（Wertheimer, M.；1880-1943；図 1.15 左）は旅行の途中，急に思いついて（と伝えられるのだが），フランクフルト（マイン川畔）で下車し，旧知シューマンのいるフランクフルト大学に立ち寄って実験した。そのときの被験者が大学助手であったケーラー（Köhler, W.；1887-1967；図 1.15 右）とコフカ（Koffka, K.；1886-1941）で，その後のゲシタルト心理学の発展はもっぱら彼らの手によるのであるが，やがて三者ともにアメリカに亡命した。

仮現運動とは一定の瞬時間的条件で視野の2カ所に継次的に図形を提示すると，あたかも1つの図形が跳び移ったように見える現象である。ヴントの原子的感覚要素論ではこの2つの要素を運動現象的につなぐことができないことを，ウェルトハイマーは綿密に論じた。ヴントが考えるモザイク的要素連合をウェルトハイマーは加算的な「と-結合」（und-Verbindung）と批判

図 1.15　ウェルトハイマー（Wertheimer, M.；1880-1943, 左）とケーラー（Köhler, W.；1887-1967, 右）

した。「と–結合」では現象の力学的な様相を記述できない。そのためにはどうしても連続的な1つの全体的な時空の場の中で考える必要がある。そのような時空の場の力学的形態がゲシタルトである（ドイツ語 Gestalt の辞書的意味は形態で，英語では form や pattern などが当たるが，どれも物足らず，そのままゲシタルトまたはゲシュタルト，英語でも gestalt という）。

　ゲシタルト心理学はしばしば現象学の文脈で語られる。観察事実を語るのは自然学も同じであるが，自然学はそれによってその外的事実を知る。それに対して現象学は，それをそのように見る心の内的事実を知る。仮現運動を見るのは，心の作用とはそういうものだからである。そしてこの場合，「2つの図形が視野の別々の場所に次々に現れた」と見るよりも，「1つの図形が視野のある場所から別の場所に動いた」と見るほうが，よほど統合性あるいは完結性において高次ではなかろうか。これが心の主体的作用であり，**プレグナンツの原理**といってゲシタルト法則の基本である。それが心の法則なのであるから，現象学はそれがなぜかという理由を問わない。求められるのは緻密な現象学的記述である。

　ヴント心理学で説明のできない視覚現象はいろいろ指摘されていて，ゲシタルト派は大いにそれを利用した。図地問題はその代表例であり，主観的輪郭，知覚の恒常現象などがある。感覚と知覚という古典的ダイコトミーでいえば，これらはすべて知覚レベルの問題であり，知覚の多くはヘルムホルツなら無意識的推論だといったかもしれない問題を含む。知覚における心の作用はプラトンのイデアにも似た万人共通の普遍的原理であるから，ゲシタルト心理学は知覚の個人差というものを問題としない。同様な理由で知覚における経験の効果も問わない。これは天与のものである。ゲシタルト心理学は生得説である。

1.8.3　心理物理同型説

　ケーラーはバルト三国の一つ，エストニア出身であった（ちなみにウェルトハイマーはプラハ出身）。フランクフルトでウェルトハイマーとの邂逅の

後の1913年，ケーラーは大西洋上カナリヤ群島テネリフェ島のプロイセン科学アカデミー類人猿研究所長として赴任したが，折から大陸では第1次世界大戦（1914-1918）で，多分ケーラーは帰国の機会を逸したのであろうが，それが幸いしたというべきか，有名な『類人猿の知慧試験』（1917）はこの間の成果である。帰国後の1920年，ベルリン大学心理学教授に招聘されたケーラーの就任講義が「物理的ゲシタルト」であった。

　物理学に関してケーラーは量子論のマックス・プランクの指導を受けたこともあって，それを誇りとしていたそうである。物理的ゲシタルトとは物理的世界にもゲシタルト心理学の考えるゲシタルトが存在するということで，その形態性の含意からしても新しい場の思想を伴うことは明らかである。いい換えれば場があってこそ，ゲシタルトがある。実際にケーラーが引用した例として，水と油のように互いに溶け合わない2つの液体の表面張力の作る場がある。水面に油滴をたらすと油滴は表面張力の平衡を求めて一定の円形になる。それがプレグナンツの法則である。液体の表面張力の代わりに磁力線の描く磁場の形を考えてもよい。ケーラーは微分方程式などを交えてこれを専門的に論じ，そして物理的ゲシタルトが，実に現象的ゲシタルトとアナロジカルであることを主張した。これを**心理物理同型説**という。

　現象学としてのゲシタルト心理学は，方法論として生理学的説明を要しないはずであるが，ケーラーはあえてその説明を心理物理同型説に求めたかのごとくである。ウェルトハイマーも流柱説といって，仮現運動の生理学的説明として視神経興奮の流れの偏りを仮定した。現象学といえども生理学的説明なしにすまされないのは，それが20世紀科学としての心理学というものであろう。しかも19世紀にはそれがまだしも神経の末梢レベルにとどまっていたのが，20世紀には大胆にも中枢レベルに踏みこんだ。すなわちケーラーによれば，大脳の心理物理的水準の神経組織の全体的場の物理的ゲシタルトが現象的ゲシタルトとなる。現象的ゲシタルトはだれに教わったものでもない，水が低きに流れるがごとき，自然法則による。同型説はゲシタルト心理学の理論的基礎であった。ウェルトハイマーは創始者であり，コフカは

布教者であった．

　歴史は流れて，現代の中枢神経生理学から見た同型説の正否は，今やどうでもよいのだが，歴史的に重要なことは同型説にこそドイツ自然哲学のロマンを見るということである．それなくしてゲシタルト心理学の真の理解はありえない．

　　内なるものは，外にある．
　　Denn was innen, das ist aussen.
　　(Köhler, *Die physischen Gestalten*, 1924, p.173. (ケーラー『物理的ゲシタルト』, 1924 より))

感覚知覚心理学の時流

人間の感覚知覚がどのように成立するかという問題は，絶えずその時代の科学者や哲学者を魅了してきた。第1章でも述べられているとおり，ニュートンやゲーテといったその時代を代表する科学者や知識人がこぞってこの問題に取り組んできたし，今日でも多くの心理学者や脳科学者が，日々この問題に挑戦し続けている。本章では，このような古典的問題に対する，近年の感覚知覚心理学研究のアプローチを脳神経科学との関係からひも解いてみよう。

2.1 はじめに

2.1.1 背　景

近年の感覚知覚研究の流れを理解する上では，脳神経科学の影響を無視することはできない。光学や物理学など，その時代の最先端の知識を取り入れながら発展してきた感覚知覚研究の歴史を振り返るならば，今日の脳に関する研究の影響も必然である。また，感覚知覚が脳の活動の産物であることを考えれば，感覚知覚の研究が脳の理解と無関係ではいられないことは明白であろう。現状では，物質である脳の中で起きる生化学的な反応と，感覚知覚といった主観的な意識体験の関係が十分に解明されているとはいいがたいが，感覚知覚が脳の働きの制約を受けることを疑う余地はない。そこで，本章では感覚知覚に関わる脳神経科学研究の成果を解説し，脳の働きと感覚知覚の関係を考える。なお，本章では，感覚知覚の研究の中でも「視覚」の研究を中心に取り上げることをお断りしておく。視知覚の分野では，ほかの感覚に比べて多くの研究が行われてきているからである。

2.1.2 感覚知覚の役割

　感覚知覚の役割は，外部の環境を認識し，正しい行動を導くもととなる情報を獲得することである。厳密には，外界の環境だけでなく，内臓感覚など自己の内部からの情報も関与するが，本章で取り上げる視覚に限れば，夢やイメージなどの特殊な状況を除いて，外界の環境からの情報のみを対象と考えて差し支えない。

　視知覚のもととなるのは，眼に投射された**光**である。光のパターンからどうして世界が認識できるのかは，古来よりさまざまな説がある（第1章参照）。近代的な心理学や脳神経科学では，外界の環境内の情報に対応した「**表現**」（representation）が脳内にできあがるからだと考える。われわれは，平面上で線分が繋がっているだけの図形を見ても，立体的な直方体を知覚する。また，カニッツァの三角形とよばれる図形では，一部が欠けた円形の上に三角形を知覚する（第5章参照）。このとき，物理的には存在しない三角形の輪郭が知覚される。また，主観的な知覚によって生じた三角形の内部と外部は物理的には同じ明るさであるにもかかわらず，内側のほうが少し明るく見える。このような知覚体験は，網膜上に投射された光の明暗のパターンに基づいて，脳の中で外界の状況が再構築された，つまり脳内に表現ができあがった結果にほかならない。

2.1.3 視覚の計算理論

　外界の状況が脳の中に再構築される過程を明らかにすることが，感覚知覚研究の大命題であることは，古今を問わず自明のことであった。また，後述のとおり，脳の中には，視覚刺激に反応するような神経細胞が発見され，脳が外界の状況の再構築に関わっていることが，脳神経科学の研究からも明らかである。しかし，今日のような脳神経科学と心理学の結びつきが実現したきっかけは，マー（Marr, D.；1945-1980）による**視覚の計算理論**という画期的な研究パラダイムの提案である（Marr, 1982）。彼は，鳥がなぜ飛べるのかを理解するために，鳥の骨格を調べるだけでは不十分であることを例に

して，脳の構造を調べるだけでは感覚知覚の理解にはいたらないことを説明している．そして，複雑な脳の働きを理解するためには，3つのレベルのアプローチが必要であると説いた．

　第1のレベルは，**計算理論**（computational theory）とよばれるものである．これは，システム全体として何がどのような目的で計算されているのか（処理されているのか）を明確にすることにほかならない．視覚の目的は，2次元平面である網膜に投影された光の強弱や波長のパターンから，外界の3次元の構造を復元することである．このような2次元から3次元への復元が，どのような表現とアルゴリズムを介して行われるのかを解析するのが第2のレベルである．たとえば，視覚情報処理の最初の段階の表現は**原始スケッチ**（primal sketch）とよばれるもので，光の濃淡画像からエッジやブロブ（小塊）などの，画像の表現のもととなる要素を抽出することである．この後，面や奥行き情報を部分的に有する**2と1/2**（2次元半という意味）**スケッチ**，また，物体構造の抽出が行われる3次元モデルという表現へと処理が進む．このような表現がどのように作られるのかを記述したものが**アルゴリズム**である．

　表現やアルゴリズムが脳というハードウエアでどのように実現されているのか，あるいは計算機というハードウエアでどのように実現可能なのかを考えるのが第3のレベルである．生化学や生理学の対象として脳を調べることは，まさにこのレベルに相当する．第2のレベルや第3のレベルの研究だけでは，視覚情報処理の全貌はわからないというのがマーの主張である．明確な計算理論なく行われてきた従来の心理学の研究や，表現やアルゴリズムを考えずに行われてきた脳神経科学の研究が，計算理論のパラダイムの上ではじめて互いに整合した意味合いを持つことになった．しかしながら，マー自身は計算理論に影響された今日の心理学や脳神経科学の進展を見ることなく1980年に35歳の若さでこの世を去った．

2.2 感覚知覚をもたらす脳の基本原理

2.2.1 受容野と網膜位置座標対応

　外界と脳との間にあり，いわばセンサーの役割を果たすのが眼である。人間の視覚は，眼に投影された光の波長の成分と強度の空間上の広がりやその時間軸上の変化によってもたらされる。光の波長の違いは色の感覚のもととなるし，光の強度は明暗の感覚のもととなる。また，光の強度の空間分布は明暗の差，つまりコントラストを作り出し，形の知覚のもととなる。コントラストによって作られた輪郭の空間位置が，時間にともなって変化すると運動の感覚がもたらされる。

　眼に投射された光は，網膜上の視細胞によって神経の信号に変換され，視神経や中継核を経由して，脳の視覚野に投射される。視覚野には視覚情報処理に関わる神経細胞（ニューロン；neuron）が集まっている。サルやネコを対象とした実験から，視覚野にある神経細胞は，以下の2つの作動原理を有していることが明らかになっている。

　第1の作動原理は受容野（receptive field）である。脳の視覚野にある神経細胞は，それぞれ視野の特定の範囲の中に刺激が提示された場合にのみ反応し，その視野の範囲の外側に提示された刺激に対しては反応しない。このような各神経細胞が受け持つ視野の範囲のことを受容野とよぶ。神経細胞は，それぞれ異なる受容野を持ち，互いに重なり合いながら異なる視野の範囲をカバーする。1つの細胞の平均の受容野のサイズ，つまり1つの神経細胞がカバーする視野の面積は，脳の部位によって異なる。サルの脳の場合（図2.1），目から入力された情報が最初に到達する大脳皮質部位である1次視覚野（V1野）では，視野の中央付近（視角10度内）に受容野を持つ細胞の受容野の大きさ（直径）は最大でも視角約1度である。しかし，高次の視覚野である4次視覚野（V4野）では約7度（Gattass et al., 1988），下側頭回（TE野）では約15度である（Boussaoud et al., 1991）。また，比較的小さな受容野を有する1次視覚野や2次視覚野（V2野）などの部位では，脳の上

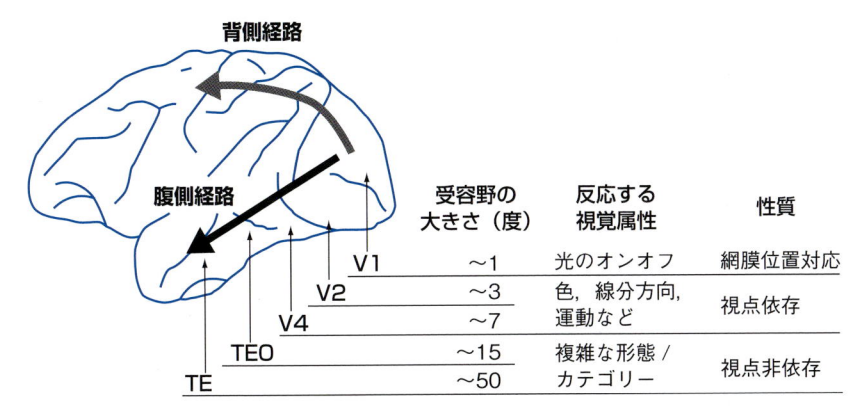

図 2.1 脳内の 2 つの情報処理経路と，腹側経路における受容野の大きさや神経細胞の性質

	受容野の大きさ（度）	反応する視覚属性	性質
V1	〜1	光のオンオフ	網膜位置対応
V2	〜3	色，線分方向，運動など	視点依存
V4	〜7		
TEO	〜15	複雑な形態／カテゴリー	視点非依存
TE	〜50		

で近接する位置にある細胞どうしは視野の上でも近接した位置に受容野を有している。その結果，視野の位置と脳の位置とが空間的に対応することになる。これを**網膜位置座標対応**（retinotopic mapping）とよぶ。つまり，網膜上での位置関係が視覚野上でも再現されている。

ヒトの1次視覚野の網膜位置座標対応を世界で最初に詳細に研究し，報告したのは日本人の眼科医の井上達二（1881–1976）である。井上は，日露戦争時に，後頭葉の銃創によって視野障害を呈した兵士の恩給支給のため，障害の程度を調べるという業務に従事していた。その際に，脳の損傷位置と視野欠損の関係を詳細に調べた。まず，彼は銃弾が頭蓋骨上のどこからどこに貫通したかを3次元の位置で正確に計測する装置を開発した。個人の脳は大きさが異なっているが，この装置を使うことによって，各患者の後頭葉のどの位置が損傷されているかを，標準化した脳の上で特定することができた。次いで，それらの患者の視野のどの位置が欠損しているかを正確に測定した。それらの結果を合わせることによって，彼は，1次視覚野の網膜位置座標対応の関係を明らかにした。驚くべきことに，今日の教科書に掲載されている

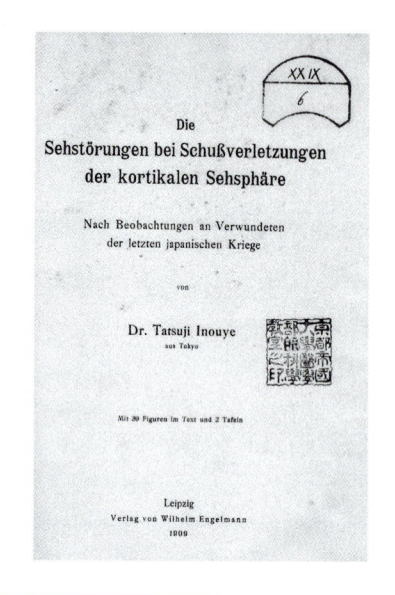

図 2.2　井上達二によるドイツ語書籍の中表紙
(Inouye, 1909；京都大学医学部図書館蔵)

ような1次視覚野の網膜位置座標対応に関する基礎的な事項が，すでに，この研究で明らかにされていたのである．井上の先駆的な研究（Inouye, 1909）は，成果をまとめた書籍（図 2.2）がドイツ語であったことも災いし，その後，顧みられることは少なかったが，彼の業績を再発見し評価した論文（Glickstein & Whitteridge, 1987）がきっかけとなり，広く知られるようになった．井上は，その後，第2次世界大戦期を挟んで臨床分野で活躍した．彼が長く院長を務めた病院（井上眼科病院）が，今日も東京，御茶ノ水の聖橋の南側にあり，その入口脇には胸像が立っている．

2.2.2　刺激選択性

脳の視覚野の第2の作動原理は「**刺激選択性**」（stimulus selectivity）である．視覚野の神経細胞は，特定の属性を持つ刺激が受容野内に提示されたときにのみ活動する．それ以外の属性を持つ刺激が提示された場合には，受容

野内であっても活動しない。このような特性を刺激選択性とよぶ。各領域には特定の刺激選択性を有する神経細胞が集まっており，より高次の脳部位ほど複雑な視覚属性に選択的に反応する。たとえば，V1野の神経細胞は光のオン―オフに反応するのに対して，V2野の神経細胞は明るさの輪郭に反応する（von der Heydt et al., 1984）。このようにV1野，V2野，V3野，V4野，MT野などの視覚系の比較的低次の領域では，色，線分，運動などの視覚の基本特徴の処理が行われる。一方，より高次の視覚領域には，基本特徴が組み合わされたカテゴリー（顔や物体など）や個別の対象に選択性を有する神経細胞がある。

　脳の部位ごとに受容野と刺激選択性の関係を見ると（図2.1参照），視覚情報処理の初期の段階であるV1野やV2野には，刺激の単純な特性に対する選択性を有し，また，非常に狭い受容野を有する神経細胞がある。一方，より高次の視覚情報処理段階である側頭葉の領域には，より広い受容野を有し，かつ，より複雑な刺激に対して反応する神経細胞がある。その結果，側頭葉にある神経細胞は刺激の大きさや位置の変化にかかわらず，その広い受容野内に選択性を有する刺激が提示されれば反応を示す（Desimone et al., 1984）。すなわち，視野内での位置に対して不変な特性（**位置不変性**；position invariance）を有することになる。

2.3 腹側経路と物体認識

2.3.1 2つの視覚経路

　眼球を通して神経信号に変換された刺激入力は，まず，脳の後頭葉のV1野に到達し，その後，2つの経路に分かれて処理される（Mishkin et al., 1983）。このうち，後頭葉から側頭葉に到達する経路は**腹側経路**（ventral stream）とよばれ，物体の形の認識に関わる処理が行われる。この処理経路は**whatの経路**ともよばれる。一方，後頭葉から頭頂葉にいたる経路は**背側経路**（dorsal stream）とよばれ，主に位置の処理に関わることから**where**

の経路，または物体の利用方法に関わることから how の経路とよばれる（図 2.1 参照）。

2.3.2　視覚性失認

　物体の認識には腹側経路が関与していることは，脳梗塞や低酸素脳症によって腹側経路を損傷した患者が示す行動からも明らかである。低酸素脳症とは，脳に酸素が供給されない状態が一定時間続くと比較的広範囲にわたって脳細胞が損傷され，さまざまな脳機能障害の後遺症を呈する疾病である。一酸化炭素中毒などが主な原因となる。腹側経路である後頭葉から側頭葉を損傷すると，**視覚性失認**（visual agnosia）とよばれる症状が生じ，自分が見ているものが「何であるか」がわからなくなる。とくに，**統覚型視覚性失認**（apperceptive visual agnosia）とよばれている視覚性失認の患者は，視力や色覚などは正常であるにもかかわらず，物体の「形」を認識することができない。リンゴの絵を見せてもそれがどのような形であるかがわからないため，それを描き写すこともできない。しかし，記憶に従ってリンゴの絵を描くことはできるし，また，リンゴとはどのような形をしたものかを口頭で説明することもできる。つまり，物体に関する知識は保たれているにもかかわらず，視覚に与えられた物体の形を正しく脳内に表現することができない。

　一方，**連合型視覚性失認**（associative visual agnosia）とよばれる症状は，感覚レベルの障害を伴わない。見た物体の色や形を説明することができ，また，正確に描き写すこともできる。にもかかわらず，その名前（やカテゴリー）を答えることができない。指輪の絵を見せても，その形は正確に理解できるが，それが「指輪」であることがわからない。一方，「指にはめるアクセサリーで，ダイヤモンドが付いていて，結婚式で交換するもの」というような定義を与えると，「指輪」と答えることができる。つまり，連合型失認患者では，物体の名称や概念は保たれており，また，視覚情報も正確に処理できるが，視覚処理された結果と既有の知識との間の連絡が途絶えてしまっているのである。このように，さまざまなタイプの失認症の患者の比較から，物

体が何であるかがわかるには，機能のレベルでもいくつかの段階が関与していることがわかる。

連合型失認の特徴は，失認が起きるカテゴリーが限られることである。たとえば，**相貌失認**（そうぼう）（prosopagnosia）の患者では，顔に関して特異的に失認が生じる。相貌失認のみが生じている患者では，顔以外の物体に対しては何ら失認が生じないケースもある。また，特定のカテゴリー（たとえば，植物や動物などの生物）がほかのカテゴリーに比べてより重い失認症状を示すような症例も報告されている。これらは，カテゴリーごとに脳の異なる部位で処理がなされていることの証拠と見なすことができる。

2.3.3 おばあさん細胞

サルの脳の神経細胞の活動記録の結果やヒトの脳機能画像計測の結果，あるいは視覚性失認の症例報告などから，腹側経路が物体の認識に関わっていることは明白である。しかし，具体的にどのように物体認識が実現されているかについては，まだ十分には解明されていない。サルでは後頭葉のV1野から側頭葉の先端の方向に進むに従って，より複雑な刺激属性に反応する神経細胞が増える。すなわち光のオン－オフや色のような単純な刺激特徴に反応する神経細胞から，顔のような複雑な刺激に選択的に反応する神経細胞へと階層的に処理が進んで行く様子がわかる。では，究極的には，腹側経路の一つの神経細胞が特定の対象に対して反応することが，物体の認識の基盤となっているのだろうか。このような考え方は**「おばあさん細胞」仮説**とよばれている。おばあさんであることが認識できるのは，脳内の「おばあさん細胞」が反応したからであるという一種の仮説で，「おばあさん」に限らず，あらゆる物体が認識できるのはそれに選択的に反応する特定の細胞があるからと考える。しかし，われわれが区別できる物体の数に比して，脳内の神経細胞の数には限界があるため，別の何らかの方法で認識が行われていることは明白であろう。「おばあさん細胞」仮説も，「そうでないとしたら何であるか」を考えるべきという問題提起にほかならない。

2.3.4 物体認識の視点不変性

物体認識では，あるおばあさんとほかのおばあさんが区別できることと同時に，見る角度や照明の条件などによって異なる見え方をする場合でも，そのおばあさんは同一のおばあさんとして認識されなくてはならない。たとえば，飛行機などの複雑な形状を有する物体では，見る角度によってまったく見え方が異なる。しかし，われわれは，どのような角度から見ても，それが飛行機であることがわかる。また，物体の物理的な特徴（大きさ，位置，照明条件など）を変えたりしても，同一物体として認識することができる。すなわち，人間は物体の物理特性の変化には影響されずに，また，どのような視点から見ても，「同じもの」として認識できる。これを，**視点不変性**（viewpoint invariance）とよぶ。

視点不変性がどのように脳内で実現されているかに関して，これまで主に2つの考え方が提案されている。一つは，物体は視点に対して普遍的なパーツに分解して理解されているというものである。マーらは，3次元の物体は単純な円筒（**一般化円筒**（generalized cylinder）とよばれる）の組合せとして認識されると考えた（Marr & Nishihara, 1978）。同様の考え方をより進めたものに **RBC**（Recognition-By-Component）**モデル**がある（Biederman, 1987）。RBC モデルでは，あらゆる3次元の物体は，**ジオン**（Geon；Geometrical ion の意味）とよばれる基本的な形の組合せによって記述できると考える（図2.3）。どのようなタイプのジオンがほかのジオンとどのような位置関係にあるかによって，物体の形が記述できるという考え方である。ジオンの種類と位置関係は視点に対して不変であるため，どのような視点から見ても，同じ組合せができあがる。ジオン説と対応するように，腹側経路には，物体を形作るパーツに反応する神経細胞の集団があることが示されてきている（Tanaka et al., 1991）。神経細胞の集団は，反応する神経細胞の組合せによって異なる物体を表現することができる（**組合せコーディング**とよばれる）ため，神経細胞の数には限定されずに，非常に多くの異なる物体を表現できるという利点がある。

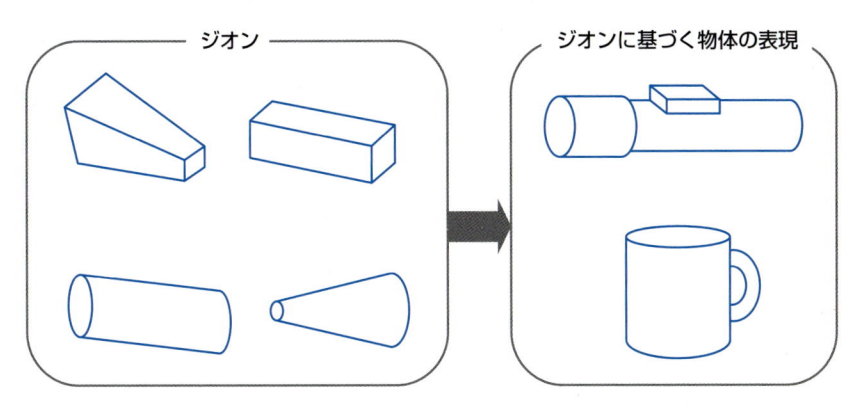

図 2.3　ジオンの例とジオンに基づく視覚物体の表現の例

　視覚認識の視点不変性に関するもう一つの説明は，**視点依存モデル**（view-dependent model）である（Tarr & Bülthoff, 1998）。このモデルは，RBC モデルでは説明できない現象を説明するために提案されたものである。そのような現象の一つは，以下のような実験の結果である。まず，まったく見たことがないようないくつかの物体の，いくつかの限られた視点から見た画像を実験参加者に提示する。個々の物体には名前がつけられており，参加者は物体の画像からその名前を答えられるように学習する。また，学習が成立したところで，今度は，参加者に，学習した物体について，学習した視点から見たところの画像と，学習していない新たな視点から見たところの画像を混ぜて，ランダムな順に提示し，その名前をテストする。すると結果は，はじめて見る視点からの画像に対して，より反応時間が長く，エラー率も高かった。この結果はある意味，当然のようにも感じられるが，RBC モデルの予測とは異なる。RBC モデルでは，物体の認識は視点に依存しない脳内表現の組合せでなされるのだから，学習が成立した時点で，そのような視点に依存しない表現がすでにできあがっていると考える。ゆえに，RBC モデルでは，たとえはじめて見る視点からの画像であっても，学習した画像と同じ精度で

反応できるはずである。このような結果を説明するために，視点依存モデルでは，われわれは，個々の物体についていくつかの典型的な視点から見た画像を覚えていて，それ以外の視点の画像については，既知の画像から外挿（推測）して判断していると考える。

2.3.5 ヒトの腹側経路の機能的特異性

　脳活動計測の手法を用いて，ヒトの脳においても，腹側経路で特定の刺激に対して選択的に活動する脳部位が見つかっている（図2.4）。まず，紡錘状回には，顔以外の視覚物体を提示した場合よりも顔物体を提示した際により大きな活動を示す部位が見つかっている。この部位は，**紡錘状回顔領域**（**FFA**：Fusiform Face Area）とよばれている。FFAは，顔が未知か既知か，また，写真か線画か，さらには大きさや視点方向がどうであるかにかかわらず反応する。また，ヒトの顔に限らず，ネコの顔などにも反応する。さらに，

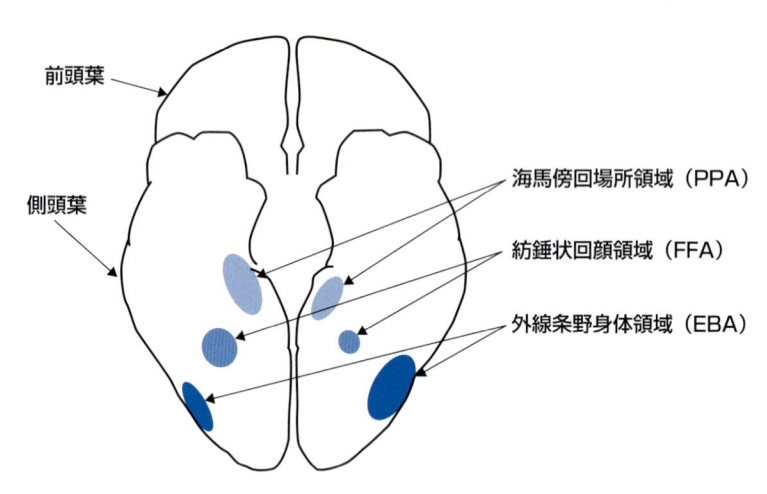

図2.4　腹側経路の物体特異的な処理部位（脳を裏側から見たところ）
（Spiridon et al., 2006に基づき作成）

このFFAの活動は，倒立顔効果のような顔の知覚研究で明らかになっている現象とも対応する。**倒立顔効果**とは，顔写真を倒立させて（逆さまに）提示すると，顔写真の異同判断などの精度が低下することである。倒立顔に対するFFAの活動は，正立顔に比べて小さくなる。

また，海馬傍回には，風景の画像を提示したときに，それ以外の視覚物体を提示したときよりもよく活動する部位が見つかっている。この部位は，**海馬傍回場所領域**（PPA；Parahippocampal Place Area）とよばれている。この領域は，未知か既知かにかかわらず，また屋内外にかかわらず，建物や風景の画像に反応する。

側頭葉の外側後部には，身体の部位に選択的に反応する部位が見つかっている。この部位は**外線条野身体領域**（EBA；Extrastriate Body Area）とよばれている。この領域も，視点や大きさにかかわらず，また，写真でも線画でも，身体部位であれば反応を示す。また，自分の身体より他者の身体に対してより大きく反応する。

ダウニングらは，上記の3つ以外の16カテゴリーについて脳活動計測を行ったが，それらに選択的に反応する部位は見つからなかった（Downing et al., 2006）。ゆえに，大半のカテゴリーは腹側経路の脳領域内で分散的に処理されているらしい。このような分散的な処理と，視覚性失認がカテゴリー特異的に起きることの間の関係はまだ十分には解明されていない。

2.4 空間認識と背側経路

2.4.1 アクションのための視覚

視覚情報処理に関わる2つの脳内経路である腹側経路と背側経路は，処理される情報の特徴から，それぞれwhatの経路，whereの経路ともよばれることはすでに述べた。グデールとミルナーは，処理される情報の特徴よりも，それぞれの処理経路の出力の利用のされ方が異なる点が重要であると主張した（Goodale & Milner, 1992）。彼らの説明は以下のとおりである。

腹側経路は環境における物体の知覚表象を生成する（vision-for-perception）のが処理の目的であるのに対して，背側経路は物体に対する視覚情報による行為の制御を行う（vision-for-action）のが目的である。どちらの経路でも，視覚物体に対する構造や位置の情報，つまり what の情報も where の情報も処理されているが，その使われ方が異なるのである。

　腹側経路と背側経路で情報の使われ方が異なることの証拠として取り上げられたのが，イニシャルで DF とよばれる脳損傷患者の例である。DF は一酸化炭素中毒により低酸素脳症となり，腹側経路の一部である後頭葉外側下部を損傷した。その結果，単純な幾何学図形を見てもその形や向きすら判断できなかった。つまり，視覚物体に対応した正しい知覚は成立しなかった。しかしながら，DF は目の前に置かれた物体が何であるかはまったく判らないにもかかわらず，正確な間隔で人差し指と親指を広げて，何ら困難もなくその物体をつまみ上げることができた。この患者の例は，視覚対象として意識が存在しないにもかかわらず，高次な感覚情報処理が存在し，その視覚対象に対する行為の制御が可能であることを示している。意識の成立のみが視覚情報処理の役割ではないということ，さらに，意識の成立にかかわる処理系とは独立の情報処理系が「行為のための視覚情報」を処理しているということがわかる。

　腹側経路と背側経路の処理特性の違いは，幾何学的錯視を用いた研究からも明らかになってきている（たとえば，Aglioti et al., 1995）。たとえば，エビングハウス錯視を用いた実験では，健常な実験参加者は錯視が生じるにもかかわらず，正確なサイズに指を広げることができた。エビングハウス錯視とは，ターゲットとなる円形の周囲に，その円よりも大きな円あるいは小さな円を配置すると，大きさの対比効果によって，大きな円を配置した場合のほうが，小さな円を配置した場合よりも，中央のターゲットの円が小さく見えるというものである。そこで，周囲に小さな円が配置された条件と大きな円が配置された条件で，中央のターゲットの円が，同じ大きさに見える条件をあらかじめ設定しておく。すると，中央の2つのターゲットの円の大きさ

は物理的には異なるにもかかわらず，同じ大きさに知覚される．このときに，実験参加者が中央の円をつまもうとする際の，人差し指と親指の間隔を計測した．すると，大きな円に対して指をより大きく開くことが明らかになった．すなわち物体をつかもうとする際に働くシステムである背側経路は，物体の見かけの大きさには関係なく，物理的な大きさによって制御されているらしい．このような例からも，背側経路は視覚情報処理において腹側経路とは異なる役割を担っていることがわかる．

　たとえば，目の前にある消しゴムをつまみ上げるといった単純な行動においても，消しゴムを認識する過程である腹側経路と，それをつまみ上げるために，正しく指を開き，消しゴムの位置に指を誘導する過程である背側経路の両方が協調的に働いているのである．腹側経路と背側経路の情報処理の特性は，それぞれで情報がどのように用いられるかということと密接に関連している．物体が何であるかを認識するためには，位置や大きさを正確に認識することよりも，むしろその位置や大きさに対して不変な視覚表象を作り上げることが重要となる．大きさや位置は，観察者が移動することによって容易に変わりうる．その度に，異なる物体として認識されるとすると，同一物体として認識し続けることが難しくなるであろう．一方，その物体に対して何らかの行為をしようとすると，その物体に対して正確な位置に手を近づけ，正確につかむなどの操作をすることが必要である．そうしないと，つかむのに失敗したり，落としたりというようなことが起きる．ゆえに，行為のためには，周囲の状況には影響されない，正確な大きさの認識が必要なのである．

2.4.2　空間位置へのアクセスの方法によって異なる脳活動

　背側経路では空間位置に関連した情報処理が行われることは上述のとおりである．サルを対象とした研究では，とくに頭頂葉の領域で，空間に対してどのようにアクセスするかによって働く部位が異なることが知られている（図 2.5）．われわれの身体の中で空間に働きかける主な器官は眼と手である．眼球運動の中でも急速眼球運動であるサッカードのプランニング（どの位置

リーチング（到達）(MIP)

サッカードのプランニング（LIP）

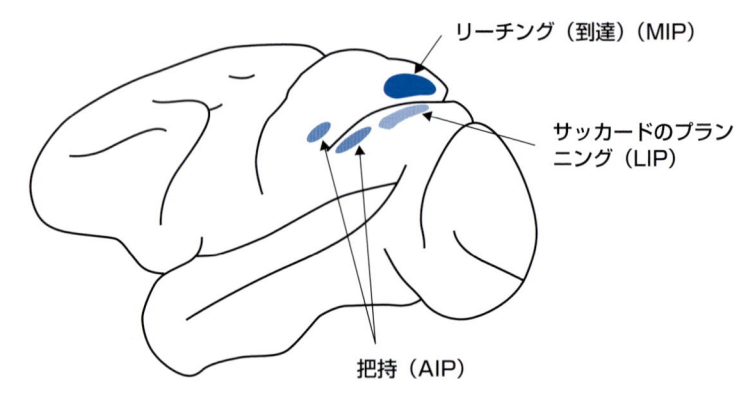

把持（AIP）

図 2.5 背側経路の反応特異的な処理部位（Kaas et al., 2011 に基づき作成）

に視線を移動するかを決定すること）に関しては頭頂葉の **LIP 領域**（Lateral Intraparietal area）が関与する。手の運動に関しても，視覚対象に対するリーチング（到達）やポインティング（指差し）には **MIP 領域**（Medial Intraparietal area）が関わっているのに対して，**AIP 領域**（Anterior Intraparietal area）は，物体の把持に関連している。これらは，主にマカクサルを対象とした実験によって得られた結果であるが，近年，ヒトにおいても外界へのアクセス方法によって異なる脳部位が関与していることが報告されている（Hinkley et al., 2009）。

2.4.3 背側経路における物体の処理

　サルの頭頂葉の物体の把持に関与する脳部位にある神経細胞は，物体の形と物体を把持するための手の形の両方によって異なる反応を示す（Sakata et al., 1995）。同じ物体に対しても，どのような手の形でそれをつかもうとするかによって，反応する神経細胞が異なる。ヒトの場合には，少なくとも3つの頭頂領域が，視覚物体が有する位置に関連した情報である傾き，奥行き，運動の処理に関与していることがわかっている。たとえば，後頭葉と頭頂葉

の接合部は物体の方向の変化には反応するが，物体の内容が変化しても反応しない（Valyear et al., 2006）。物体の方向は，把持をする際などに重要となる位置に関連した情報であるが，物体の内容は把持のアクションとは関係がない。このことからも，頭頂葉では視覚物体が有するさまざまな情報のうちで，アクションのために必要な情報のみが処理されていることがわかる。

ヒトの**側頭葉**では，顔や文字などに反応する部位があることがわかっているが，今のところ頭頂葉には顔や文字に選択的に反応する部位は見つかっていない。顔は，通常は「つかむ」といったアクションの対象にはなりにくいためであろう。一方，頭頂葉では，熟知している「道具」（ハンマーなど）の画像に反応する部位が，左半球で見つかっている。道具の使用にかかわる手足の運動に関連した情報が頭頂葉に蓄えられていると考えられている（Johnson-Frey et al., 2003）。

2.4.4　第3の視覚処理経路

眼から入った情報が最初に到達する脳の皮質は1次視覚野であり，この1次視覚野には視野の位置と脳の位置とが空間的に対応する網膜位置座標対応という性質があることはすでに述べた。したがって，脳梗塞などで脳の片側半球の1次視覚野全体を損傷すると，その反対側の視野が全体的に欠ける。このような状態を，脳の皮質が欠損することでものが見えなくなることから**皮質盲**（cortical blind）とよぶ。しかしながら，皮質盲の側の視野に刺激を提示すると，それに対して何らかの反応ができる場合があることが知られている。このような状態を**盲視**（blind sight）とよぶ（Weiskrantz et al., 1974）。

盲視の一部と見なしうる現象は，**リドック現象**として古くから知られていた。第1次世界大戦で脳を負傷した患者が，皮質盲側の視野に提示された運動する刺激に対して何も見えないと答えるにもかかわらず，何かが動いているような気がすると訴えることをリドックは報告している（Riddoch, 1917）。より近代的な研究では，光点を皮質盲側の視野に短時間提示し，患

者に光点が見えたか否かを答えさせるという実験が行われた。この実験では，患者は，光点が見えたか否かについては正しく答えられなかった。にもかかわらず，強制的に光点があったと思われる場所を指差すように指示すると，患者は統計的に有意な確率で正しくその場所を指差すことができた（Weiskrantz et al., 1974）。盲視は，眼球から1次視覚野を経由せずにほかの視覚領域，主に頭頂葉に到達する第3の視覚処理経路の存在によって説明される。

2.4.5　背側経路/腹側経路と知覚意識

2.4.1で紹介した患者DFは，腹側経路の損傷によって，物体の認識ができないにもかかわらず，正しくものをつまみ上げることができた。盲視の患者も，また，明瞭な物体に関する知覚意識がないにもかかわらず，その物体の位置を正確に指し示すことができた。これらの結果から，グデールとミルナーは，1次視覚野から側頭葉にいたる腹側経路が知覚意識に関連していると主張している（Goodale & Milner, 1992）。彼らの説によれば，背側経路で行われる視覚物体に対するアクションのコントロールには，潜在的，無意識的な処理が関わる。

腹側経路の活動が知覚意識と関連していることは，両眼間の**視野闘争**（binocular rivalry）が起きている際の脳活動を計測した研究の結果からも明らかである（Tong et al., 2006）。この研究では，顔の画像と建物の画像をそれぞれ片方の眼に提示した。このように左右の眼に異なる刺激が提示されると，両方の画像が同時に知覚されることはなく，絶えずどちらか一方が知覚される。また，その知覚はときに反転し，もう一方の画像が見えだすと，今まで見えていた画像は見えなくなる。このような現象は視野闘争とよばれ，古くから知られている。この研究で用いられた顔の画像と建物の画像は，上述のとおり，それぞれ紡錘状回顔領域（FFA）と海馬傍回場所領域（PPA）で専門的に処理されることが知られている。実験参加者には，両眼視野闘争時にどちらの画像が見えているかを絶えずキー押しで答えてもらい，そのと

きの脳活動を解析した。すると，回答と脳活動が非常によく対応していた。つまり，顔の画像が見えると答えている間はFFAが活動し，建物の画像が見えているときにはPPAが活動していた。

　これとは逆に，背側経路は意識されない視覚刺激に対しても反応する（Fang & He, 2005）。この研究では，片方の眼（非優位眼）に低コントラストの物体の画像を提示し，もう一方の眼（優位眼）には高コントラストのダイナミックノイズパターン（異なるランダムドットパターンを100ミリ秒ごとに連続提示したもの）を提示した。このような刺激提示条件では，両眼視野闘争が起き，さらに物理的な刺激強度の高いダイナミックなノイズが絶えず知覚される。このようなノイズを提示する条件と，ノイズを提示しない条件（ノイズなし条件）について，もともと物体に反応することがわかっている腹側経路と背側経路の部位の活動量を比較した。その結果，腹側経路ではノイズなし条件で見られた脳活動が，ノイズを付加するとほとんど消失した。一方，背側経路では，脳活動はノイズの有無でほとんど変わらなかった。つまり，背側経路では物体が知覚されるか否かにかかわらず，同程度の脳活動が得られた。これら脳損傷患者の結果や一連の脳活動計測の結果は，背側経路の活動が知覚意識とは関係しないのに対し，腹側経路が知覚意識と密接に関連することを示唆する。

2.5　期待や知識による知覚の変容

2.5.1　期待や注意による情報の選択に関わる神経機構

　脳の神経細胞の刺激選択性や受容野の研究は，麻酔下のサルの脳に微小電極を挿入することによって調べられたものが大半である。したがって，刺激選択性は期待や課題要求などとは関係なく，いわば刺激駆動的に生じる神経細胞の特性であるといえる。このように，刺激の提示に伴って自動的に生起する情報処理を**ボトムアップ処理**とよぶ。刺激の提示によって駆動された情報処理は，より低次な処理から高次な処理へと進む。一方，知覚は，単純に

刺激駆動的な処理のみによって喚起されるわけではない。知識や期待，また，情報選択に対する注意が知覚を変容させる。このような情報処理過程を**トップダウン処理**とよぶ。

1次視覚野や2次視覚野では網膜位置座標対応があることはすでに述べた。この原理を利用して，1次視覚野や2次視覚野の活動に対するトップダウンの注意の効果を調べることができる（Brefczynski & DeYoe, 1999）。この研究では，まず，個々の実験参加者について，視野のさまざまな位置に刺激を提示し，各個人の脳について1次視覚野の網膜位置座標対応を調べた。ついで，視野全体に刺激を提示し，実験参加者には，眼球を固定したままであらかじめ指定された視野の位置に注意を向けるように指示した。その結果，注意した視野位置に対応する脳の場所の活動が増強された。このことは，特定の視野位置に注意することで，その位置に対応した脳部位にある神経細胞の活動が増大したことを意味する。この結果は，実験参加者の意図に基づく空間位置に対する注意が，脳の情報処理系のかなり初期の段階の活動に影響を与えることを示している。

2.5.2 知識に基づく知覚の変容

物体の認識には既有の知識の関与が必要不可欠である。街中で，知人を見つけることができるのも，知人の顔についての知識があるがゆえである。物体の知覚には脳の腹側経路が関与することは，すでに述べた。では，腹側経路の活動に既有の知識はどのように関係しているであろうか。物体の画像の解像度を落としたり，部分的に遮蔽したりすると，その物体の認識が阻害される。このとき，物体に関する知識を与えると，知識を与えない場合よりも認識が促進される。事前に知識を与えた上で，物体を認識しようとしているときの脳の活動を調べると，腹側経路の活動は，正しい事前知識が与えられているときと，正しくない事前知識が与えられているときで違いが見られなかった（Eger et al., 2007）。つまり，腹側経路は，事前の知識に関係なく物体の認識に関わる活動を示した。一方，事前の知識の正確さに関連した脳の

活動は，背側経路である頭頂葉と前頭葉に見られた。また，正しい情報が与えられた場合には，前頭葉と頭頂葉，頭頂葉と腹側経路の間での機能的な結合（脳の部位間の活動の連動性）が高まった。つまり，知識に基づくトップダウンの情報は前頭葉—頭頂葉経路を通じて，腹側の物体認識に関わる脳領域に作用する。このような結果から，知識に基づくトップダウンの視覚情報処理は，腹側経路と背側経路の相互作用によって実現されていることがわかる。

2.6 おわりに

　本章を読み通して，脳神経科学の研究が心理学的な研究の基礎になっているかのような印象を持ったとすれば，それは正しくない。実際には，多くの脳神経科学の研究が，心理学の研究方法や過去の知見に基づいて計画されている。ゆえに，実際には，心理学的な現象の生理学的な基盤を求めるための研究が脳神経科学を進展させてきたといえる。さらに，脳神経科学の研究成果が心理学の目的である人間の心のメカニズムの理解を促進するという関係にある。つまり，両者が互いに補完し合いながら，感覚知覚の問題を解明してきているのである。感覚知覚という心理学の中でももっとも古い研究テーマの一つであっても，まだまだ未解明の部分が多く残されている。また，今後も新たな現象や問題が発見され，解決されていくことであろう。古くから続く感覚知覚に対する学問的探求はまだ，道半ばである。

発達的視点から見た感覚知覚心理学 3

　お祭りの屋台の前を歩いているとしよう。光や音，匂いなど，われわれの周りにはさまざまな刺激があふれている。それぞれの刺激を，目で見たり，耳で聞いたり，鼻で嗅ぎながら，われわれは自分を取り巻く世界について知り，それらに対して適切に関わっていく。このとき，見える，聞こえる，匂うと感じる体験のことを感覚とよぶ。この感覚が成立するためには，光や音，匂いなどの刺激と，それを受容できるそれぞれの感覚器官が必要である。それぞれの動物は生きていく上で必要な情報を収集できるよう，生息する環境によって異なった種類や性能の感覚器を持つ。これに対して知覚は，感覚データが脳において複雑な処理を受けた結果生じるプロセスである。知覚は感覚に基づくが，さらに過去の経験や思考の影響を受け，感覚データに対する予測をも伴う積極的なプロセスでもある。本章では，このような感覚知覚を胎児から乳幼児を経て成人にいたる発達過程に焦点を当てて説明する。各感覚について概観した後，感覚統合について述べ，最後に，知覚の選択性ともいえる注意の発達についても触れる。

3.1　はじめに

　表 3.1 は，ヒトの各感覚の諸特徴を示したものである。これらの感覚器はそれぞれまったく性質の違う刺激を受け取っているが，どの感覚器も共通して刺激を電気信号に変換する。この信号が脳の特定の部位に伝えられ，処理されることで，われわれには特定の感覚が生じるのである。ゆえに感覚を通さない外界の情報について，われわれは知る術がない。たとえば，ヒトにとっての紫外線のように，刺激が存在しても感覚器官が受容することができなければ，われわれは刺激を感じ取ることができない。また，生じる感覚については，どの受容器が刺激され，興奮させられるかによるところが大きい。たとえば，辛みは味として欠かせないが，味覚受容器である味蕾を介さず，

表 3.1 感覚の種類（松田，2000 を一部改変）

モダリティ	感覚器官・受容器	通常の適刺激	感覚の性質
視　覚	眼：網膜第1層の視細胞（錐体と桿体）	光（可視光）	明暗（白黒）や赤，黄，緑，青などの色
聴　覚	耳：内耳蝸牛基底膜上のコルチ器の有毛細胞	空気の疎密波（音波）	調音（純音，周期的複合音）や雑音などの音
嗅　覚	鼻腔の嗅粘膜：嗅上皮の嗅受容細胞	揮発性の物質	薬味，花，果実，樹脂，腐敗などの匂い
味　覚	舌・一部の口腔内部位：乳頭の味蕾の味受容細胞	溶解性の物質	甘，鹹（塩味），酸，苦などの味
皮膚感覚	皮膚：自由神経終末，毛包受容器，被包性終末，メルケル細胞	機械的刺激，温度刺激，侵害性刺激など	触，圧，擽（くすぐり），温，熱，冷，痛，痒など
固有感覚（自己受容感覚）	骨格筋，腱，関節：伸張受容器（筋紡錘，腱紡錘），腱受容器，関節受容器など	筋，腱，関節に加わる機械的刺激など	四肢の位置や運動の方向・速度・力（抵抗・重さ），圧，痛など
前庭感覚（平衡感覚）	内耳の膜迷路：耳石器および半規管の有毛細胞	重力，身体や頭部の直進および回転加速	ない（結果としては，身体の傾きや移動，めまいや乗り物酔いなど）

その近傍にある神経の自由終末によって受容されるため、温度感覚、痛覚と同様の体性感覚の一つと考えられている。

3.2 体性感覚

表 3.1 のうち、皮膚感覚と固有（自己受容）感覚を**体性感覚**という。皮膚は身体の中でもっとも大きな感覚器官で、無数の受容器によって皮膚の外部からの情報を感知する。生じる感覚は**触覚**（および**圧覚**）、**温覚**、**冷覚**、**痛覚**に分けられる。皮膚感覚は周囲の環境を知る役割を有するが、動物が進化するに従って、親密の度合いを示すためのスキンシップという目的も持つようになった。一方、固有（自己受容）感覚は自分自身の身体の動き、つまり筋の収縮や関節の屈折などによって生じる感覚で、姿勢や身体各部の位置、動き、運動方向、力や重さの感覚情報を知らせるものである。意識に上ることはほとんどないが、これによって、動物は姿勢を維持したり体を動かしたりすることができる。

感覚の入り口である感覚受容器は、ほとんどが胎児期にできあがっている。視覚、聴覚、味覚、嗅覚に先んじて機能し始めるのが触覚であり、受精後 7 週くらいから口の周り、10 週前後に指先の触覚が出現し、24 週には指をしゃぶるようになる（小西、2008）。このもっとも敏感な部位どうしによる行動は、自己の身体認知の始まりであるとも考えられている（Rochat, 2004）。近年、このように胎内で自発的に動き、体中に触ることで脳に身体の地図（ペンフィールド（Penfield, W. G.: 1891-1976）による**体部位再現地図**；somatotopic map：図 3.1 を参照：図 9.5 も参照）を書き込んでいるのではないかという説も出ている。こうした地図は、いつ、どのようにして発達していくのかについての新しい仮説である。生まれて数時間しか経っていない新生児の運動の軌跡を詳細に分析した結果、手をでたらめに動かしているのではなく口唇部までの最短ルートをとることが多いことから、すでに自己の身体を認知している可能性が示唆されている（Butterworth & Hopkins,

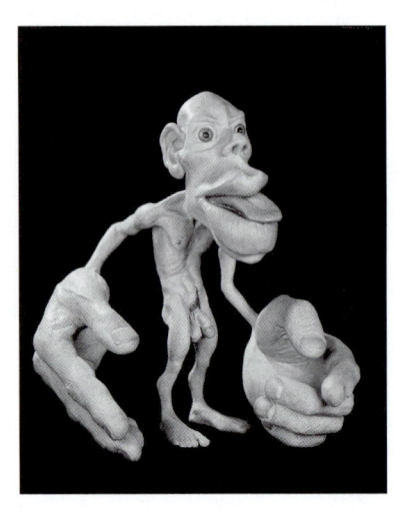

図 3.1　ホムンクルス（© Natural History Museum, London.）
体性感覚野（体中の体性感覚情報が投射されている領野）は，身体の特定の部位が皮質の特定の領域と対応するような体部位再現性をもつ。この体性感覚野において，体のそれぞれの部分がどのくらいの表面積を占めているのかを人物化したものがホムンクルスである。舌，唇，顔，そして手の指が，実際の体表面の面積よりも大脳皮質でははるかに大きな比率を占める。これらは，脳から見て重要な器官であることがわかる。

1988）。近年，妊娠 22 週を過ぎたあたりの胎児においても，同様に自分の手指をスムーズに口の中に運び入れる行動が観察されている（明和，2008）。

　皮膚感覚の一つとして，ここではくすぐったさを取り上げ，その発達研究を紹介する。根ヶ山と山口（2005）は，くすぐりとくすぐったさを手がかりに母子関係の発達を検討するために，1 歳までに 3 回家庭を訪問して，縦断的に実験を行った。子どもの 16 の身体部位（頭頂，額，首，肩，上腕外側，上腕内側，胸，腋下，脇腹，掌，手の甲，脚外側，脚内側，脛（すね），ふくらはぎ，足の裏）をランダムな順でそれぞれ約 5 秒間，母親にくすぐってもらい，録画して分析した。くすぐったがり反応を示した子どもの比率を示した結果を図 3.2 に示すが，くすぐられたときに笑い声を上げながら手足をバタバタさ

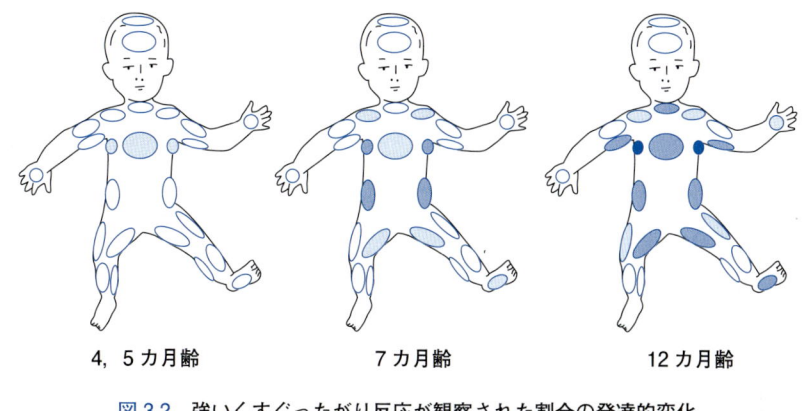

図 3.2 強いくすぐったがり反応が観察された割合の発達的変化
(根ヶ山・山口, 2005)
○ 反応なし, ○ 25%未満, ● 50%未満, ● 50%以上.

せたり逃げようとしたりするような反応が顕著に認められたのは 7 カ月齢以降であることがわかる．くすぐったさは，母子間の身体的コミュニケーションを介して学ぶものと考えられている．

次に，体性感覚における加齢の影響を見てみよう．触覚による**空間分解能**（近接した 2 点を独立した 2 点として見分ける能力）に関して，スティーヴンスとチューの結果を**図 3.3** に示す (Stevens & Choo, 1996)．従来の **2 点弁別閾測定法**よりも妥当と考えられる，隙間の検出（gap detection）課題を用いた結果であるが，手足の分解能は加齢の影響を受けやすいことがわかる．温覚，冷覚とも下肢の先端に行くほど加齢に伴う感度の低下が著しい．ゆえに，高齢者では衣服による体温調節が不適切になる可能性がある．そのほか，皮膚の痛み閾も加齢とともに上昇し，高齢者では 12〜25% 高まる．ほかの感覚に比べると変化の程度は小さいが，痛みの感度の低下は高齢者が痛みを感じにくくなる反面，体の異常を感じにくくなるという問題点がある（長田, 1993）．

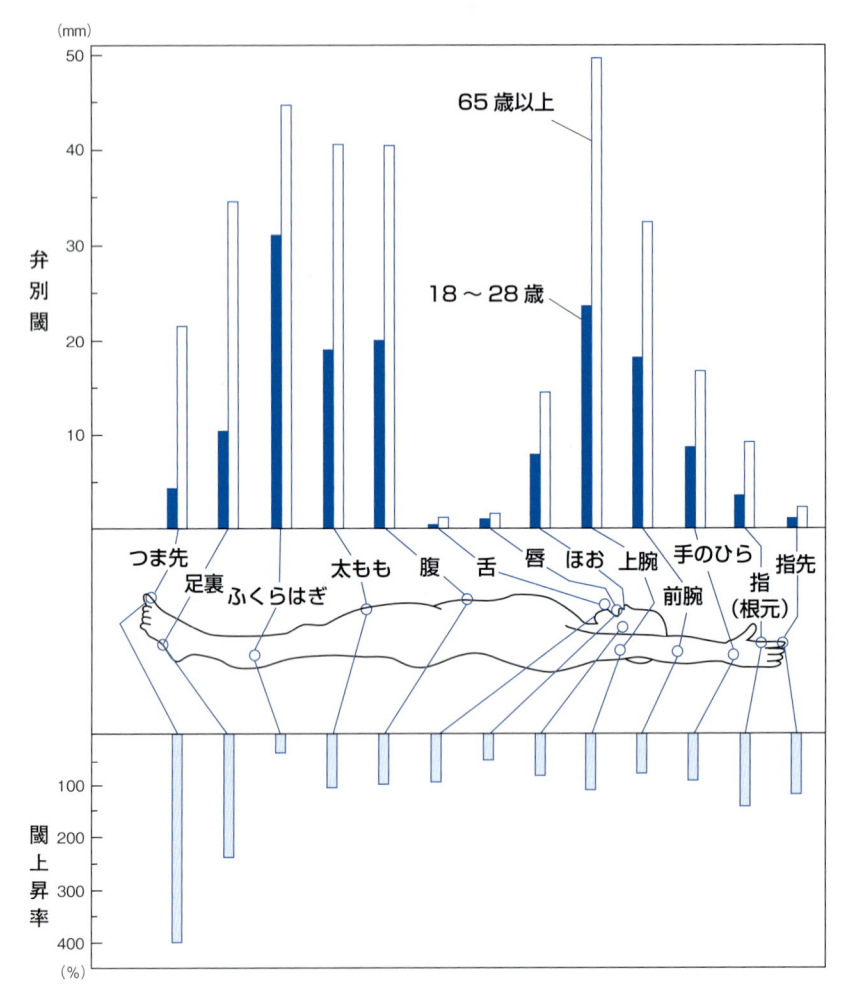

図 3.3　身体 13 領域におけるギャップ弁別閾
(Stevens & Choo, 1996；和氣, 2007)
上段では 2 つの年齢群の弁別閾を示し，下段は加齢による閾上昇率を示す。

76　第 3 章　発達的視点から見た感覚知覚心理学

3.3 前庭感覚（平衡感覚）

　前庭受容器は感覚器のうちでもっとも敏感で，頭部の位置が変化するたびにそのどこかが刺激されている。そしてそれは，非常に精密かつ正確に重力との関係で身体がどこにあるかを知らせることで，姿勢の制御に寄与している。この前庭感覚を受容しているのが脊椎動物の耳にある**膜迷路**（membraneous labyrinth）である。膜迷路は，前庭感覚と聴覚という性質が異なる2つの感覚を受け取る器官である。前庭感覚を司る部位は，膜迷路の中でも進化の過程でもっとも早い時期にできた部分であるが，重力は地球上のどこにいても同じように作用するので，どの脊椎動物でもほぼ同じ形をしている（図 3.4）。子宮の中で胎児は，母親の動きを通して前庭系の刺激を受けているため，前庭系システムの機能は早期に成熟するといわれているが，早産児は十分な前庭刺激を受けることなく重力に固定されることになる。そのため，前庭感覚刺激の不足によって，とくに小脳の早期発達や統合能力が損なわれる可能性が示唆されている（鴨下，2008）。

　前庭機能は視覚との関係も深い。われわれは頭部のわずかな位置の変化も感知してすばやく眼球の位置の補正を行い，網膜上に安定した映像を保持する。このとき，頭部運動に反応して 16 ミリ秒以下の潜時で始まる眼球の補償的運動を**前庭動眼反射**（vestibule-ocular reflex）といい，多くの脊椎動物で観察される。具体的には，図 3.5 にあるように，ウサギを見つめているとき，座っている椅子が回転してしまったとする。われわれは頭部の回転（回転の軸は図における Z 軸）と反対の方向に反射的に眼球を動かし，ウサギを注視した状態を維持できるようにする。この前庭動眼反射は，新生児期から機能していることが報告されており，頭部運動と眼球運動を協調的に働かせるのにも役立っている。ちなみに，子どもや高齢者は，頭部の動く割合が青年よりも多いという。

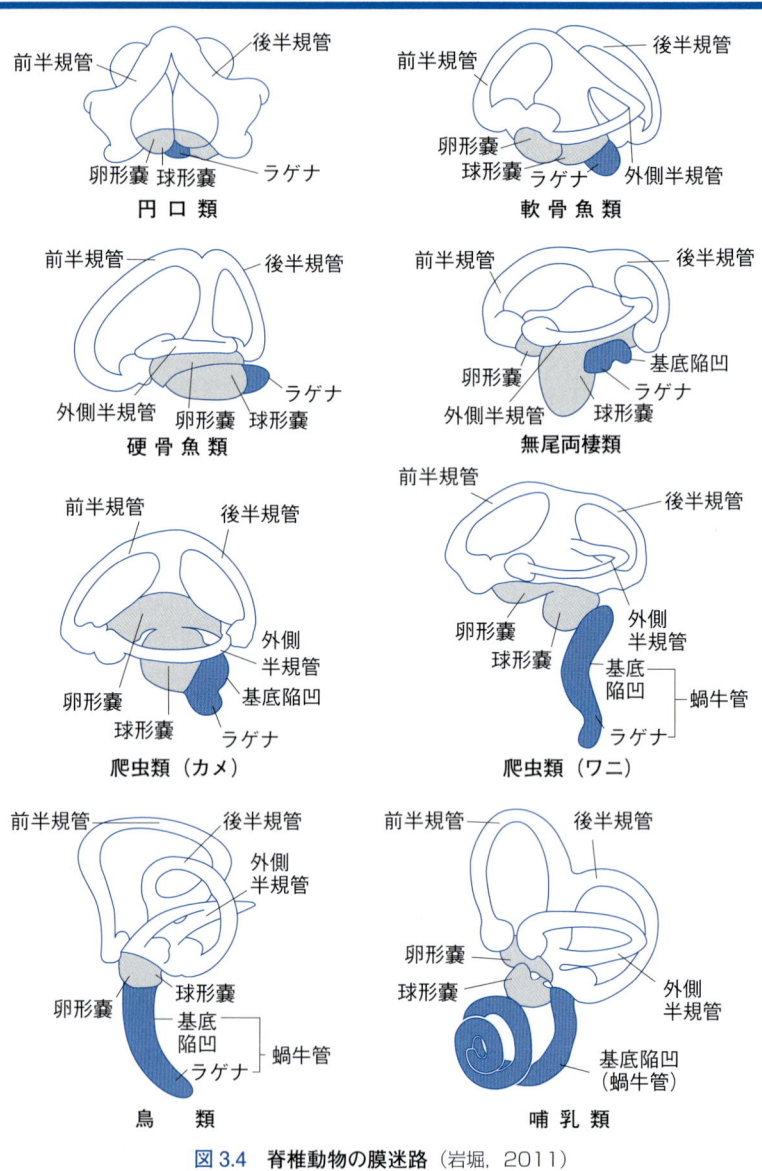

図 3.4　脊椎動物の膜迷路（岩堀，2011）

半規管（白抜き）は頭部の回転を感知し，卵形嚢と球形嚢（灰色）は頭部の運動と傾きを感知する。青色の部分は聴覚と関係のある領域である。

図 3.5　前庭動眼反射
頭部の運動によって生じる，眼球の補償的な運動をいい，空間に対する視線・視野の安定に貢献している。

3.4　聴　覚

　新生児は，妊娠 30 週前後から外部の音刺激に反応することができるが，彼らの聴力閾は，普通の会話に相当する 60〜70dB（デシベル）程度であり，成人と比較すると非常に高い．1 歳頃になると聴力閾は約 30dB 程度になる．閾はその後次第に低下し，10 歳くらいまでかけて徐々に成人の閾に近づいていく．聴覚は，水や空気の振動である音波を受容する感覚であるが，その感覚器官の障害は，耳からの情報に制約を生み，話し言葉の発達の遅れにつながり，情動や社会性の発達に影響が及ぶ可能性がある．近年，**言語獲得**の最初期に始まる母語の音声・音韻知覚が生後 1 年間に著しく発達することがわかってきた．

　音声は，その物理学的特性が連続的に変化するものであるが，これを言語

音声として認識するためには，ある範囲の音を「バ」，ある範囲の音を「パ」というように音声をカテゴリーに分けて知覚する必要がある。また，同じ「ア」であっても毎回少しずつ違って発音されるので，この物理的な差異を超えて「同じカテゴリーの音」ととして認識する能力も必要である。このようなカテゴリーに分けて知覚する能力は発達初期から存在するため，乳児は生まれつきすべての自然言語における音韻の差異に敏感である。しかしその後，母語音声にさらされる経験によって，乳児の音声知覚様式は母語の音声・音韻体系に適合する形に変化し，外国語への感受性は消えていく（Werker & Tees, 1984）。日本人が苦手とする，英語の子韻対（/r/-/l/）の聞き分けを例にとってみよう。これらは英語では独立した音韻カテゴリーを構成するが，日本語ではその区別が存在せず，どちらも同じラ行子音を構成する音韻カテゴリーに入る。生後6カ月から12カ月の乳児を対象とした研究では，日本語を母語とする乳児の場合，/r/ と /l/ の弁別能力の低下が発達に伴って認められた。つまり，聞き分けに関して，6カ月までの乳児のほうが成人よりも高い能力を持っているといえるだろう（**図 3.6**）。また，この生後6〜12カ月の間に，母語に対する感受性が高まることも報告されている（Kuhl et al., 2006）。

　生物が音の情報から音源の方向や距離を判断することを**音源定位**（sound

図 3.6　赤ちゃんは母語以外の言語に含まれる音を聞き分けることができる

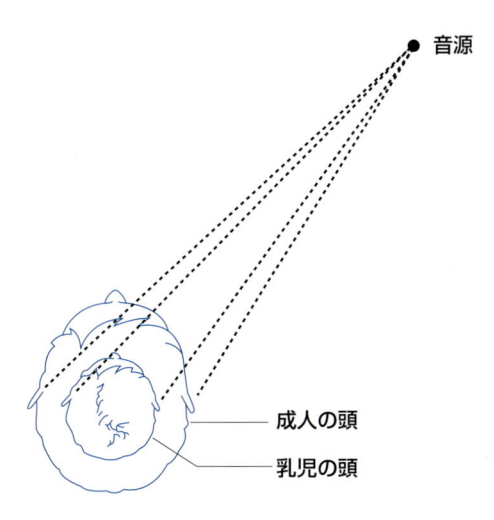

図 3.7　両耳間の距離が及ぼす影響（Bower, 1979）
音源定位において，頭の大きさが大人と乳児では違うので，音が左右の耳に達する時間差は大人よりも乳児のほうが小さい。

localization）という（図 3.7；第 8 章も参照）。人間や多くの生物は，音の方向をある程度の正確さで識別することができる。この識別の手がかりとして成人は，音波が左右の耳に達する時間差と強度差を用いている。このため，左右の耳が空間的に隔たって位置していることが重要である。たとえば，右に音源がある場合，右耳のほうにより早く，より大きな音が届くことになる。ヒトは，生後間もない状態でも左右それぞれの音源の方向に定位反応を示すことから，音源を知るための生得的なメカニズムを持っていると考えられる。一方，乳幼児の場合，その頭は成人よりも小さいので，左右の耳に音が到達する時間差は成人よりも小さく，しかもそれは成長するにつれて変化する。つまり，真正面からどれほどずれているかといった正確な位置の定位については，頭部の成長に従った出生後の学習の繰返しが必要と考えられるだろう。
　なお，一般に人の会話における音声の周波数は 250〜8,000Hz（ヘルツ

の範囲である。この範囲の純音に対する聴力の衰えは，高い周波数ほど大きく，高齢者ほど早い。また加齢による低下は 50～55 歳までの比較的なだらかな時期とそれ以降の比較的急速な時期とに区別することができる（立木ら，2002）。

3.5 嗅　　覚

　生後まもない新生児が自分の母親の汗や母乳の匂いに反応することから，出生時から嗅覚は十分に機能していて，自分にとって生態学的に重要なものに選好を示すことがわかっている。嗅覚系は受精後 24～28 週に成立し，初期の**愛着**（attachment）の形成に重要な役割を果たすと考えられている。嗅覚では 300 種以上の受容体が遺伝子によって支配され，そこから数十万の匂いが分別される。子どもの嗅覚機能を簡便かつ正確に測る手段がないためにその発達についてはよくわかっていないが，嗅覚能力や匂いに対する感情の個人差は，その匂いの経験の有無によって嗅球（前頭葉下面にある嗅覚の第 1 次中枢）より上位の大脳レベルで生じているものと考えられている（三輪，2006）。一方，嗅覚機能は 30 歳頃をピークに漸次低下していく。たとえば，加齢とともに嗅上皮の厚さも面積も減少するので，嗅細胞の総数は相当減少することになる。その感度の低下は，食事（風味）を楽しめない，腐敗臭や焦げ，ガスの匂いに気づかないなど，日常生活に大きな影響を及ぼす（丹生，2008）

3.6 味　　覚

　味覚の受容器である**味蕾**の構造がほぼできあがるのは，受精後 2, 3 カ月である。4 カ月のヒトの胎児では，舌だけでなく，歯肉，頬の粘膜，口唇，食道上部あるいは内臓の一部にまで味蕾が広がっているが，成長するにつれてその分布範囲は狭くなっていく。乳児期で約 1 万個の味蕾があるが，思春

期までには舌，口蓋，喉頭蓋を除いて味蕾がなくなる．成人で5,000〜7,000個になる．ヒトは，胎児のときから母親の羊水を通して何らかの味を感じ，好ましいかそうでないか大まかな識別をしていると考えられる．新生児の段階でははっきりと味を識別でき，甘味を好み，苦味や酸味に対して不快を示す．食品の嗜好はその後の食経験，食習慣によって大きく影響を受けるが，加齢によって味に対する感度が低下していく．味覚はほかの感覚に比べて，生得的な要素が少ないと考えられる．

なお，加齢による味覚閾の上昇は，味質にかかわらず全般的に見られるが，疾患に対する薬品の影響，唾液量低下，心理的要因による食習慣の変化などが大きく影響する．

3.7 視　覚

視覚の感覚器は動物が生きる環境によって大きな差異がある．無脊椎動物の視覚器は皮膚の一部である表皮から発生するが，脊椎動物のそれは神経系の一部から分化する．ヒトの場合，発生3週に神経管から眼胞が発生し，7週で網膜に分化，発生3カ月で水晶体ができて，新生児期には眼の構造がほぼ完成している．しかしながら，新生児の網膜，とりわけ中心窩付近は未熟であり，また大脳皮質の発達は著しく遅いため，新生児は刺激を弁別的に受容し反応することは可能であるものの，視覚処理は大脳を経由しない皮質下経路が優勢であると考えられる．顔情報の処理では，顔の低空間周波数成分が速やか，かつ自動的に，網膜から皮質下経路である上　丘，視 床 枕を経て扁桃体に伝わることによって，顔様物体に注意を向けることが可能となる．生まれたばかりの新生児の視力は0.02前後で，3歳で1.0近傍に達する．図3.8は新生児から見た顔画像を模したものである．

視覚的に対象を処理するための経路として，腹側経路（ventral stream）と背側経路（dorsal stream）の2つがあると考えられている（図3.9）．前者は，外側膝 状 体（Lateral Geniculate Nucleus：LGN，眼球と大脳の中継を

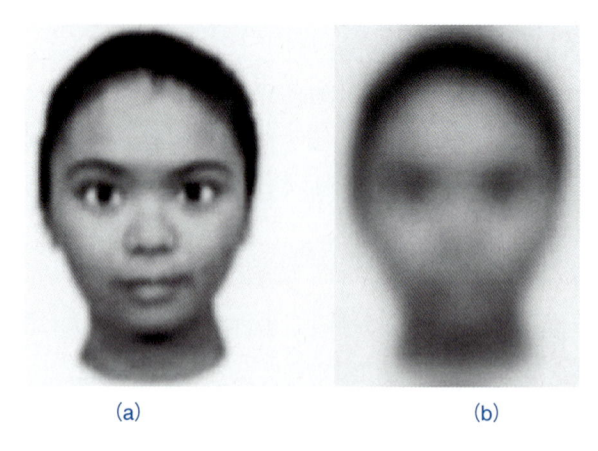

図3.8 　新生児はどのように顔を見ているか（Johnson, 2005）
(a)は対面でのやりとりに相当する約50cmの距離をおいて，(b)は2mの距離をおいて，それぞれ新生児から見た顔を表現したものである。

行う視床の一部分）から**小細胞系**（parvocellular system）の入力を受け，V1, V2を経由後V4から下側頭葉に投射される経路で，細かい形態知覚や色覚に重要である。後者は外側膝状体から**大細胞系**（magno-cellular system）の入力を受け，視覚野から高次視覚野（MT, MST）を経て頭頂葉に投射される経路で，対象の運動や位置の把握，粗い形態（表情認知や読字など）に関係する。その性質から，前者を**whatの経路**，後者を**whereの経路**とよぶこともある。これらの機能分化は生後4カ月の時点ですでにある程度できているという行動データがあるが，近年，**近赤外分光法**（near-infrared spectroscopy）を用いた乳児の脳活動を計測によって，生後5〜7カ月の脳内で側頭葉と頭頂葉の機能分化が起きていることが実証されている（Wilcox et al., 2010）。なお，背側経路は発達過程で成熟が遅く，より複雑な処理系を含むためにより環境の影響を受けやすく，脆弱であると考えられている。

大細胞系（背側経路）：運動，立体視，粗い形態

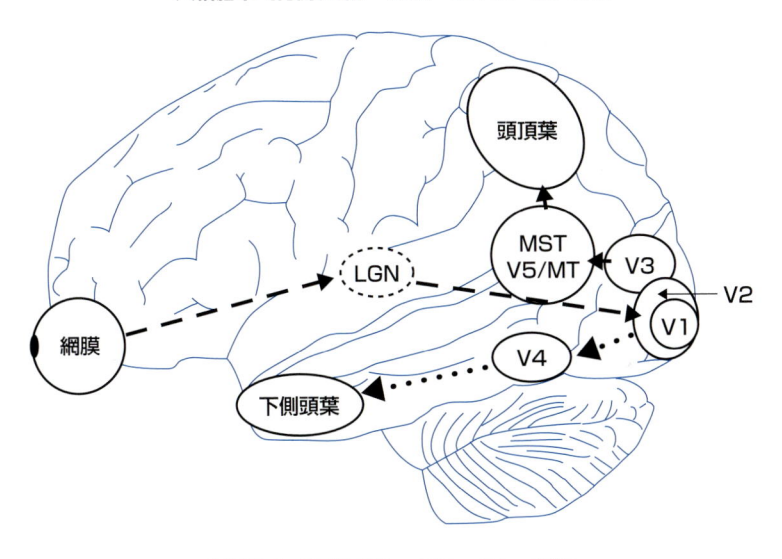

小細胞系（腹側経路）：色覚，細かい形態

図 3.9　背側経路と腹側経路の 2 つの視覚処理経路（藤田ら，2007）
視覚情報の種類によって脳内での処理経路が異なり，動き，立体視，粗い形態に関する情報は，大細胞系とよばれる頭頂葉にいたる背側経路で処理される。一方，色覚と細かい形態に関する情報は，小細胞系とよばれる下側頭葉にいたる腹側経路で処理される。なお V1 〜 V5 は 1 次視覚と視覚連合野が 5 つの皮質領域に区分されたもの。

選好注視法（preferential looking method）などによる行動指標では，さまざまな色の区別が可能になるのは生後 4 カ月頃，動きが見えてくるのは生後 3 カ月頃，形の知覚は未熟ながら生後 3 カ月頃であることが主観的輪郭を用いた実験から明らかにされている（山口・金沢，2008）。

3.8 感覚間の統合

　これまで見てきたようなそれぞれの感覚系は，互いに独立して働いているように思われるが，一方で，われわれが感じる世界はこれらが統合されたものである。テレビの衛星中継やインターネットの映像配信などを見ていて，画像と音声が時間的にずれるときに感じる違和感は，その証拠といえるだろう。このような多感覚統合がどのように発達するのかについて，乳児を対象に検討が進められてきた（和田，2008）。

　たとえば，スペルキ（Spelke, 1976）は，生後4カ月の乳児に対し2つ並べて設置されたスクリーンにそれぞれ異なった映像（いないいないばあをする女性の顔か，棒が床を打っている場面）を見せた。一方の映像の音声を，2つのスクリーンの真ん中に置かれたスピーカーを通して再生したところ，乳児は音声が再生されていたほうの映像を統計学的に有意に長く見た。音源

図 3.10　赤ちゃんは触覚的に経験することで視覚的に同定することができる（Meltzoff & Borton, 1979 をもとに作成）

定位は利用できないので，映像上の動きの情報（視覚）と音情報（聴覚）との時間的な一致を手がかりにしたと考えられる。また，メルツォフとボートン（Meltzoff & Borton, 1979）は生後1カ月の乳児に，2つの形状（イボイボかつるつる）の違うおしゃぶりのうちどちらか一方をしゃぶらせて，それを外したあと，これら2つのおしゃぶりの写真を対にして提示した。すると，乳児はおしゃぶりの視覚経験がないにもかかわらず，舌による触覚で経験したものと同じおしゃぶりのほうを長く見た。このことは触覚情報と視覚情報の対応づけの発達を示唆していると考えられる（図3.10）。

　上記のように，新生児にすでに感覚間の情報統合を示すような行動が観察されるが，それは脳機能の未分化によって，つまり感覚の異なる情報の入力を区別しないために起こると考えられている。よって，新生児や乳児はみな，音を聞いたら色が見えるなどの共感覚（本来の刺激とは対応しない感覚を経験する）を持つとする立場もある。このような行動は，発達に伴いいったん減少するが，生後半年以降，機能分化した皮質がネットワークを形成することでふたたび観察され始める（和田, 2008）。

　なお，臨床場面でも作業療法士エアーズを創始者とするリハビリテーションにおいて**感覚統合**（sensory integration）という語が用いられている（Ayres, 1983）。この立場では，感覚の中でも意識されにくく原始的な，前庭感覚や固有受容感覚，触覚を重視し，これらを「見る」や「聞く」など，その他の感覚を統合する上での土台と考える。軽度の発達障害児を中心に，感覚間の統合という観点から療育実践が行われているが，心理学で一般に使われる場合と意味を異にするので注意を要する。

3.9　注　意

　上記に述べてきたように，われわれの感覚器官は外界から絶えず刺激を受け続けている。しかし，知覚体験が生じるのは**注意**（attention）が向けられた刺激に対してであり，注意がそれた情報は知覚されないことが多い（第7

章参照)。近年，脳科学の長足の進歩とともに注意に関わる神経システムの解明も大いに進んだ。ポズナーらの一連の研究は，注意に関わる3つの神経ネットワークの存在，**覚醒**（alerting），**定位**（orienting），**実行注意**（executive attention）を明らかにしてきた（たとえば，Posner & Raichle, 1994；Posner et al., 2012）。近年ではこれらの発達についても研究が進められているので（中川，2011参照）ここで少し触れておく。

定位ネットワークは**頭頂葉**や**上丘**を主とし，注意を向けるべき情報を選択して引き続き生起する事象の処理の効率を格段に上げる働きを有する。定位の働きの一つに，現在の焦点からの**注意の解放**（disengagement）があり，これは頭頂葉の成熟とともに生後4カ月までに獲得される。ポズナーらは，保護者は乳児をなだめるとき，別の刺激に注意を向けさせて気を紛らわせようとすることから，注意の解放や移動など定位ネットワークの機能は発達初期の情動制御を担うと考えている。

一方，降り注ぐ刺激の中でも生存，適応という観点から重要度の高い情報は優先的に選択・処理されている。ヒトは恐怖を喚起させる刺激に対してその検出が速く，かつその刺激からの注意の解放に時間を要することがわかっている。ペルトラらは，乳児が月齢7カ月で恐怖の表情に対して注意の解放に困難を示すことを報告している（Peltola et al., 2008）。

中川と鋤柄（2012）は，このような注意バイアスの個人差について調べることを目的に，図3.11の手続きで生後12カ月から36カ月の乳幼児を対象に縦断研究を行った。図3.11のモニター中央の顔刺激には幸福，恐怖，真顔の3条件があり，行動指標として乳幼児の眼球運動を記録した。その結果，顔刺激を注視した後の左右の刺激への眼球運動は，中央の顔刺激が恐怖表情のとき，もっともその潜時が長く，起こりにくかった（顔刺激を注視したままの割合が高かった）。また月齢12カ月での恐怖顔を注視し続ける反応の生起確率（恐怖刺激への注意バイアス）は，月齢12，18，24，36カ月における両親の報告（気質質問紙）による負の情動と正の相関関係にあった。しかし，月齢18カ月以降の注意バイアスには必ずしもこのような関係が見られ

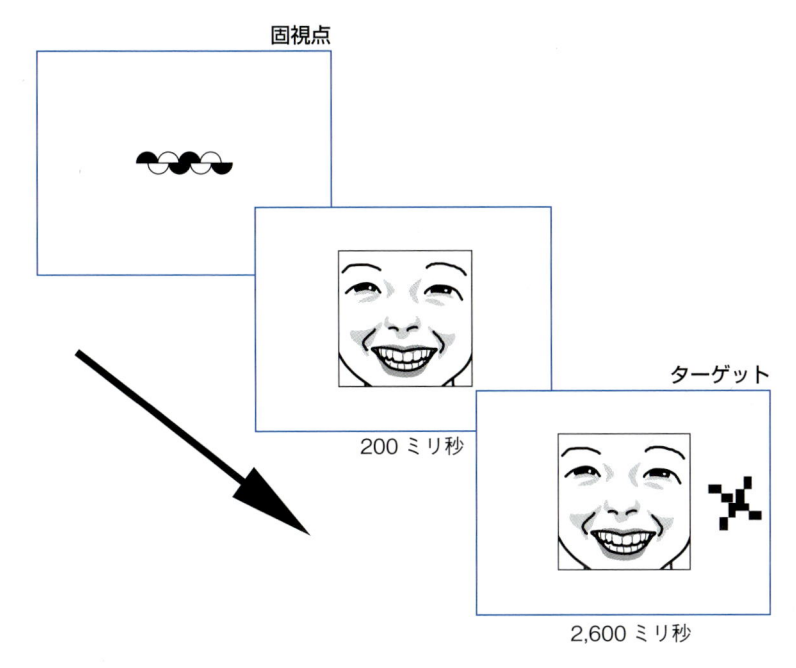

図 3.11 表情からの注意解放実験（Nakagawa & Sukigara, 2012）
視野中央の表情には，幸福，恐怖，真顔の 3 条件あり，課題中の眼球運動を計測する。

なかった。なお，成人を対象とした研究では，不安の高い人ほど，恐怖刺激に対する注意解放の困難さを示すことが報告されている（たとえば，Fox et al., 2001）。

前部帯状回と**背側前頭野**が関わる実行注意ネットワークは，随意的な注意のコントロールを担い，ワーキングメモリ，反応間の葛藤（たとえば，ストループ課題）や，エラーのモニタリングなどさまざまな認知活動に関わる一方，脳の扁桃体に作用することで情動の制御に関わることが示唆されている。これまでの研究より，実行注意の働きは 3，4 歳で観察可能となり，就学時までにめざましく発達することがわかっている。

われわれの知覚体験は，感覚器に作用する多くの刺激のうちほんの一部に注意が選択的に関わることで生じている。注意は，感覚野，運動野，その他の領域で脳がいかに情報処理を行うかに影響を及ぼすことがわかっている。そして，このような注意の初期発達については，現在，遺伝子と環境の相互作用についても明らかにされつつある（Posner et al., 2012）。

嗅　　覚

　嗅覚は，敵の存在の察知や可食判断といった生命維持に関わる機能，縄張り・同種同族の判断や繁殖行動といった種の保存に関わる機能など，「生きていく」ために重要な役割を担っている。しかしながら，視聴覚依存型の社会に生きる現代の人間にとって，このような嗅覚の生物本来的な機能は重要視されていない。

　その一方で，バラエティ豊かな風味の食物を楽しめることは，匂いの恩恵にほかならない。味覚は，甘・塩・酸・苦・旨の基本五味に限定されるが，たとえば「イチゴ味」は甘味と酸味にイチゴの香り（フレーバー）を伴った複合感覚である。事故や病気で嗅覚機能を失うと，食生活の味気なさから人生の楽しみを失ったとまで訴える人もいる。近年とくに，入浴剤や香水などの香り製品を自分の好みに応じて選ぶことで快適な生活を演出し，アロマオイルやお香を生活に取り入れて精神的な安らぎを求めるなど，嗅覚はその役割を広げているともいえる。

4.1　嗅覚情報処理

4.1.1　匂いの受容機構

　嗅覚は化学感覚であり，われわれが日常生活で接する匂いには，多様な化学物質（分子）が混在している。匂いの発生源から空気中に揮発したさまざまな匂い分子は，鼻腔から呼気とともに取り込まれ，鼻腔の奥部にある嗅上皮の嗅粘膜に吸着する。あるいは，飲食物を摂取したとき，口腔の奥から吸気が鼻に抜けることで匂い物質が取り込まれる。前者を**オルソネーザル**（orthonasal）**嗅覚**，後者を**レトロネーザル**（retronasal）**嗅覚**とよんで区別することもある。

　嗅細胞は嗅粘膜に存在する。嗅細胞には異なる種類の受容タンパク質が存在し，異なる構造を持つ**嗅覚受容体**を構成している。嗅覚受容体はそれぞれ

の構造に応じて匂い分子を選択的に受容する。嗅覚受容体の種類は，人間では約350種と推定されている（たとえば，Mombaerts, 2004；Quignon et al., 2003）。さらに，嗅覚受容体と匂い分子との対応関係は必ずしも1対1ではなく，1つの受容体は複数の匂い分子を受容し，また，1つの匂い分子は複数の受容体で受容される。この受容体の反応は，興奮性の場合も抑制性の場合もあり，反応は多様である。日常生活で出会う匂いは，嗅覚受容体に反応する（すなわち匂いの感覚を引き起こす）40万種ともいわれる化学物質の内，何十種〜何百種もが混合しているものである。一言で「匂いを感じる」といっても，受容体レベルで非常に複雑な反応が生じていることが容易に想像できる。

　匂い分子に対する嗅細胞の応答は電気信号に変換され，各嗅細胞から神経軸索を経て嗅覚の1次中枢である嗅球に投射される。同じ嗅覚受容体からの神経軸索は同一部位に投射され，それぞれ糸球体を形成する。嗅球（1次嗅覚野）からの投射については，嗅覚系はほかの感覚系の神経路とは異なって，視床を経由しないと以前は考えられていた。しかし，現在では，嗅球から扁桃体，視床下部，前頭眼窩野背側後部を経由する神経路と，嗅球から梨状皮質，視床背内側部，前頭眼窩野中央後部を経由する神経路の2つの経路があることが確認されている（図4.1）。

4.1.2　嗅覚表象と最近の分子生物学の知見

　大脳皮質にいたった嗅覚情報は，多くの受容体の応答パターンの組合せから成り立っていると考えられる。この応答パターンをどのように知覚し，最終的に認知できるのかということは，神経生理学的にはまだ明らかにされていない。認知心理学では，ある匂いがリンゴの匂いであると認知できるためには，ほかの感覚と共通した以下のような認知過程が推測されている。

　ペイヴィオは，人間が外界の情報を保存する際に，感覚モダリティに特有な表象と言語的な表象との2種類に符号化されるという二重符号化理論を提唱した（Paivio, 1971）。感覚に特有な表象は，心的イメージ，心象，アナ

図 4.1 嗅覚経路

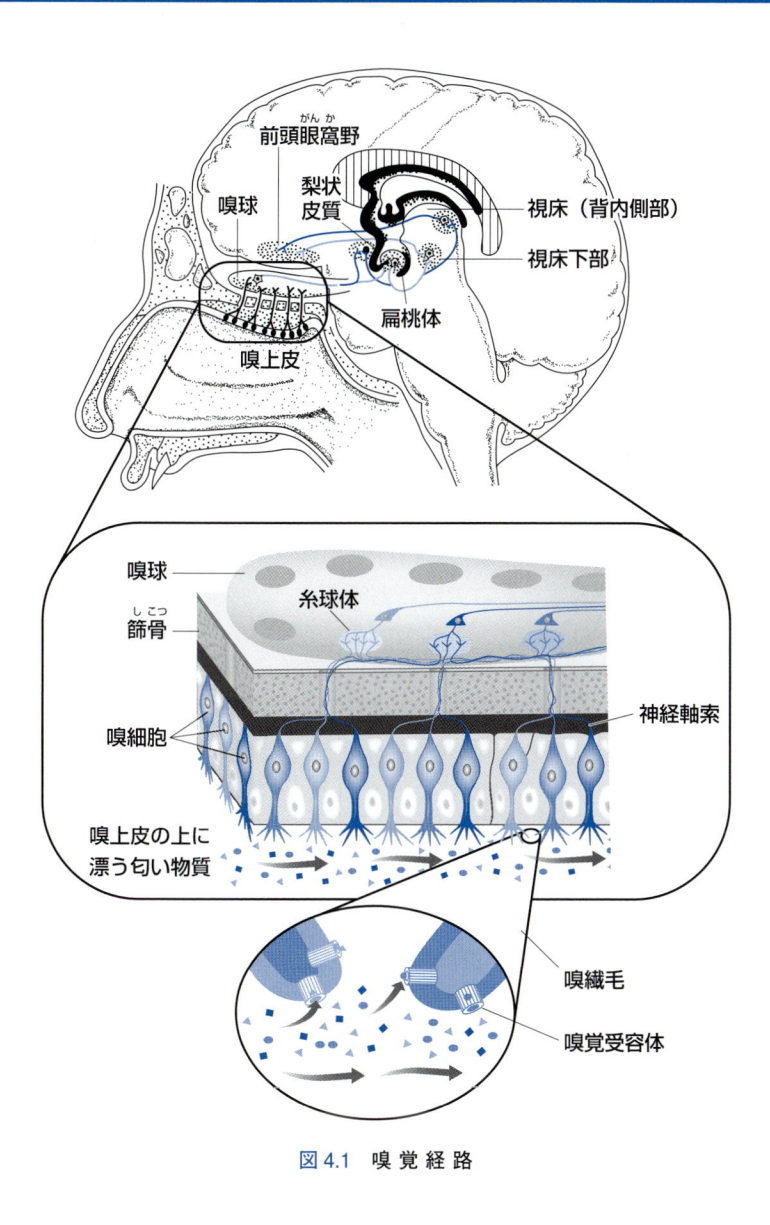

ログ的表象などともよばれ，刺激対象の感覚的な特徴を反映している。一方で言語表象は，刺激対象を意味的に表現するもので，感覚モダリティ間で共通している。嗅覚情報も，感覚的な表象（嗅覚表象）と言語表象とに符号化されると考えられる。匂いを認知する過程では，受容体からの匂い情報の応答パターンは，過去に経験して保持されている嗅覚表象と照合され，一致した嗅覚表象と連合している言語情報などの一般的な意味記憶が活性化されることで成り立つと考えられる。同時に，目の前に「リンゴ」が存在したり，「リンゴ」という名前が与えられることで，言語的表象が活性化する。そしてこの表象と連合した嗅覚的なリンゴの匂いイメージ（**嗅覚表象**）に，嗅覚系からのボトムアップで構築された嗅覚表象との照合が行われ，一定の基準で一致すれば，それはリンゴの匂いであると受け入れることができる。

　嗅覚表象は，その存在自体が疑問視されていた。たとえ嗅覚表象が存在しても，そのイメージを視聴覚のように描いたり，口ずさんだりして表出できないために確認が困難である。たとえば，リンゴの嗅覚表象を「甘酸っぱい」と記述したとしても，イメージした嗅覚表象の感覚特性を記述したのか，「リンゴの匂いは甘酸っぱい」という意味的な知識に基づいて記述したのかの区別は難しい。

　しかしながら，匂いを頭の中でイメージするだけでも，鼻腔内の空気流量が変化するような**嗅覚的行動**が生じること（Bensafi et al., 2003）や，味覚刺激の検出（Djordjevic et al., 2004）が促進されることなど，嗅覚表象が存在する可能性はさまざまな研究から間接的に示されている。脳神経科学的研究においても，匂いをイメージしただけでも，実際に匂いを嗅いだ場合と同じ，海馬や視床下部，眼窩前頭皮質といった2次嗅覚野が共通して活性化することが示されている（Weismann et al., 2001）。感覚に特異的な表象を喚起させることが各感覚に対応した脳生理システムを活性化することは，視覚や聴覚においても報告されている現象である。

　また，複数の匂いをイメージしてそれらの類似度から構成した**嗅覚表象空間**と，匂いを実際に嗅ぎ比べた場合の類似度から構成される**感覚空間**との関

(a) 感覚空間

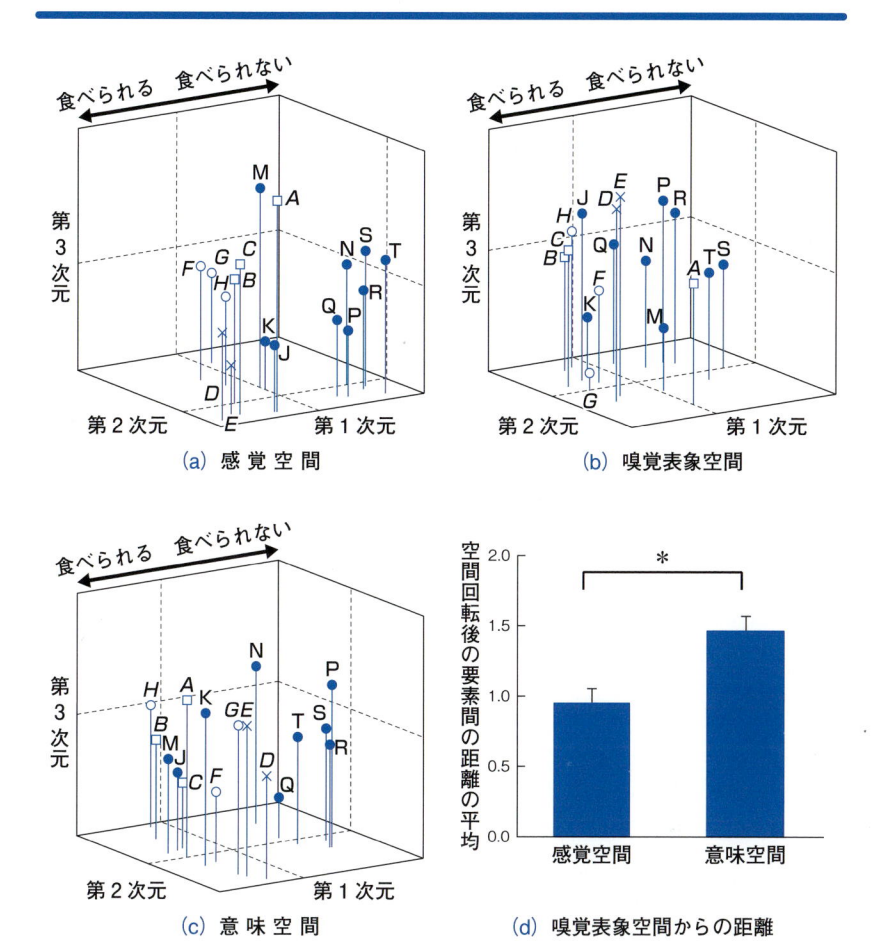

(b) 嗅覚表象空間

(c) 意味空間

(d) 嗅覚表象空間からの距離

図 4.2 要素の類似性に基づいた，感覚空間，嗅覚表象空間，意味空間の比較，および嗅覚表象空間とほかの空間との要素の距離 (Sugiyama et al., 2006 より改変)
特徴的な匂い成分が共通する要素として，dimethyl-sulfide（磯臭，□）が共通するニンニク(A)，ワカメ(B)，カツオ節(C)，fats oxide（油臭，×）が共通するフライドポテト(D)，チーズ(E)，pyradine（青臭さ，○）が共通するゴボウ(F)，リンゴ(G)，緑茶葉(H)を示している。感覚空間で近接するこれらの要素は，嗅覚表象空間においても近接している。実験に用いられたほかの要素は，干ししいたけ(J)，干しぶどう(K)，ショウガ(M)，墨汁(N)，クレヨン(P)，木材(Q)，ゴム(R)，ガソリン(S)，クレオソート(T)。

4.1 嗅覚情報処理   95

係を比較している研究もある（Carrasco & Ridout, 1993；Chrea et al., 2005；Sugiyama et al., 2006）。杉山ら（2006）の研究では，実験協力者に17種類の日常的な匂いとその名前との連合学習を十分に行った上で，イメージの類似度を評定することを求め，嗅覚表象空間を構成した。これを感覚空間，匂い材料の意味的な類似度から構成された意味空間と比較した（図4.2）。感覚空間では，特徴的な匂い成分が共通する要素は近接して布置されたが，それらの要素は嗅覚表象空間内でも近接していた。また各空間を重ね合わせた上で，要素間の距離を求めたところ，嗅覚表象空間は，意味空間よりも感覚空間に近いことが示された。このような研究からも，嗅覚表象が存在し，その嗅覚表象には実際の匂いの感覚的特徴があることが示唆されている。

4.2 匂いの知覚

匂いは化学物質の集合体であるため，たとえばガスクロマトグラフィのような分析機器を使うことで，匂いを構成する物質の混成比を知ることができる。しかしそれだけでは，人間が実際に感じる匂いの強さや，どのように匂いをとらえているかはわからない。匂い物質に対する人間の感度を測定するために，閾や強度，匂いの質の知覚などについて，古くから研究が行われてきた。

4.2.1 閾

閾には，検知閾，弁別閾，認知閾がある。検知閾は，無臭でなく何かしらの匂いを検出できる最小の匂い物質の濃度を指す。弁別閾は，匂いの感覚的強度の差を識別できる最小の匂いの物質の濃度差をいう。認知閾は，その匂いが何であるかがわかる最小の匂い物質の濃度である。

匂い物質の種類によって閾は異なるため，これまでさまざまな匂い物質に対する検知閾が計測され報告されている。とくに，このような情報は悪臭規

制といった実生活場面で必要とされてきた。しかしながら，同一の匂い物質の閾であっても，温度や湿度，匂いの提示の仕方や嗅ぎ方などによる匂い物質の物理化学的な挙動の変化や測定方法，評定者の体調，性別や生理周期などのホルモンバランスの差異などによって，値は大きく異なる。

　日常生活において特段，嗅覚に不自由を感じなくとも，特定の匂い物質のみを検知できないことがある。このような症状は，**特異的無嗅覚症**（specific anosmia）とよばれる。たとえば，動物（ヒトを含む）の汗や尿に含まれるアンドロステノン（5-α-androst-16-en-3-one）の匂いは，尿や汗の悪臭，あるいは甘い，花のような快臭として知覚されるが，成人の約半数がこの匂い物質を知覚できない（たとえば，Amoore et al., 1977）。ただし，アンドロステノンに対して特異的無嗅覚症の人々が，繰返しこの物質に接すると，検知できるようになることも報告されている（Wysocki et al., 1989）。アンドロステノンに限らず，ほかの匂いにおいても閾の低下の可能性は支持されている（Dalton & Wysocki, 1996）。知覚的な経験の繰返しによって，外部情報の入り口の感度と考えられる閾が変化することは興味深い。

4.2.2　強　度

　匂い物質に対して感じる**強度**は一般的にはその匂い物質の濃度に依存する。カテゴリー尺度のような差の判断に基づく強度評定法ではフェヒナーの法則に対応する対数関数が，マグニチュード推定法のような比率判断に基づく強度評定法ではスティーヴンスの法則に対応するベキ関数が成立する。匂い物質ごとにこの関数は異なり，ベキ関数に関しては多くの匂い物質が1以下のベキを示すといわれている。

　匂いを嗅いで「強い」「弱い」ということはできるが，その強さの判断基準は，匂いを嗅いだ評価者の中にしかない。匂い刺激に対して感じる心理的な強度は文脈依存的でもある。たとえば，匂いの主観的強度と親近性の間に正の相関関係があり，知っている匂いは強く感じ，何の匂いかわからない場合は弱く感じられる傾向がある（Distel et al., 1999）。同様に，ある匂いが

何の匂いか正しく同定できる場合には，できない場合と比べて強く感じられる。さらに，ある匂いが対提示されている名前と合致していると判断された場合には，合致していないと判断された場合よりも匂いを強く感じることも示されている（Distel & Hudson, 2001）。

また，同じ匂いに一定期間さらされていると，その匂いの強度が低下し，感じられなくなる。これを**順応**（adaptation）とよぶ。嗅覚では順応が生じやすい。たとえば，友人の家に遊びに行くと，その家に特有の匂いを感じることがあるが，まもなくその匂いは気にならなくなったという経験があるだろう。順応にはいくつかのメカニズムが考えられる。たとえば末梢レベルで，同じ匂い刺激が連続して入力されることにより，嗅細胞が匂い分子を受けつけなくなった状態である。また中枢レベルでも，一定期間にわたって入力され続ける同じ匂い刺激に対し，中枢処理反応が慣れて知覚が生じなくなる。

順応は，匂いの感覚処理において普遍的に生じる現象のようにも思えるが，これもさまざまな要因に影響を受け，個人差も大きい。たとえば，「家畜小屋の匂い」「糞便臭」と称されるトリエチルアミン（triethylamine）を約10分間提示し続け，その間の知覚強度を連続的に回答させた研究では，個人によって，10分間の中で順応を示す人（知覚強度が減衰），順応に周期性がある人（知覚強度が徐々に減衰していくが，やがて再び強度を感じ始める），順応しない人（10分間ほぼ同等に匂いの強さを感じ続ける），とさまざまなタイプが認められた（斉藤ら，2008）。このようなタイプの違いは，匂いを何の匂いととらえていたか，不快だと感じていたか，などの認知的な要因が関わると考えられている。またダルトン（Dalton, 1996）も，実験参加者が滞在する部屋をある匂いで満たし，その匂いについてネガティブな情報を与えると，順応が生じない参加者がいたと報告している。

4.2.3 分　類

匂いから受ける知覚的な質を分類する方法はかなり古くから試みられており，1700年代半ばのリンネの7分類，20世紀初頭のヘニングの**匂いプリズ**

ムなどがある。しかしながらいずれも，日常的に経験する匂いをすべて網羅できてはいない。色知覚におけるマンセル環，味覚における基本五味のような，広く共通して用いられる匂いの知覚的分類は確立されていない。

「魚くさい」という匂いの分類カテゴリーは，日本人には馴染みがあるが，チベットに住む山岳民族には，このようなカテゴリーはない（上野，1992）。環境や文化的背景によって匂いの分類は異なる。同じ日本人であっても，生まれ育った環境や日々の食事や匂いの経験によって，匂いを認知し言語化する方略が異なり，必然的に匂いの質に基づく分類は異なるものとなる。

匂いを分類する困難は，匂いの言語化の難しさにもある。悪臭の質の記述を，あらかじめ準備された用語から選ばせる場合でも，実験参加者間で表現が共通することは少なく，個人間で異なることが示されている（斉藤ら，1997）。またそこで使われていたそれぞれの用語には，焦げ臭い，生臭いといった匂いに特有の形容語もあるが，卵の腐ったような，干草のような，という別の事物の名詞の利用，涼しい，柔らかいといったほかの感覚モダリティによる表現の形容語なども含まれていた。嗅覚に特有の言語表現が少ないことも，言語による匂いの分類が難しく，個人差が大きくなる原因の一つと考えられる。

それでも，匂いの質を言語的に評価して分類し共有するため，ある程度場面や用途を限定した用語セットが作成されている。たとえば，花の香りに限定した形容詞による用語セット（竹内ら，1995）や，快い匂いに限定してそれらを記述するための感覚的，感情的形容語を分類した研究（樋口ら，2002）などがある。146個の匂い記述語への当てはまり度から，匂いのプロファイルを作成する方法も提案されている（Dravnieks, 1985）。さまざまな匂いの質の評価から匂いの分類が試みられているが，対象となる匂いや評価に用いられた用語によって多少の差はあるものの，多くの場合，分類の第1次元は快─不快であることが多い。

匂い分子の受容体が解明された近年では，人間が知覚・認知する匂いの質を，匂い分子の化学的特性と結びつけて説明するなど，新たな視点での分類

が試みられている。たとえば，匂い物質の物理化学的特性の第1次元である密集性と拡散性の両極性を持つ軸が，匂いの知覚空間の第1次元である快—不快軸を説明できるという説も提唱されている（Khan et al., 2007）。ただし，これは単体の匂い物質に限定されることであり，人間が日常生活の中で接する複合的な匂いの分類との接点にいたるには大きな隔たりがある。

4.3 匂いの記憶

4.3.1 再認記憶

　一度ある匂いを嗅ぎ，その直後に再度匂いを嗅いで，その匂いが直前に嗅いだ匂いと同じであるのか異なる匂いであるのかを判断させる，匂いの**短期再認記憶**課題で，匂いの再認成績は3秒後でも30秒後でも80％程度であった（Engen et al., 1973）。この成績は，同様の手続きで測定される視聴覚刺激の再認成績と比べると明らかに低い。一方，最初に匂いを嗅いでから1年経過した後の匂いの**長期再認記憶**成績は65％程度であり，視覚刺激の再認成績が50％のチャンスレベル（chance level；偶然の正解率）にまで下がることと比較すると，匂いの記憶の保持率は高いことになる（Engen & Ross, 1973）。

4.3.2 匂いの言語化が促進する記憶

　上述の匂いの短期再認記憶を検討したエンゲンらの研究では，匂いを提示した後，言語的な符号化を妨害する数字の逆唱課題を課しても，匂いの再認成績は影響を受けなかった。このことから，短期的な匂い記憶は言語的に符号化されず，感覚的に（嗅覚表象として）保持されると考えられた。しかしながら，短期的な匂いの再認記憶テストでも，ターゲットとなる匂いを提示してから，その匂いの名前を提示する，違う匂いの名前を提示する，違う匂いを提示する，何も提示しないといった操作をしたところ，ターゲットの匂いの名前を提示された場合にもっとも再認成績が高くなることも示されてい

る（Walk & Johns, 1984）。短期的な匂いの記憶は，感覚的な表象として保持されうるが，言語的に符号化されることで，より確実に記憶される。

　長期的な記憶については，多くの研究で，言語的符号化による匂いの記憶の促進効果も報告されている。たとえば，匂いを嗅いで辞書的にその匂いを記述する条件と，匂いにまつわる自身のライフエピソードを記述する条件では，匂いを嗅いで視覚イメージを生成する条件および何もしない条件に比べて，再認成績が優れていた（Lyman & McDaniel, 1986）。また，言語化された内容が「適切」であることも重要である。匂いを記憶する際の条件として，①匂いのみ，②匂いと匂いの正しい名前を提示する，③匂いと匂いの化学物質名を提示する，④匂いの命名を求める，の 4 条件を設定し，24 時間後の再認成績を比較すると，匂いの正しい名前を与えられた場合と，匂いを自分で命名した場合に高くなった（Jehl et al., 1997）。匂いを嗅いで的確に言語的符号化が行われることが，匂いの記憶保持にもっとも有効であるといえる。

4.3.3　同　　定

　調香師（perfumer）やワインのソムリエには，数多くある香料素材の匂いを正確に記憶することが求められる。そのためには，自分自身の表現で，匂いをできるだけ言語化することが重要だといわれている。しかしながら同時に，匂いの分類でも述べたように言語表現は個人差も大きく，他者とコミュニケーションするには困難が多い。

　その匂いが何であるか命名することを**匂いの同定**（odor identification）という。日常生活の中にあるような一般的なものを発生源とする匂いであっても，それらを正しく同定することは困難であり，正答率は，平均して 5 割程度であることが知られている（たとえば，Cain, 1979）。杉山ら（2003）は，日本人の生活の中にある 27 種類の匂いについて大学生に同定を求めたところ，27 種類の匂いの平均正同定率は 51.7% であったが，それぞれの匂いの正同定率は大きく異なっていた（クレヨンは 10%，チョコレートは 100%）。

　ここで，匂いの同定が正しいかどうかの判断は実験者によってなされ，恣

意的にならざるをえないという問題点がある。たとえば，バラの花の匂いに対し，「バラ」と答えれば正同定である。一方，「花の匂い」や「せっけんの匂い」あるいは「フェニルエチルアルコール（phenyl ethyl alcohol；バラの匂いの主成分の一物質）」などと同定される場合，「花」はバラが属するカテゴリーであり，バラの香りのするせっけんも珍しくなく，（化学物質名で答えるケースは珍しいが）実際にその物質が含まれているのならば間違いとはいえない。杉山ら（2003）の実験では，リンゴの皮の匂いを，接着剤と同定した者もいた。リンゴでもフルーツでもないので誤同定と考えられそうだが，果実の匂いの特徴としてとらえられるエステル類がリンゴに含まれ，同様の物質は有機溶剤にも含まれていることから考えると，感覚的には正しいといえる。

　匂いの長期再認記憶の促進に，匂いを嗅ぐと同時に正しい名前が提示されること，または匂いの名前を実験参加者自身が生成することが有効であることはすでに述べた。後者では，匂いの名前の生成つまり同定の内容の正しさには言及されていない。匂いが正しく同定できれば，記憶成績が向上することは確からしいが，これに加えて，匂いが実験参加者個人にとって正しく同定できたと確信されていれば，それが一般には正しくない，あるいは一般には理解されない同定であっても，記憶成績の向上につながる可能性はある。実際，匂いを嗅いで同定した内容が，正しい匂いの名前と意味的に近くても著しく離れていても，回答者の自分の同定に対する確信度は高いことが示されている（Cain et al., 1998）。

4.3.4　自伝的記憶

　草を刈った後の青々した匂いを嗅いで，中学時代の部活動の一コマをふと思い出したり，雨上がりの土の匂いを嗅いで，夢中で遊んでいた小学生の頃のことや幼なじみのことを思い出すといったように，匂いをきっかけとして過去の記憶を思い出し，懐かしい気持ちになるような経験があるかもしれない。

匂いを嗅いだ瞬間に鮮明に自身の過去の思い出（**自伝的記憶**）が蘇ったように感じる現象のことを**プルースト現象**という。フランスの作家マルセル・プルーストが，著書の『失われた時を求めて』の『スワン家の方へ』で，菩提樹のお茶にマドレーヌの小片を浸した香りを嗅いだ瞬間，幼い頃の自身の記憶がありありと蘇るさまを記したことからきている。匂いは時に，とくにノスタルジックで情動を伴う記憶を喚起させることがある。

　ハーツは，異なる感覚刺激を手がかりに自伝的記憶を想起させ，その特性について評価を求めた（Herz, 2004）。たとえば，ポップコーンについて，「ポップコーン」という言葉，ポップコーンの写真，ポンポンとはぜる音，ポップコーンの匂いを手がかりとして自伝的記憶を想起させた。そして，記憶を想起した際に同時に感じられた感情の強さについて評定させたところ，匂いを手がかりとした場合には，ほかの感覚で想起した場合に比べて，強く感情が変化したととらえられていることが示されている。

　また，匂いを手がかりとして想起させた自伝的記憶の内容は，言語を手がかりとした場合に比べて，10歳以下のより幼い頃の思い出が想起されやすい（たとえば，Willander & Larsson, 2006）。山本（2008）は，日常生活の中での匂いを手がかりとした自伝的記憶を想起する経験を日誌法で収集し，匂いによって自伝的記憶を喚起することは快く，感情が強く喚起されること，幼少時の記憶が想起されやすいこと，そして再体験している印象が強いことを報告している。

　匂いを手がかりとした自伝的記憶は，匂いそのものの記憶ではないが，意味記憶の想起を求めているので，**エピソード記憶**である。嗅覚情報の処理過程から考えると，過去に匂いを嗅いだ際に，嗅覚表象が，同時に経験され符号化されたほかの感覚情報や言語情報，さらには感情経験と連合して保持される。そして，一定の期間が過ぎ，再びその匂い（または類似した匂い）を嗅いだ際には，連合された情報や感情，また，それらの情報と関連性の強いほかの情報が，ネットワークとして次々に引き出されると考えられる。匂いを嗅いだ場合に，結びついた自身の過去のエピソードを語ればそれは自伝的

記憶であり，匂いの名前やその他の情報といった意味記憶を引き出すのであれば，それは匂いの同定（命名）ということになる．

4.3.5　知覚的に保持される匂いの記憶

　嗅覚表象の保持は長期記憶でも認められる．たとえば，匂いの再認テストを行った後でそれぞれの匂いの同定を求めたところ，正しく同定できた匂いの再認成績は，成人に比べると子どもで低く，高齢者はさらに低かった．一方で同定を誤った匂いの再認成績は，高齢者も成人も同等であった（Lehrner et al., 1999）．同定できない匂いは，言語的符号化に失敗して意味記憶に連合できず，嗅覚表象として保持されていたと考えられる．感覚的な表象での保持は年齢の影響を受けにくく，言語的に符号化する過程（もしくは意味記憶へのアクセス）に加齢の影響が出てくることは興味深い．

　また，知覚プライミングの研究においても，嗅覚表象に依存する記憶形態が示唆されている．知覚プライミングとは，ある感覚刺激から形成される感覚表象が潜在的に保持されることで，当事者には意識されることなく，後の認知課題に影響（促進効果/抑制効果）を与える現象である．匂いの同定課題を行う際に，先行して匂いの名前だけを提示した場合よりも，先行して匂いを提示した場合に，後の匂いの同定成績が向上することが示された（Schab & Crowder, 1995）．また，先行して匂いを実際に嗅いだ実験参加者群は，匂いの名前のみを見せられた実験参加者群に比べて，後に匂いを嗅いでその匂いが示すものが食べられるものか否かという判断が早いことが示された（Koenig et al., 2000）．先行する刺激によって潜在的に嗅覚表象が活性化され，関連する処理が速く行われるようになったと考えられている．

4.4　匂いの快不快

　すでに述べたように，匂い分子の受容機構が明らかにされていく過程で，匂い物質に対する快不快は生得的に決定されているという知見が出始めてい

る．しかし，われわれが日常生活の中で接する多くのいわゆる「匂い」は1つの匂い分子を指し示すわけではなく，何十，何百種類もの匂い分子を一度に受容することで，はじめて「リンゴの匂い」や「生ごみの匂い」と認識し，快不快を感じる．匂い分子の物理化学的特性によって生得的に快不快（接近・回避）が決定されているとしても，そのことだけで，われわれが感じる匂いの快不快の方向性が決められているとは考えにくい．実際に，匂いの快不快は認知的，知覚的な要因によって変容することがさまざまな研究から報告されている．

4.4.1　認知的な要因

　匂いと言語情報（意味表象）との連合の困難さはすでに述べたが，匂いと言語との連合が成立した場合，匂いの認知は意味表象からさまざまな影響を受けることが知られている．匂いの快不快度はその代表的な例であり，匂いを嗅いだ人が，その匂いが何の匂いであると認知するかによって，その「何」の持つ意味情報がトップダウンに快不快の判断に影響を与える（たとえば，Herz & von Clef, 2001）．たとえば，悪臭物質であっても，濃度を薄く調整した上で，「健康によい匂いである」という教示を受けた実験参加者は，「健康にあまりよい影響を与える匂いではない」という教示を受けた実験参加者に比べて，匂いの快さをより高く評価した（戸田ら，2007）．干しぶどうの匂いを提示して，一方には「干しぶどうの匂い」というラベルを，別の群には「汗のしみたシャツの匂い」というラベルを提示して匂いを嗅がせ，その匂いに対する快不快度の評価を求めると，「干しぶどう」ラベル群は快，「汗のしみたシャツ」ラベル群は不快と評価した（杉山ら，2000）．同じ干しぶどうの匂いを嗅いでいるにもかかわらず，「干しぶどう」または「汗のしみたシャツ」に関する一般的な概念に基づいて，匂いの快不快度を判断した結果と推測される．

　文化的背景も匂いの認知を左右する要因であり，匂いの快不快にも影響を及ぼす（たとえば，Ayabe-Kanamura et al., 1998）．西洋でクッキーやリキ

ュールなど食品の香りづけとして馴染みのあるアニスというハーブに対し，日本人はこれを薬のような匂いとしてとらえ，快とは評価しない。一方で，日本人にとって馴染みのあるカツオ節の匂いを，ドイツ人は生臭くて，不快なものであると感じる。それぞれの文化に独特の環境の中で蓄積されてきた，個人が持つ知識によって，提示された匂いが何の匂いであるのかが記述され，その記述に基づいて匂いに対する快不快が左右される。

4.4.2 知覚的な要因

　嗜好品として販売されている香水でも，強烈に匂うと，鼻がムズムズして気分が悪くなるときがあるように，同じ匂いでも，その濃度によって快不快度は異なる。これは，同じ匂い物質でも濃度が異なると，質的にも異なる匂いであるように感じられることが一つの理由である（たとえば，Laing et al., 2003）。

　また，匂いへの接触頻度や接触の時間によっても匂いの快不快は変容する。その一つに，匂いの単純接触効果が挙げられる。**単純接触効果**は，元来の情動価が低い対象物に繰返し接触することで，その対象物に対する快度が上昇する現象である（第7章参照）。さまざまな感覚モダリティ刺激でこの現象は確認されているが，嗅覚刺激を用いた研究はそれほど多くなく，また一貫した結果が得られていないのが現状である。古くは，快不快の程度がさまざまな匂いを実験参加者に短時間で多数回繰返し接触（30分間で55回）させた場合，不快な匂いに対する快度が上昇する一方で，快い匂いに対する快度は低下することが示されている（Cain & Johnson, 1978）。また，情動価の低い香りへの接触頻度を，10回，5回，1回と操作した研究では，接触しなかった香りに比べて5回接触した香りへの情動価だけが，快方向へ有意に上昇した（杉山，2007）。

　単純接触効果とは正反対に見える現象に，**感性満腹感**（sensory-specific satiety）がある。これは，同じ食物を繰返し口にすると，その食物に対する快度が低下するという現象である（Rolls et al., 1981）。嗅覚においても，食

物の匂いに繰返し接触すると，その匂いに対する快度が低下する（Rolls & Rolls, 1997）。単純接触効果でも，飽きによる快度の低下は議論の的となるところだが，嗅覚ではこの飽きが生じやすい可能性はある。

4.5 おわりに

　大正時代に書かれた心理学の教科書には，「嗅覚は概念や美感といった高等な知識や感情には関与しないために，下等感覚と言われる」という記述がある。本章の冒頭で記述したように，生物本来の嗅覚機能に着目すると，生得的な機能が優位である印象が強いのかもしれない。しかし，刺激の受容の仕方は異なっても，嗅覚情報の処理は視覚や聴覚のそれと根本的に異なるわけではない。たとえば視覚では，観察する対象の色や形，位置の情報が別々に検出され，それらの情報が最終的に統合されることで，どこに何があるのかをわれわれは理解することができる（第6章参照）。嗅覚でも多数の化学物質が複数の受容体を刺激し，そこからの電気信号が中枢で統合されて何か（対象）の匂いを感じる。また，聴覚では雑多な音の中から意味のある音列や音声（対象）を聞き分けることができる（第8章参照）。同様に，嗅覚では，台所のようにさまざまな匂いが混在しているところでもコーヒー（対象）の香りを嗅ぎ分けることができる。「全ての知覚は習得された知覚である」とアメリカ心理学の祖ジェームズ（James, W. 1842-1910）が記しているように，視覚でも聴覚でも嗅覚でも，対象物を知覚できるということは知覚学習（経験）によって成立しうることなのである（Wilson & Stevenson, 2006参照）。

　嗅覚を失うことに不安を覚える人は少ないかもしれない。確かに，日々の生活にすぐに不自由を感じることはないであろう。しかし，実際に頭部外傷などで嗅覚を失った人は，人生が色褪せたように感じ，生きる気力がなくなると訴える（Birnbaum, 2011参照）。本章では，意識される匂いの感覚について主に解説したが，われわれは無意識のうちに嗅覚を刺激されている生

活を送っており，匂いに対して注意を向けることもなく，嗅覚情報の重要さに気づいていないだけなのかもしれない。嗅覚も，ほかの感覚と同様，高等な知識や感情に関わる感覚であることはいうまでもない。

知覚の体制化

われわれがものの形を知覚するときに，どういう条件が必要なのだろうか。ただ，光だけが眼に入ってくれば，ものは見えるのだろうか。たとえば，深い霧の中とかピンポン球を半分に割って両眼につけて見たときのような，視野の中に異質なものが何一つなく，どこを見ても何の変化もないまったく均質な視野，いわゆる全体野（Ganzfeld）になると形の知覚は一切生じない。しかも，距離感がまったくない。しかし，このような均質な視野の中に何か異質なものが少しでもあると，たちまち形の知覚や距離感が生じてくる。

5.1 図と地

われわれが何か形を知覚するためには，視野の中に異質な領域が存在し，周りから**分凝**（segregation）すること，つまり，視野における**図**（figure）と**地**（ground）の分化が必要なのである。図5.1は，「ルビンの杯」とよばれる有名な図版である。この図を観察すると，白い西洋風の杯が見えたり，2人の顔が向かい合っている黒いシルエットが見えたりする。ただし，2つの図形が同時に見られることはない。白い杯が見えているときには，黒の領域は，横顔とは見えずに白い杯の背後に拡がった背景としてしか見えない。このとき，白の領域を「図」とよび，黒の領域を「地」とよぶ。また，黒の横顔が「図」となって見えているときには白い領域は「地」となり杯は見えない。

この図のように，図と地が入れ替わる図形は**反転図形**，もしくは，どちらにも見えるということで**多義図形**（ambiguous figure）とよばれる。多義図形の例としては「若い女性と老婆」（図5.2）や「ウサギとアヒル」（図5.3）

図 5.1　ルビンの杯（Rubin, 1921）
黒の背景（地）上に白い杯（図）か，白い背景（地）上に黒い人の横顔（図）かのどちらかが見える。人の横顔が図になるときは，杯に見えていた部分は背景になって顔の背後に広がっているように見える。

図 5.2　若い女性と老婆
左を見ている若い女性の耳が左を見ている老婆の眼，頬からあごの線が老婆の鼻，首の部分が老婆の口とあごになる。

図 5.3　ウサギとアヒル
右を向いているウサギか左を向いているアヒルのどちらかが見える。

などがある。
　実験現象学者であるルビン（Rubin, E. J.；1886-1951）は，このような「図」と「地」の現象的特性について多くの観察を行った。それによると，図は物としてのまとまりを持ち，表面色的特性を持ち，周りから浮き上がっ

110　第 5 章　知覚の体制化

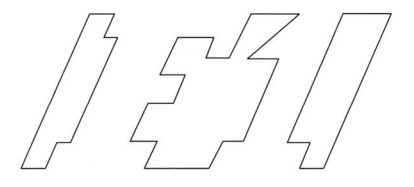

図 5.4 閉合の要因
閉じた領域は図になりやすい。閉じた図形の間に,「F」と「1」の文字があるのだが,図になりにくいために「F1」の文字は見えにくい。

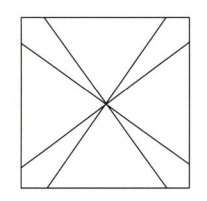

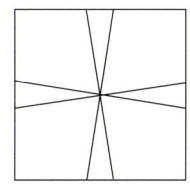

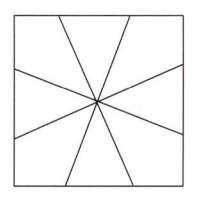

図 5.5 狭小の要因
扇形の中心角度が小さいほうが図になりやすい。角度が同じ場合は,見え方が絶えず変動する。

て見え,引き締まった感じを与える。図と地の境界は図に属し,その図の輪郭線として図と地を分離する役目を持つ。一方,地は形を持たず素材的な印象を与え,図の背景となって図の後ろ側にも拡がっているように感じられる。

図になりやすさの要因として以下が考えられている。

1. **閉合の要因**……閉じた領域,または取り囲まれた領域は図になりやすい(図 5.4)。
2. **狭小の要因**……より狭い領域は広い領域よりも図になりやすい(図 5.5)。
3. **内側の要因**……2 つの領域が内側と外側という関係にあるとき,内側の領域が完全に取り囲まれていなくても図になりやすい(図 5.6)。
4. **同じ幅の要因**……同じ幅を持つ領域は,ほかの領域から浮かび上がって図となりやすい(図 5.7)。
5. **相称の要因**……規則的な形や相称(シンメトリー)な領域が不規則な形

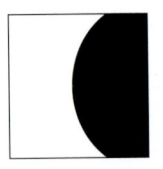

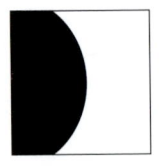

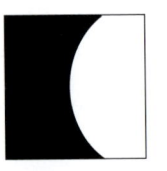

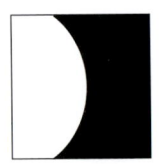

図 5.6　内側の要因
完全に取り囲まれていなくても，全体の構造の中で内側に配置されていると図になりやすい。左側 2 つの図形では黒い部分が図になりやすく，右側 2 つの図形では白い部分が図になりやすい。

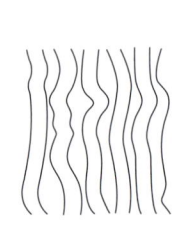

図 5.7　同じ幅の要因
同じような幅を持った部分は，図になりやすい。

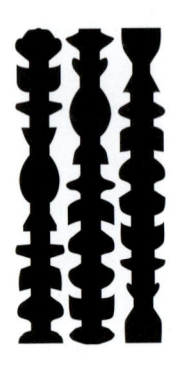

図 5.8　相称の要因
左右相称（シンメトリー）な領域が図になりやすい。この図では黒い部分が図になる。

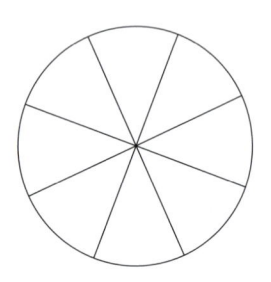

図 5.9　空間方向の要因
ほかの条件が同じならば，垂直，水平方向に広がる領域のほうが図になりやすい。

や非相称な領域と並んでいるときには，規則的な形や相称な領域が図になりやすい（図 5.8）。
6. **空間方向の要因**……垂直・水平方向に拡がる領域は図になりやすい（図 5.9）。

　上記のほかに，凹型よりも凸型の領域のほうが図になりやすい，寒色系の色領域より暖色系の色領域のほうが図になりやすい，といったことが指摘されている。

5.2　体制化

　図 5.10 を見てみよう。「何か描かれているか？」と聞かれたら，おそらく全員が，丸い円が2つ重なっていると答えるであろう。この場合，単なる点の集まりとか，2つの三日月形が向かい合ってくっついていると答えたとしても間違いではない。しかし，そういう人はまずいないであろう。では，なぜ2つの円図形と見てしまうのだろうか。

　ゲシュタルト心理学（Gestalt psychology）によると，われわれがものを見るときには，ある法則に従ってまとまりを作ろうとする傾向を持つといわれている。図として知覚されたいくつかのものが，あるまとまりをもって現われる傾向を**知覚の体制化**（perceptual organization），または**知覚的群化**（perceptual grouping）という。図 5.10 で，2つの円が重なって見えるのもこの体制化の働きによっているからである。無数にある夜空の星の中から，北斗七星とか白鳥座などというように一つのまとまりを持った星座を見出すのもこの体制化の働きによるものである。

　それでは，そのまとまりはどのように作られるのであろうか。体制化の要因（**ゲシュタルト要因**あるいは**群化の要因**ともよばれる）について，ゲシュタルト心理学者ウェルトハイマー（Wertheimer, M.：1880-1943；第1章参照）は以下を挙げている。

1. **近接の要因**（factor of proximity）……ほかの条件が一定ならば，近いも

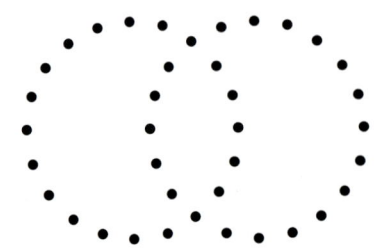

図 5.10 何が見える？（Metzger, 1953）
多くの人が点で作られた「2つの円」が見えると答えるだろう。

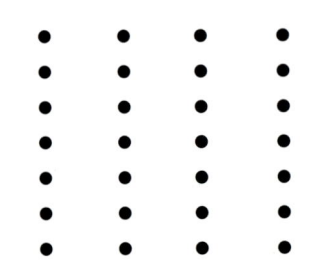

図 5.11 近接の要因
近くにあるものどうしがまとまる。図の点どうしの距離は，横方向よりも縦方向が近いため，それぞれの点は縦一列にまとまって見える。

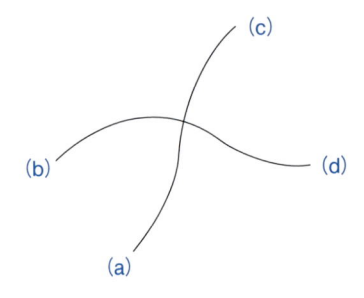

図 5.12 よい連続の要因（その1）
よい連続，滑らかな連続によって(a)-(c), (b)-(d)のようにまとまって見える。(a)-(b), (c)-(d)のようにはまとまらない。

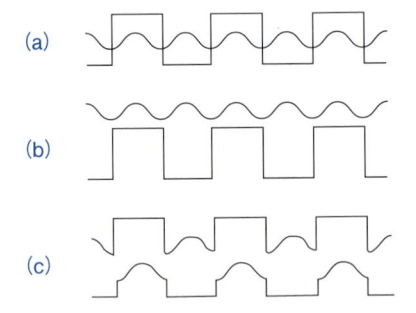

図 5.13 よい連続の要因（その2）
(a)の図はよい連続の要因により(b)のようにサイン波と矩形波の2本の線に見え(c)のようには見えない。

のがまとまりグループを形成する。図 5.11 では，近接している点どうしが一つのまとまりとして知覚され，1本の線を構成しているように見える。また，「われわ れがよ みか きしてい るぶ んしょうも こ のよ う にこと ばのい みと はむ かんけ いに」文字の間を離すと無意味な語群にまとまってしまい読み取りにくくなる。

2. **よい連続の要因**（factor of good continuity）……図 5.12 のように，よい

114　第 5 章　知覚の体制化

連続，滑らかな連続をなす (a)–(c), (b)–(d) のようにまとまり，(a)–(b), (c)–(d) にはならない．また，図 5.13 の (a) は，よい連続の要因により (b) のようにサイン波と矩形波の 2 本の線分に見え，(c) のような見え方にはならない．

3. **よい形の要因（factor of good form）** ……簡潔，規則的，シンメトリー，同じ幅を持つ形は，そうでない形よりもまとまる傾向がある．図 5.10 で，三日月形よりも円のほうがよい形となり，向かい合った 2 つの三日月形とは見えず，円が 2 つ重なっていると見える．

4. **共通運命の要因（factor of common fate）** ……同じように動いたり，同じ変化をしたり，といったように運命をともにするものは，一つにまとまる傾向がある．図 5.14(a) は，近接の要因によって 2 つのグループに分かれて知覚される．しかし，図 5.14(b) のように上の 3 個だけを同じ方向に動

図 5.14 共通運命の要因（Metzger, 1953）
近接の要因で 3 つずつのまとまりに見える (a) が，上の 3 つの要素が右方向に同じように動くことで (b), 移動するグループどうしと静止したグループどうしがまとまる．

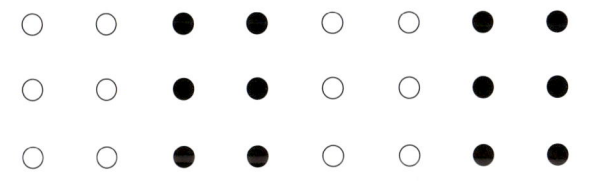

図 5.15 類同の要因
それぞれ同じ色の丸どうしがまとまって見える．

5.2 体制化 115

かすと，静止したグループと動いたグループに分かれて知覚される。

5. **類同の要因**（factor of similarity）……多くの種類の対象があるとき，ほかの条件が一定ならば，同じ種類の対象がまとまりとして知覚される。図 5.15 は明るさの要因の例であるが，ほかにも色，サイズ，傾きなどもある。

6. **閉合の要因**（factor of closure）……閉じた領域を作るものがまとまる傾向がある（図 5.16）。

7. **客観的態度の要因**（factor of objective set）……図形が継時的に提示されるとき，その経過の状態によってまとまり方が影響を受ける傾向がある。たとえば，一列に並んだ9個の点を図 5.17 にあるように，(a)，(b)，(c)，(d) ……の順に継時的に提示すると，すべての点が等間隔に置かれている (d) の列は，各々の点が 1-2, 3-4, 5-6, 7-8 とまとまって見える。逆に，(g)，(f)，(e) ……の順に各列を提示していくと，点が等間隔に並べられた (d) の列は，今度は各々の点が 2-3, 4-5, 6-7, 8-9 とまとまって見える。このように点のまとまり方が，見る人の主観ではなくて図形の時系列的変化

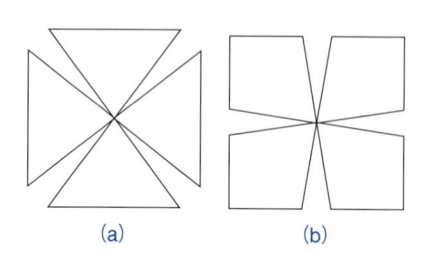

図 5.16 **閉合の要因**
扇型の中心角に関係なく，閉じた図形のほうがまとまりやすい。

図 5.17 **客観的態度の要因**
横一列に配列された点を上の列(a)から順に見ると，(d)の列のまとまりは 1-2, 3-4, 5-6, 7-8 とまとまる。逆に，下の列(g)から見ていくと，同じ(d)の列は，2-3, 4-5, 6-7, 8-9 とまとまり方が異なって見える。

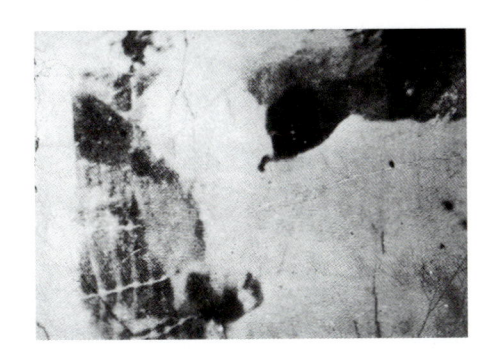

図 5.18 何が見える？（Dallenbach, 1951）
図の左半分に牛の顔が見える。

図 5.19 何が見える？
（写真家 R. C. James, 1966 による）
画面の左上方向に向かって地面の匂いを嗅いでいるダルマチア犬が見える。

によって客観的にもたらされることから客観的態度の要因とよばれる。

8. **経験の要因（factor of experience）**……あるまとまりを何度も見る（経験する）と，そのまとまりがほかのまとまりよりも現われやすくなる。この要因は，ほかの要因があまり強く働かないときに効果的になる。図 5.18，図 5.19 は，はじめて見る人には無意味な染みの模様やただのランダムな点の集まりにしか見えない。しかし，ひとたびこの図の中の染みや斑点が形成する牛（図 5.18）やダルマチア犬（図 5.19）を観察できた人は，次からはすぐにそのようなものを見ることができる。

パーマー（Palmer, 1999）は，さらに以下のような群化の要因が挙げられるとしている。

9. **同時性（synchrony）**……同時に生じる要素特性の変化は，対象の群化を促す。パーマーらは，図 5.20 に示すような等間隔に配置された黒と白の小円の色を，特定の時間間隔で反転するように提示した。その結果，毎秒 25 回の交替（最適時相）のあたりで反転する黒と白の小円が強くまとまって見

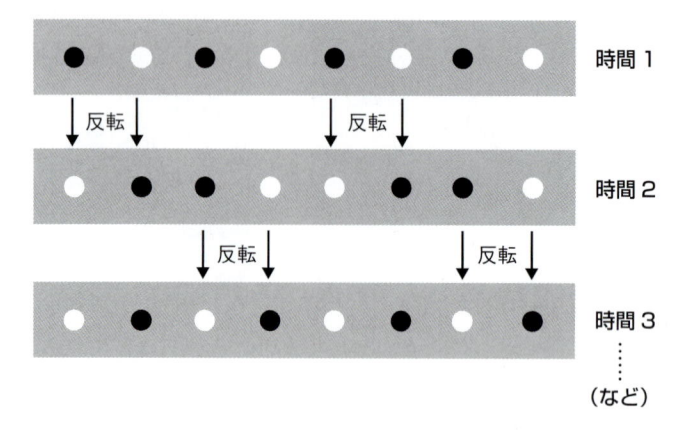

図 5.20 同時性によるまとまり (Palmer, 1999)
図中の矢印で示されるような変化が同期して生じる場合，色の違いに関係なく同期しているもの同士がまとまる。

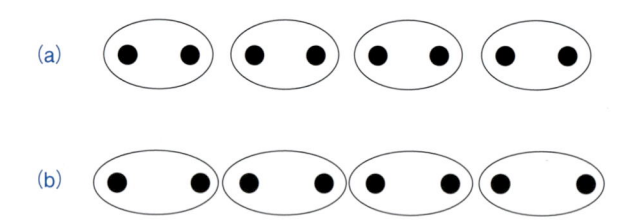

図 5.21 共通領域によるまとまり (Palmer, 1999)
(a) のように同じ領域内の対象はまとまる。また，(b) のように近くの対象同士（近接の要因）よりも，少々離れていても同じ領域内であればまとまる。

えることが示された（Palmer & Levitin, 1998）。ダイナミックという点では共通運命の要因と同じように思われるかもしれないが，変化が同期していることだけが必要であり，変化の仕方（内容）は共通運命のように同じである必要はない。明るくなるものと暗くなるものどうしがまとまるという点で共通運命の要因とは異なる。

10. **共通領域（common region）**……閉じた（輪郭線で囲まれた）領域内の

118 第 5 章 知覚の体制化

対象は，1つにまとまって見える（図5.21(a)）。近接の要因よりも，共通領域の要因のほうが強く働く（図5.21(b)）。

11. **要素の連結（element connectedness）**……連結された要素は，1つにまとまって見える。等間隔に配置された点は，線で結ばれると強くまとまる（図5.22(a)）。また，この連結によるまとまりは，近接の要因よりも強く働く（図5.22(b)）。

以上のような要因によって，われわれの視覚システムは，視野内のものを体制化し，全体としてもっとも簡潔な秩序あるまとまりとして見ようとする

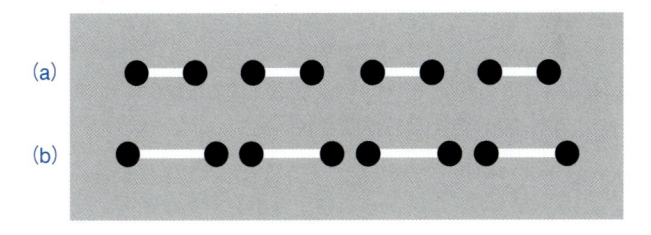

図5.22 要素の連結によるまとまり（Palmer, 1999）
(a)のように連結されているものどうしがまとまる。また，(b)のように近い点どうし（近接の要因）よりも，離れている点どうしが連結によってまとまる。

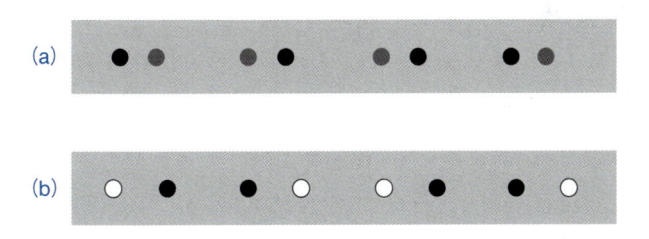

図5.23 近接の要因と類同の要因（Palmer, 1999より改変）
(a)は，類同の要因があまり強くない（黒と灰色の色の違いが小さい）ため，近接の要因（近い円どうし）のほうが強く働き，黒と灰色の点がまとまる。一方，(b)では，近接の要因はあまり強くないが，類同の要因が強い場合は，類同の要因によって白どうし，黒どうしの点がまとまる。

傾向を持っている。この傾向は，ゲシュタルト心理学者によって**プレグナンツへの傾向**（Prägnanz tendenz）または**プレグナンツの原理**（principles of pregnancy）とよばれた。

　ただし，上記すべての要因は，「ほかの条件が同じならば」という規則が適用される。たとえば，近接の要因と類同の要因が混在する場合を考えてみよう。図 5.23(a) は，黒と灰色の小円が並んでいるが，類同の要因（色）よりも近接の要因（小円間の距離が短い）によって 2 つの小円はまとまって見える。一方，図 5.23(b) では，白どうしの間隔よりもやや近くに並べられた白と黒の小円は，近接の要因よりも類同の要因によって黒どうし，白どうしがまとまって見える。

5.3　群化の要因の定量的研究

　群化の要因どうしの関係に関して，その程度を定量的に測定しようとする試みがなされている。大山（Oyama, 1961）は，4 行×4 列のマトリックス状に黒点を配置し，垂直，水平の間隔を組織的に変化させて，まとまりとして見えている時間を測定することで近接の要因の量的研究を行った。見えているまとまりに応じて 2 種の反応キーを実験参加者が押し分けることで，黒点が垂直にまとまって見えている時間，水平にまとまって見えている時間をそれぞれ測定した。その結果，まとまりの見えている時間は黒点間の相対的間隔のベキ関数（3 乗にほぼ反比例）であることを見出した。

　クボヴィとウェジマンス（Kubovy & Wagemans, 1995）は，近接の要因の強さを測定するために，図 5.24(a) のような格子状に配置されたドットを用いた。その配置をさまざまに変化させた刺激を 300 ミリ秒提示して，点がどの方向（図 5.24(b)）にまとまって見えるかを回答させた。その結果，間隔が近いドットどうしがまとまる（近接の要因による）方向への反応が多かった。ドット間の結びつきの強さは，距離に応じて指数関数的に減少し，数理モデルに合致することが示された。

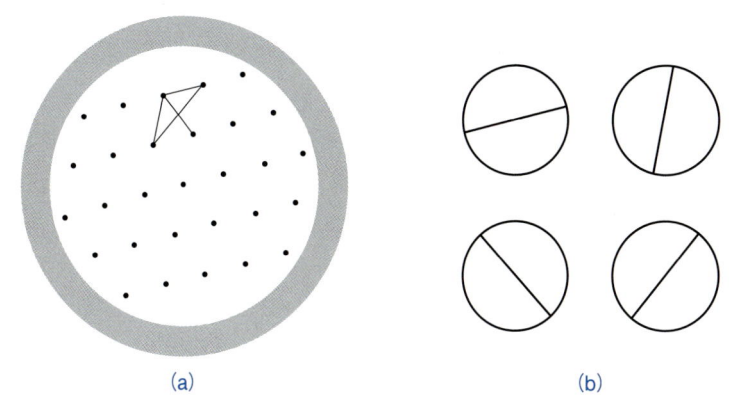

図 5.24 **刺激図形**（Kubovy & Wagemans, 1995）
(a)は実験に用いた刺激図形，(b)は反応用に準備した4方向を示す表示である。(a)の点間に書き加えられた4本の線分は，点のまとまる可能性のある方向(b)を示している。

　ほかにも，群化の要因間の相対的な効果の強さに関して，類同の要因と近接の要因では相補的関係にあることがわかっている（Hochberg & Silberstein, 1956；Hochberg & Hardy, 1960；大山, 1960）。

　パーマーとベック（Palmer & Beck, 2007）は，これまでとは異なる方法で群化の要因の効果を測定している。それまでの多くの研究では，どう見えるかを回答させる方法がとられることが多かったが，彼らは正解のある課題を作り，その課題に対する反応時間を測定するという方法を用いた。**図5.25**のように，四角形と円形が交互に一直線に並べられた中に，1組だけ同じ図形が隣接しているパターンを提示する。実験参加者は，同じ形の図形が隣接しているペア（ターゲット）を見つけて，それが四角形のペアか円形のペアかについて，対応するボタンをできるだけ速く押すように教示される。群化の要因によって，ターゲットペアがまとまって1つのグループを作っていれば，反応時間は速くなると考えられる。そこで，近接の要因によりターゲットペアがまとまりやすい**グループ内配置**（図5.25(a)；within-group），

5.3　群化の要因の定量的研究　　121

(a)	■● ■● ■■ ●	グループ内配置
(b)	■ ●■ ●■ ■●	グループ間配置

（近接）

(c)	■ ● ■ ● ■ ●	ニュートラル配置

(d)	(■●)(■●)(■■)(●)	グループ内配置
(e)	■(●■)(●■)(■●)	グループ間配置

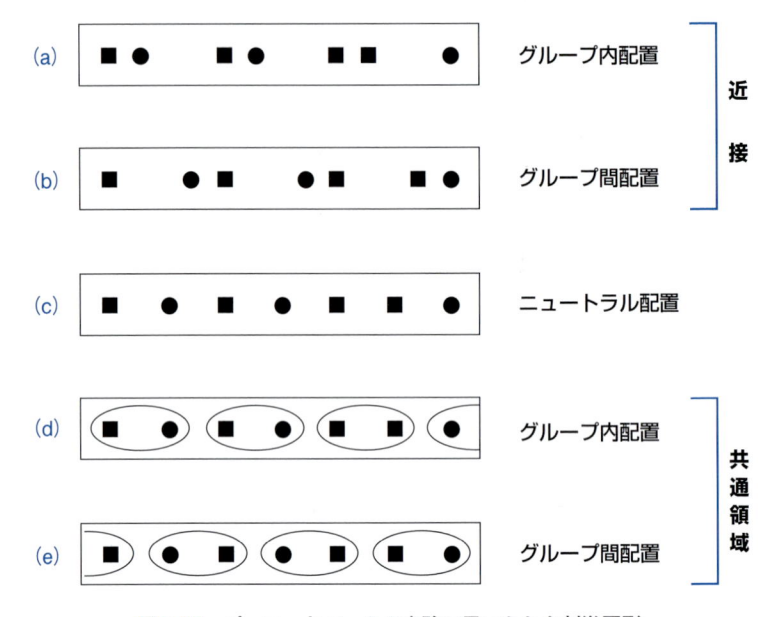

（共通領域）

図 5.25　パーマーとベックの実験に用いられた刺激図形
(Palmer, 1999 ; Palmer & Beck, 2007)

群化の要因の測定に用いた刺激配置の例。実験参加者は，ターゲットペア（同じ形の隣り合っている要素図形）が四角か円かを判断する。グループ内配置条件（(a)と(d)）では，近接(a)や共通領域(d)の要因によってターゲットペアがまとまりやすくなっている。グループ間配置条件（(b)と(e)）では，ターゲットペアはまとまりにくくなっている。

ターゲットペアがまとまりにくい**グループ間配置**（図 5.25(b)；between-group），等間隔に配置され近接の要因の影響がない**ニュートラル配置**（図 5.25(c)；neutral）の 3 条件を設定した。その結果，反応時間はグループ内配置，ニュートラル配置の順で短く（700〜800 ミリ秒），グループ間配置ではもっとも長い反応時間（900〜1,200 ミリ秒）であった。同じような結果は，共通領域の要因（図 5.25(d)，(e)）や色の違いによる類同の要因，要素の連結といったほかの条件においても見られた。

　これらの定量的研究によって，実験現象学的研究では明らかにできない群

化の要因の効果を正確に測定することが可能となり，それぞれの要因の相対的な関係を明らかにすることができるようになった。

5.4 アモーダル知覚

われわれが周りのものを見るときに，すべてのものが完全な姿で見えているわけではない。ものどうしが重なって，一方が他方を隠していることもよくある。しかし，われわれは隠された部分を補って1つのまとまりのある対象（隠されている部分の形）を見ることができる。たとえば，図 5.26 を見てみよう。灰色の四角形が黒い円図形の上に載っている，または円の一部を隠しているように見えるであろう。おそらく，灰色の四角形に4分の1が欠けた円図形（パックマン）が接していると，見る人はいないであろう。こういった現象は，明るさや質的な感覚的変化が存在しない（アモーダル）にもかかわらず欠けている部分が補われるように知覚が生じるためにアモーダル（非感性的）知覚（amodal perception）とよばれる（アモーダル補完または

図 5.26　アモーダル知覚（Kanizsa, 1979）
黒い円図形のアモーダル（非感性的）完結化。灰色の四角形の背後に黒い円図形の一部が隠れているように見える。

アモーダル完結（amodal completion）ともよばれている）。これに対して，**モーダル**（**感性的**）**知覚**とは仮現運動や盲点に対応した視野の連続や主観的輪郭など，補充される部分も視覚的モダリティの特性を備え，実際に刺激されている部分と現実的には区別することが困難なものをいう（Kanizsa, 1979）。

図 5.27(a) は，いくつかの無意味な断片が配置されているだけでまとまった一つの対象としては知覚されない。しかし，断片間の空間をテープなどで隠す（図 5.27(b)）とテープの背後に広がる立方体が見えてくる。「この理由は，隙間であった領域が図となり，図であった断片が地として再体制化されたことにある。この新たな体制化による地の力は，アモーダルに遮蔽物の背後にかたちを知覚することを可能とする」（椎名，2008）。このように知覚の体制化は，未完成なものであっても遮蔽されたものと見ることによりわれわれに完結したものを知覚させることができるのである。

これまでの研究から，アモーダル知覚では2つのルール（**滑らかな連続性**と**規則性**あるいは**対称性**）に従って知覚される形が決まると考えられている（Boselie & Wouterlood, 1992；Wouterlood & Boselie, 1992；van Lier der

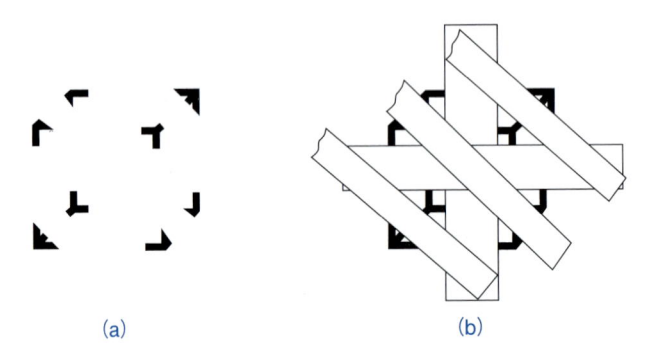

(a)　　　　(b)

図 5.27　**隠すことで見えてくる**（椎名，2008）
無意味な断片が配置されているだけにしか見えない図(a)に，テープを貼って隙間を埋めるとテープの背後に広がる立体図が見えてくる(b)。

124　第5章　知覚の体制化

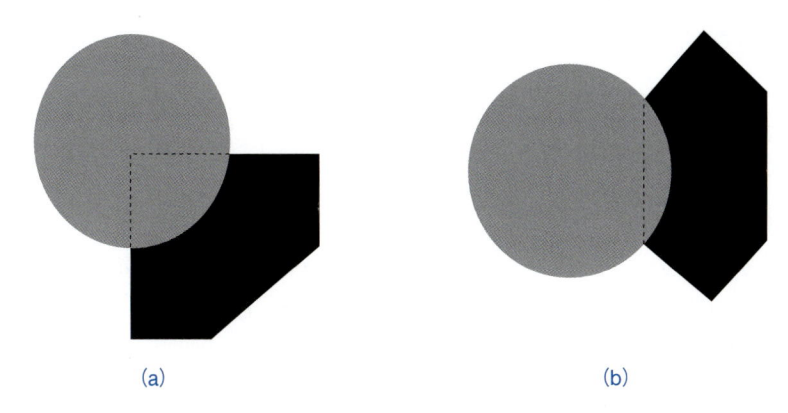

図 5.28　提示方位とアモーダル知覚（Markovich, 2002 より改変）
(a)では黒い図形は連続性に従って五角形として知覚されるが，45度回転させた(b)では対称性に従って六角形に知覚される。

Helm & Leeuwenberg, 1995)。

　一方，マルコビッチ（Markovich, 2002）は，対称性に関連して同じ図形でも提示方位を変えると知覚される形が変化することを報告している（**図 5.28**）。さらに，高島ら（Takashima et al., 2009；高島ら，2010）は，アモーダル知覚が図形の提示方位と遮蔽する図形，および遮蔽される図形の形態によって，どのような影響を受けるのかを検討している。その結果，対称軸が垂直に存在しうる場合は対称な図形に知覚されやすいこと，提示方位によっては遮蔽する図形の形態によっても知覚される形が変化することが示された。これらのことから，アモーダル知覚では滑らかな連続性や対称性に従って知覚されるだけではなく，より文脈的な効果や**関係系**（frame of reference）などを含めたより全体的な枠組みで，知覚される形が決定されると考えられる（高島ら，2010；Sekuler et al., 2001）。

　遮蔽されているものがより複雑な図形（**図 5.30** 参照）であったら，アモーダル知覚によってどのような形に完結するのであろうか。このような場合，言語報告や描画などによる従来からの方法では，観察や反応に時間制限をつ

5.4　アモーダル知覚　　125

けられないために思考や推論の結果なのか，知覚の結果なのかといった区別ができない，実験参加者の主観や内省に完全に依存しすぎている，などの理由から限界がある。そこで近年，知覚的補完のメカニズム解明に向けて認知科学的手法，生理学的手法や計算論的アプローチなどさまざまな方法で研究が行われるようになってきた。その一つに，プライミング効果を用いた研究がある。**プライミング効果**（priming effect）とは，すでに提示された先行刺激が，その後に提示される刺激処理に無意識的に影響（促進効果）を与える現象のことである。もともと，記憶や認知心理学研究の領域で見出された現象であったが，知覚過程の研究にも使われている。

　プライムマッチング法（primed matching paradigm）では，実験参加者は

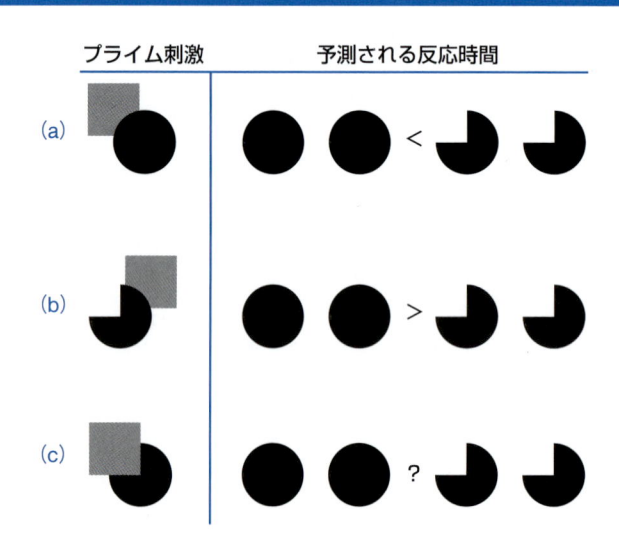

図 5.29　プライム刺激と予測される反応時間の関係
(Sekuler & Murray, 2001)

(a)のような完全円図形がプライム刺激として使用された場合，円図形ペアに対する反応のほうが欠損円図形に対する反応時間よりも速くなる。(b)のような欠損円図形をプライム刺激にした場合は，欠損円図形に対する反応が速くなる。では，(c)のような遮蔽図形の場合は，どうなるだろうか。

プライム図形（先行刺激）を見せられた後，次に提示される一対の刺激図形（テスト図形）が同じか違うかを判断する。プライム図形とテスト図形の類似度によって，正しく「同じ」という判断に要した時間（反応時間）に違いが生じる。たとえば，正円図形をプライム刺激にした場合，欠損円図形に対してよりも正円図形に対しての反応のほうが速くなり（図 5.29(a)），欠損円図形をプライム刺激にした場合は，欠損円図形に対する反応のほうが速くなる（図 5.29(b)）。遮蔽図形をプライム刺激にすることで，アモーダル知覚の成立について客観的に調べることができる（図 5.29(c)）。このような方法を用いることで，感覚入力時から知覚が成立するまでの間のどの時点でどのように形の知覚が成立するのか，という**微小生成**（microgenesis）の過程を調べることができる。

このプライミング効果を利用して，デウィットとヴァンリアー（de Wit & van Lier, 2002）は図 5.30 のような，ある程度規則的な複雑図形のアモーダル知覚に関して，**局所的完結**（local completion）なのか，**大域的完結**（global completion）なのかを調べた。局所的完結では図 5.30(b) のように，よい連続の要因によって途切れた輪郭線を両方からのばして図形を完結される。大域的完結ならば，図形全体の形態的特徴が反映されて，図 5.30(c) のように補完されると考えられる。その結果，局所的完結ではなく大域的完結の

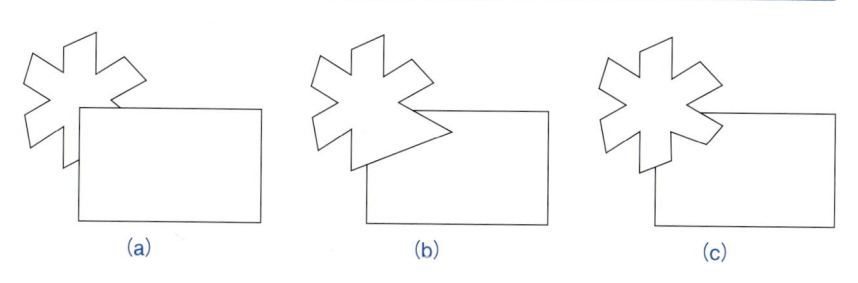

図 5.30　**局所的完結か大域的完結か**（de Wit & van Lier, 2002）
(a)を提示されたときのアモーダル知覚は，局所的情報によって(b)のように補完されるのか，大域的情報に従って(c)のように補完されるのか。

5.4　アモーダル知覚　127

ほうが優勢であることがわかった。

5.5 アモーダル縮小と拡大

　アモーダル知覚は，遮蔽図形の背後で完結して見える図形が現象的に**縮小**（**アモーダル縮小**；amodal shrinkage）して見えるというおまけの現象ももたらす。遮蔽された四角形（**図 5.31 (a)**）は，その隣の四角形（**図 5.31 (b)**）とまったく同じ長さであるが遮蔽された図形のほうが縮小して見える。この縮小現象は，図形のみでなく空間に対しても生じる。**図 5.31** の **(c)** の空間より **(d)** の空間のほうが狭く見える。さらに，遮蔽図形によって隠されていない完結四角形の部分（遮蔽された図形の片側だけ；**図 5.31 (e)**）を見ると，同じ形の図形（**図 5.31 (f)**）に比べて逆に**拡大**（**アモーダル拡大**；amodal expansion）して見える。

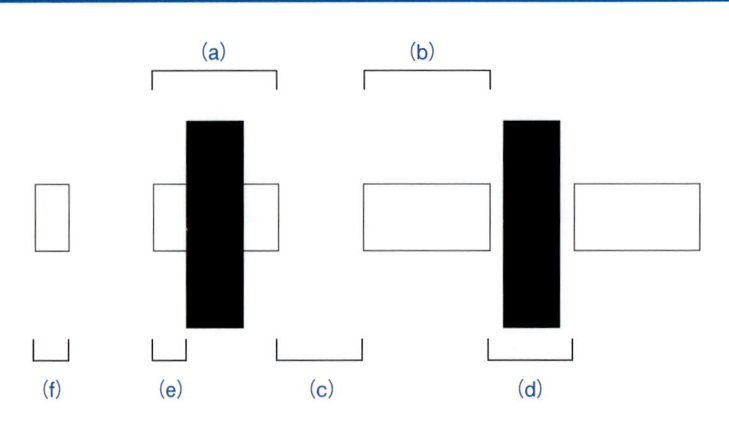

図 5.31　アモーダル縮小と拡大
遮蔽された図形の幅 (a) は，遮蔽されていない図形 (b) より縮小して見える。同じように，遮蔽されていない空間 (c) と，遮蔽された空間 (d) を比べると，遮蔽された空間(d)のほうが狭く（短く）見える。一方，遮蔽図形によって隠されていない片方の部分(e)と，まったく同じ形の四角形(f)を比べると，(e)のほうが(f)より拡大して見える。

この現象についての説明として以下のような説がある。

1. **心的エネルギー説**……この現象を最初に報告したカニッツァによる，アモーダル完結を必要とする遮蔽された図形部分とそれを必要としない遮蔽されていない部分に向けられる心的エネルギー量の違いによる説明（Kanizsa, 1979）。
2. **大きさ恒常説**……遮蔽された図形は層化によって遮蔽図形より遠くにあるように見える。遠くに見える対象は大きく見てしまうという大きさ恒常のメカニズム（大きさ距離不変仮説）による説明（Micella & Pinna, 1987）。
3. **側抑制説**……空間周波数受容器の側抑制という生理学的モデルによる説明（Zanforlin, 1981）。
4. **無関係説**……縮小，拡大現象はアモーダル知覚とは関係ない別の現象であるという説明（Vezzani, 1999）。

これらいずれの説も決定的な説明にはなっておらず，まだ決着はついていない。

5.6 プレグナンツへの傾向

われわれの視覚システムは，視野の中のものをもっとも簡潔な秩序あるまとまり（「よい」形）として見ようとするプレグナンツへの傾向を持っている。それを示す例として上記のアモーダル知覚のほかに，**主観的輪郭**（subjective contour）や**透明視**（phenomenal transparency）といった現象が挙げられる。

1. **主観的輪郭**……輪郭線もしくは輪郭面は，明度差，色相差などといった物理的な刺激勾配が存在してはじめて生じる。しかし，そのような刺激勾配がなくても輪郭が知覚されることがある。図 5.32(a) は，カニッツァの三角形とよばれる有名な図形である。カニッツァ（Kanizsa, 1979）によれば，黒い欠損円部分はアモーダル知覚によって白い領域の背後で完結し，黒い正円図形として知覚される。そのため，黒い3つの円図形の上に白い三角形が

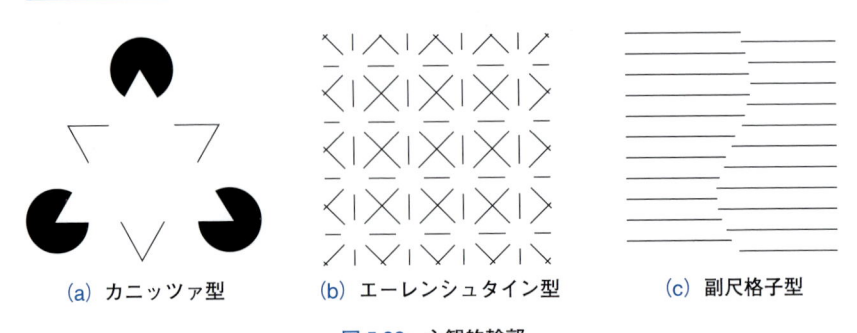

(a) カニッツァ型　　　(b) エーレンシュタイン型　　　(c) 副尺格子型

図 5.32　主観的輪郭

重なって見える。主観的輪郭は，数多くの図形が考案されているが，大別すると，このカニッツァ型のほかにエーレンシュタイン型（図 5.32(b)），副尺格子型（図 5.32(c)）に分けられる。

　主観的輪郭で形成された領域は，次のような現象的特性を持つ。

(1) **明度**……明るさおよび色が変化する。

(2) **奥行き（層化）**……周囲より手前に位置したり，ほかの図形を覆っているように現れる層を形成する。

(3) **面の形成**……境界によって隣接する領域から分離する。

(4) **感性的特性の獲得**……物理的輪郭と同じような感性的特性を獲得する。

　これらの現象的特性のどれがもっとも重要なのか，明度対比が重要か，奥行き（層化）知覚か，面の形成が先なのか，といったことに関しては意見が分かれている。高橋（1991）は，微小生成過程の分析を行い，面→奥行き→明るさ変容の順で現象特性が発生するとしている。主観的輪郭に関しての研究は，現象学的アプローチがメインであったが，近年は微小生成過程の分析を行う研究も多くなってきている（Reynolds, 1981；高橋, 1990；1991；Takahashi, 1993；1994；Parks, 1994；1995；Unuma & Tozawa, 1994）。

2. **透明視**……図 5.33(a) を見ていただきたい。白っぽい十字形の上に透明な黒っぽい長方形があるように見える。または，その逆にも見える。この図

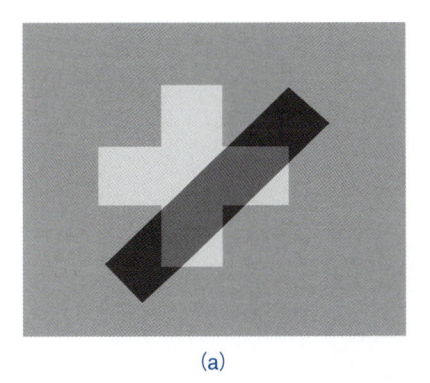

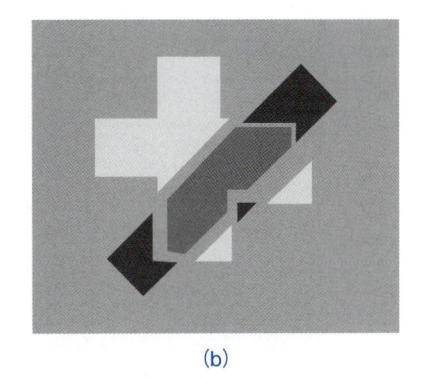

図 5.33　透明視現象
白い十字形とその上に重なる透明な四角形が見える(a)。図(a)を構成している要素をバラバラにしたものが(b)である。物理的には不透明な要素から構成されている。

を構成している要素は，図 5.33(b) のような物理的には不透明な部分に分けることができる。しかし，われわれはこの 7 個の要素の寄せ集めとしてこの図形を知覚するのではない。斜めの長方形部分を透明なものとして見ることで，より簡潔（プレグナンツ）な 2 つの要素（十字形と斜めの長方形）からなる形としてまとめているのである。ここでもプレグナンツへの傾向が働いているといえる。

5.7　運動によってもたらされる体制化

　ヨハンソンは，人の関節などに小光点を取りつけて歩いてもらい，光点のみが映るように動きを録画した（図 5.34）。その映像を 2 次元平面上に再生して観察した場合，光点が動いていない（人が静止している）ときは，まとまりのないバラバラな光点の配置にしか見えないが，ひとたび光点が動き始めると瞬時に明瞭な人の動きとしてまとまって見える（Johansson, 1973；

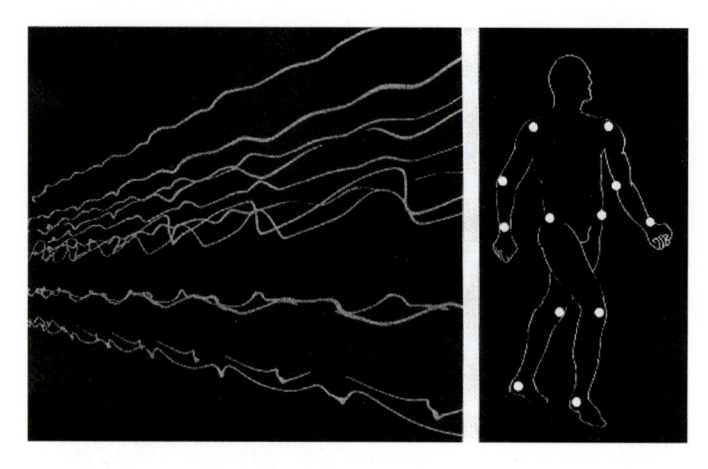

図 5.34　バイオロジカルモーション (Johansson, 1975)
関節などに光点をつけて（図右），暗室の中を歩いてもらい撮影した光点の連続軌跡（図左）。

1975）。**バイオロジカルモーション**（biological motion）とよばれるこの現象は，われわれの知覚システムが一見バラバラな動きに見える光点群から，たとえば腰を中心とした膝や足首の運動，肩を中心とした肘や手首の運動などの相互関連性を取り出して再体制化したものと考えることができる。このバイオロジカルモーション現象では，人の動きの検出や歩き方の特徴の知覚だけでなく男女の違い（Cutting, 1978；Mather & Murdoch, 1994），上下逆さまの違い（Sumi, 1984）や感情表出（Dittrich, 1993；Dittrich & Troscianko, 1996）なども知ることができる。

　バイオロジカルモーションと同じように，不十分な情報であっても運動情報が加わることで知覚の体制化が促進される現象として，**立体運動視**（stereo-kinetic effect）がある。イタリアの心理学者ムサッチ（Musatti, 1924）によって発見された現象で，図5.35(a) のような偏心円図形をゆっくりと回転させて観察すると最初のうちは平面状の回転運動にしか見えない

132　第5章　知覚の体制化

(a) ムサッチの図形
（Musatti, 1924）

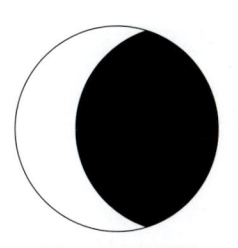

(b) メテリの図形
（Metelli, 1940）

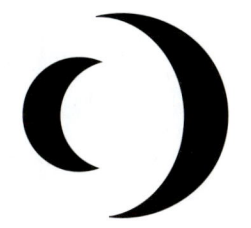

(c) 鷲見の図形
（鷲見, 1986；Sumi, 1989）

図 5.35　立体運動視
(a)ムサッチの図形：回転運動させるとメガホンのような円錐形の立体運動が見える。(b)メテリの図形：回転運動によりアモーダル知覚が生じ，ぐるぐる回る丸い穴を通してその下の黒い円図形が見える。(c)鷲見の図形：回転運動により，中がくりぬかれた円柱（円筒）が立体的に回転して見える。

が，しばらく観察を続けるとメガホンのような円錐形の立体が回転しているように見える。

　メテリ（Metelli, 1940）や鷲見（鷲見, 1986；Sumi, 1989）は，図 5.35 (b)，(c) の図形をゆっくりと回転させると，静止状態では見えなかった形が見えることを示した。図 5.35 (b) は，回転すると丸い切り抜かれた窓を通して黒い円形の一部分が見える。図 5.35 (c) では，中がくりぬかれた円柱が回転して見える。この現象の特徴は，回転運動によってもたらされた円弧の「よい連続」に基づいて，「立体の回転」というアモーダル知覚がもたらされたことである。ここで取り上げたメテリや鷲見の立体運動視は，運動事態下で生じるアモーダル知覚の典型例である。

5.8　日常生活における知覚の体制化

　われわれの周りを観察すると，日常の中にも体制化の例を見ることができる。動物の擬態（カモフラージュ）や軍隊の迷彩服などは，捕食者や敵から

図 5.36 動物の擬態 (Ferrari, 1992)
類同の要因によって背景と区別がつけにくくなっているヤママユガ。

　見つからないようにするために，色，テクスチャなどを周囲に合わせたり（類同の要因），目立たないように動きを止めたり，周りの動きに合わせたり（共通運命の要因）している。このような擬態で，自身の身を守っている動物は数多く見られる（図 5.36）。小動物などの擬態は，捕食者の眼から逃れるためのものであるが，われわれ人間にも見つけるのは困難である。少なくとも，この擬態に関して見る限り，捕食動物と人間の知覚システムは同じような体制化をしていることが示唆されよう。
　デザインにおいては，機械やコンピュータなどの操作をわかりやすくするために，同じ機能のものを近くに配置したり（近接の要因），同じ色にしたり（類同の要因），同一領域内に配置したり（共通領域）している。逆に，注意を喚起するために，キーやボタンに独特の色をつけたり，輝度をより高めたり，点滅したり動かしたりして，その領域が図として目立つようにしてある。これは，知覚の体制化（群化）の要因を逆に利用している例である。

視覚的特徴の統合 6

　「盲人と象」の説話では，6人の盲人がそれぞれゾウの別々の部分を触り，胴を触った盲人は，これは壁だといい，鼻を触った盲人はヘビだといい，耳を触った盲人は団扇だといい，脚を触った盲人は柱だといい，尻尾を触った盲人は縄だといい，牙を触った盲人は槍だといい，結局，何だかわからないということになる。このように，それなりの手がかりが得られていても，それらをうまくまとめ上げることができなければ，対象を正しく認知することはできない。

　本章では，視知覚にとっての基本的な手がかり，すなわち視覚の基本的特徴とは何かを明らかにし，視覚システムがこれらの特徴をどのようにしてまとめ上げて物体認知にいたるかという問題について考える。

6.1　単純特徴と特徴統合理論

　トリーズマンらが行った，視覚探索（visual search）とよばれる心理実験パラダイムは，刺激の持つある種の視覚的性質が，視覚にとって基本的であることを示唆した（Treisman, 1986）。まずはこの視覚探索実験について説明する。

6.1.1　視覚探索実験

　実験参加者に，画面内の多数の妨害物の中からターゲットとして指定された特定のアイテムを探してもらい，その正答率や所要時間を測定する実験を視覚探索実験という。たとえば，図 6.1 に示すような刺激画面の中から黒色の円を探して，あるかないかどちらかの反応ボタンを押して答えてもらい，画面表示からボタンが押されるまでの時間を反応時間として計測する。異な

る種類の探索画面の間で探索の難しさを比較するために，探索画面内のアイテムの個数をさまざまに変えて反応時間を測定し，アイテム数の増加に伴う反応時間の増加率を調べる。

図 6.1(a) のような探索画面を用いた場合には，実験結果は図 6.2(a) に示すように，アイテム数の増加に比例して反応時間が増加する。アイテムが多いと画面が混雑するし，たくさんのアイテムを確認しなければならないのだから，反応時間が増加するのは当然と思うかもしれない。しかし，図 6.1(b) や (c) のような探索画面では，結果は図 6.2(b) のように，アイテム数が増えても反応時間が増加しない。これは，妨害物がどれほど多くても，

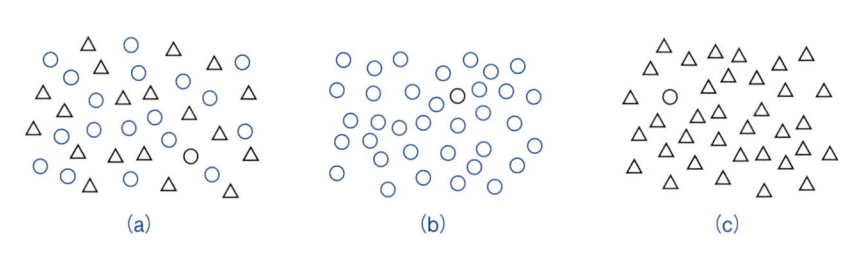

図 6.1 ターゲット（黒色の円）を見つけられる？

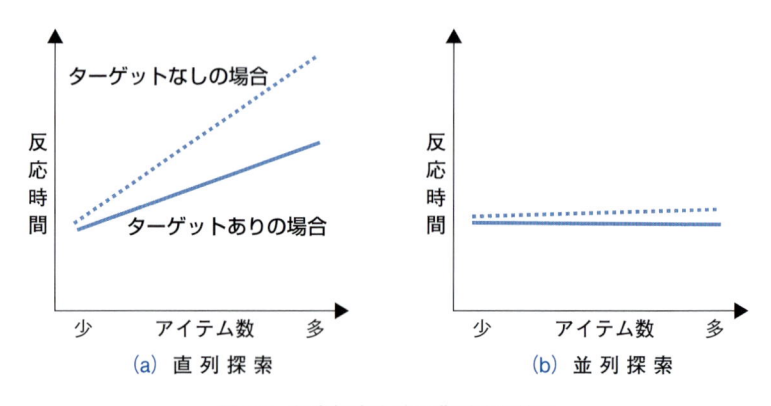

図 6.2 視覚探索実験の典型的な結果

(a) 直列探索　(b) 並列探索

136　第 6 章　視覚的特徴の統合

ターゲットを一目で見つけることができるからである。

6.1.2 並列探索と直列探索

図 6.1 (b) や (c) のように，ターゲットを一目で見つけることができ，探索反応時間がアイテム数によらず一定のままの探索をトリーズマンらは**並列探索**（parallel search）とよんだ（Treisman, 1986）。並列的に探索できるということは，われわれの視覚システムが，ターゲット発見の決め手となる性質を複数のアイテムにわたって一度にとらえることができるということを意味する。これは，個々のアイテムの色や形といった性質をとらえることができる膨大な数の検出器からなる並列型検出システムが働くことによって実現されている。これらのことから，探索実験の結果が並列探索を示す場合，ターゲット発見の決め手となる性質（ここでは色あるいは形）は，視覚の基本的性質といってよいだろう。トリーズマンらはこれを**単純特徴**（simple feature）とよんだ。

その後，多くの研究者がさまざまな視覚的性質について，妨害物を一様にし，ターゲットのみ異質になるようにして探索画面を作成し，視覚探索実験を行ってきた。それらの研究から，輝度（明るさ），色，傾き，カーヴ（曲がっていること），大きさ，運動などが単純特徴であることがわかっている。

一方，図 6.1 (a) のように，アイテム数の増加に比例して反応時間が増加する探索は**直列探索**（serial search）とよばれる。上述のように色も形も単純特徴であり，複数のアイテムにわたって一度にとらえることができるにもかかわらず，黒色の三角形と青い円の中から黒色の円を探すことが並列的になされないことは不思議に思われるが，その理由は，ターゲットが 2 種類の単純特徴の組合せで決まっているところにある。探索画面内のすべてのアイテムの色や形の特徴を並列的に検出した後，一つひとつのアイテムがどの色とどの形の組合せであるかを知覚するためには，一瞬，そのアイテムに注意を向ける必要がある。そうして，そのアイテムの特徴組合せがターゲットのそれに相当するかどうかを判断していくため，アイテム数が増えると，その

分探索時間が長くなるのである。

6.1.3 領域の分離

視覚探索実験の結果からいえることと同じことが，性質の異なる領域が分離して境界線が知覚される現象についてもいえる。図 6.3(a) の左右の領域の性質が異なることは一目でわかり，その間に縦方向の境界線が知覚される。これは，左の領域を埋めるアイテムと右の領域を埋めるアイテムの色が異なるためである。視覚探索実験の結果のところで述べたように，単純特徴は並列的に検出されるため，隣どうしで単純特徴が異なる境目が，刺激の上から下まで連なって境界線として知覚される。(b) についても同様である。

一方，図 6.3(c) は，とくに領域が分かれているようには見えないし，境界線も知覚されない。しかし，よく見ると上半分は黒色の三角形と青色の円で構成されており，下半分は青色の三角形と黒色の円で構成されていることがわかる。つまり，どちらの領域も同じ色や形を含んでいるのだが，その組合せが上半分と下半分の領域で異なる。この場合，特徴組合せに基づくアイテムどうしのまとまりや，グループ間の差異の検出は困難であり，境界線を知覚することもない。

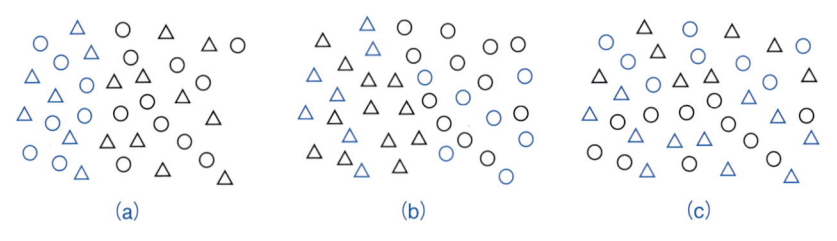

図 6.3 性質の異なる領域に分かれて見える？

6.1.4 特徴統合理論

トリーズマンは，これらの現象をもとに「特徴と物体の知覚に関する**特徴統合理論**」(feature integration theory) を提案した (Treisman & Gelade, 1980)。図 6.4 に示すように，われわれの視覚システムは，視覚入力に基づき色，傾きなどの単純特徴を計算し，その結果を単純特徴ごとに用意された**特徴マップ**（feature map）に書き込む。ここでいうマップとは，2 次元的な広がりを持ち，位置関係をある程度保存しながら並列的に情報を記録できる白地図のようなものである。

こうして，赤や緑など色の特徴マップ上，垂直方向や水平方向など傾きの特徴マップ上に特徴の存在が記録されるが，それによって直ちにその色や傾きが知覚されるということではない。これらのマップから特徴を読み出すためには，**位置マップ**（map of locations）とよばれる抽象的な位置表現に基づ

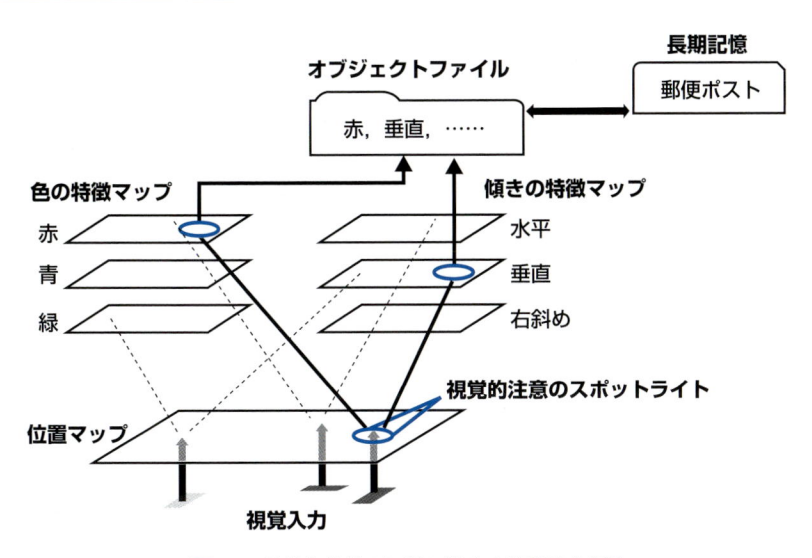

図 6.4 **特徴と物体の知覚に関する特徴統合理論**
(Treisman & Gormican, 1988 を改変)

6.1 単純特徴と特徴統合理論

き，何かしら物体が存在する位置に**視覚的注意**（visual attention）を向ける必要がある．視覚的注意のスポットライトが向けられると，さまざまなマップから対応する位置に記録された特徴が読み出され，その物体の特徴の集合としてひとまとまりに統合されて知覚され，同時に脳内の作業記憶に一時的に保持される．こうして生成された特徴の集合の一時的な記録は**オブジェクトファイル**（object file）とよばれ，これを手がかりとして長期記憶から関連する知識が引き出される（Treisman & Gelade, 1980）．

6.1.5 結合錯誤

　特徴統合理論では，あたかも舞台上の人物の中の1人にスポットライトを当てて，その人物だけを浮き上がらせるように，位置マップ上で視覚的注意のスポットライトを1個の物体に向けることにより，その物体の特徴をさまざまな特徴マップから読み出して結合すると考える．逆にいうと，視野内に多様な物体があるとき，さまざまな特徴マップに並列的に書き込まれた特徴の中から，ある物体に所属する特徴を選択的に結合するための唯一の手がかりは，この物体に視覚的注意を向けたときに読み出される特徴どうしであるということになる．この考えに従うならば，一度に複数の物体に注意が向けられて，それらの物体に所属する特徴がすべて読み出されてしまうと，もとの正しい組合せを復元するのは困難になることが予想される．トリーズマンとシュミット（Treisman & Schmidt, 1982）はこの予想を次のような実験で実証している．

　色のついたアルファベット文字3個，たとえば赤いX，緑のT，そして青いOを一瞬（200ミリ秒程度）だけ画面に映し，実験参加者にそれらの文字とその色を報告してもらう．ただし，実験参加者が3文字全体に注意を広げるように，文字列の両側に1個ずつ，小さな黒い数字も同時に提示した．実験参加者には，まず両端の数字を報告してもらい，その後，間の文字についても答えてもらう．このような試行をさまざまな色つきアルファベット文字を用いて繰返し行ったところ，実験参加者はほぼ3回に1回の割合で文字

と色を誤った組合せで報告した（先ほどの例であれば，赤のTが見えたなど）。**結合錯誤**（illusory conjunction）とよばれるこの現象は，注意のスポットライト内の文字どうしで色と形の取り違えが頻繁に生じることを示す。

6.2　表面特徴と形の特徴

　さて，すでに述べたように，視覚の基本的特徴が輝度（明るさ），色，傾き，カーヴ（曲がっていること），大きさ，運動などであることがわかっているが，これらの中で，輝度，色，運動といった**表面特徴**と，傾き，カーヴ，大きさといった**形の特徴**の間には，本質的な違いがある（Cavanagh et al., 1990）。

6.2.1　表面特徴

　われわれが物体を見るとき，物体の表面で反射された光が網膜上の視細胞によってとらえられ，その光の振幅や波長に基づき，物体表面の輝度や色が知覚される。したがって，輝度や色は物体の表面の性質に由来する特徴であるといえる。そのため，これらの特徴は**表面特徴**とよばれる。図6.5に示すように，個々の視細胞がとらえるのは物体表面のごく限られた領域からの反

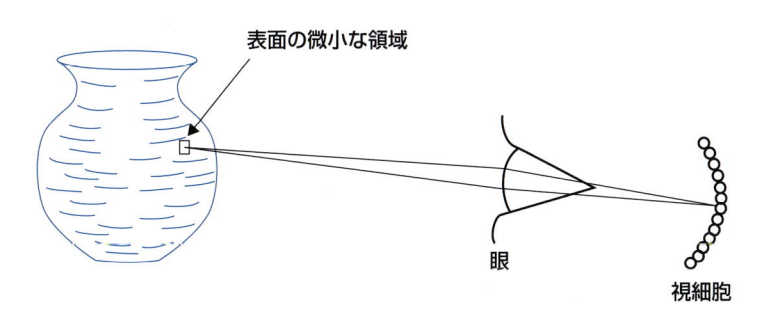

図6.5　1個の視細胞が物体表面の微小な領域から反射光を受け取る様子

射光に過ぎない。しかし，周囲の視細胞から輝度や色の情報を寄せ集めて互いに比較することにより，表面の材質に関するより詳しい情報を得ることができる。具体的には，近接する領域間の輝度や色の変化をもとに表面の輝度パターンや色パターン，すなわちテクスチャ特徴を2次的に得ることができる。また，表面上の特定の領域が，左右の網膜上のどこに位置する視細胞に映っているかを比較することにより，奥行き（両眼視差）特徴を2次的に得ることができる。左右の網膜像の間でなく，時間を経た網膜像の間で比較することにより，動きの特徴を2次的に得ることができる。こうして得られたテクスチャ，奥行き，動きもまた，物体の面の性質であることから表面特徴である。

6.2.2 形の特徴

　これに対して，傾き，カーヴ，大きさなどは，物体の表面の性質ではなく，**輪郭**の性質である。輪郭は，表面特徴の境目として検出される。たとえば，われわれは図 6.6(a) において，背景とそれより暗い領域との間に輪郭線を知覚する。同時に，この輪郭線が垂直方向と水平方向であること，これらの輪郭線で囲まれた領域の形が長方形で横向きであること，またこの長方形のおおよその大きさなどの**形の特徴**を知覚するだろう。この場合，形の特徴の知覚はすべて，表面の輝度の差異を検出したところから始まっている。図 6.6(b) から (e) に示すように，色，テクスチャ，相対運動（運動方向），両眼視差が不連続な部分にも輪郭線，そして形の特徴が知覚される。

　逆に，実際には物体が存在していても，その物体と背景の間であらゆる表面特徴が一致していれば，その物体の輪郭，そして形の特徴が知覚されることはない。つまり，物体表面と背景面が同じ輝度，色であり，テクスチャパターンがつながっており，ともに静止して，さらに奥行きも完全に一致していれば，視覚システムはその物体と背景の間に輪郭線を検出することができない。この場合，視覚にとっては，そこは一様な背景面であって，物体は存在しないということになる。幸いなことに，このようなことは，通常の良好

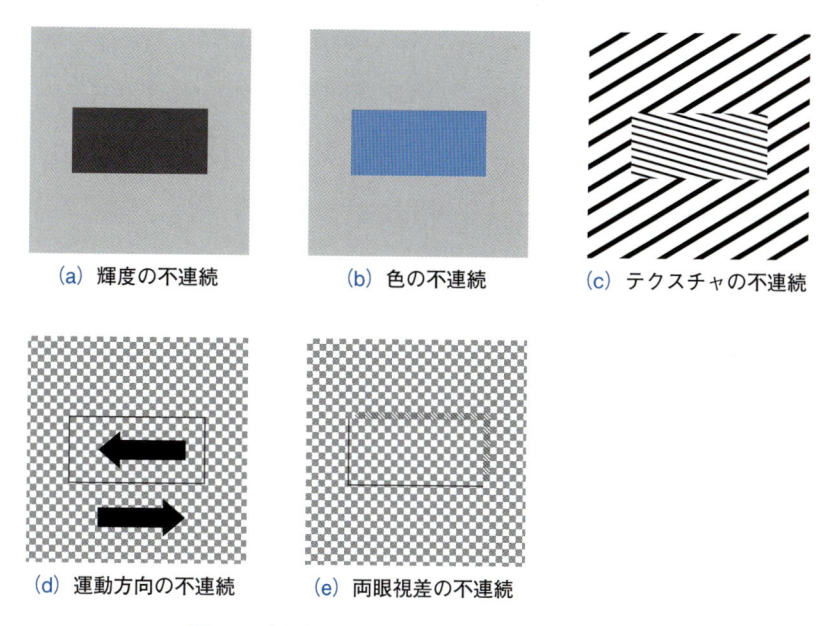

(a) 輝度の不連続　　(b) 色の不連続　　(c) テクスチャの不連続

(d) 運動方向の不連続　　(e) 両眼視差の不連続

図 6.6　表面特徴の不連続により形が知覚される例
（Cavanagh et al., 1990 を改変）

な視界においてはめったに起こらないが，もし意図的に背景に溶け込ませて物を隠そうとするならば，このことを利用して物体と背景の表面特徴ができるだけ連続になるようにすればよい（例として，迷彩服や擬態など。第5章も参照）。

6.3　視覚のモジュール構造

　輝度，色，テクスチャ，運動，両眼視差は，視覚情報処理においてもっとも基本的な表面特徴であることから，これらを **5つの属性** とよぶことにする。これら5つの属性は，視覚情報処理の初期過程において互いに独立に扱われることが心理実験により示されており（Livingstone & Hubel, 1987），

専用のサブシステム（**処理モジュール**とよばれる）で処理されると考えられている。これらのサブシステムのそれぞれに対応する神経基盤がヒトの脳に存在することを示す研究結果が，解剖学や神経心理学の論文で報告されている。以下にその例を挙げる。

6.3.1　大脳性色盲と運動盲の患者の症例

図 6.7 にヒトの大脳半球を示す。この中の 4 次視覚野（V4）とよばれる脳の領域をけがや病気で損傷してしまった患者に，色の知覚だけが失われるという症例が見られることがある（大脳性色盲とよぶ）。もともと画家であったある患者は，脳損傷後も果物や木の葉などを上手にスケッチしたが，その彩色は非現実的であったという。この患者は外界を薄汚れた灰色の濃淡にしか見ることができないだけでなく，過去に見た色を思い出すこともできなかった（Zeki, 1999）。

一方，図 6.7 の 5 次視覚野（V5）とよばれる脳の領域を損傷した患者に

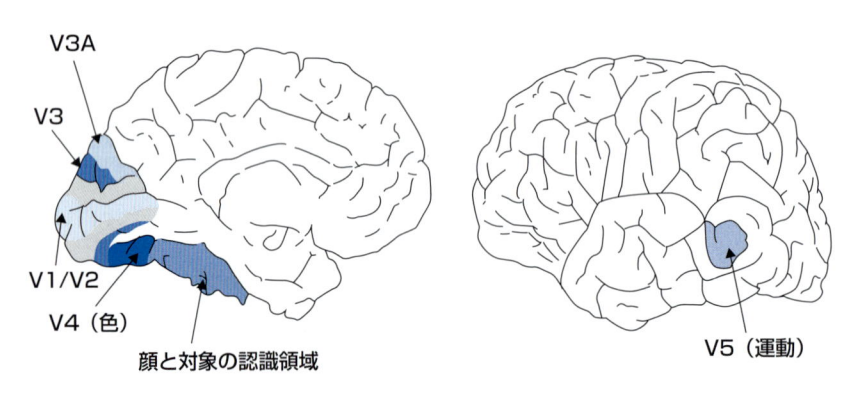

図 6.7　ヒトの脳における 4 次視覚野（V4）と 5 次視覚野（V5）
　　　　（Zeki, 1999 を改変）
左図は脳の左半球の内側面で，右側が前面にあたる。右図は同じ半球の外側面で，左側が前面にあたる。

は，動きや動くものを知覚することができないという症例が見られることがある（運動盲とよぶ）。そのような患者の一人はカップにコーヒーを注ぐとき，コーヒーがまるで氷河のように凍りついて見えるという。そして，カップの中で液体の量が増えていく動きを知覚できないので，丁度よいタイミングで注ぐのをやめることができなかった（Zihl et al., 1983）。

このような，脳の特定の部位の損傷と特定の属性の処理に特化した障害との関係から，異なる領域が異なる属性の情報処理を担当するという脳内神経基盤の分業体制が示唆されている。

6.3.2 複数のモジュールにおける輪郭の検出

ここで，属性ごとに専用の処理モジュールが存在するということは，そのそれぞれのモジュールにおいて表面特徴を検出し，その不連続，すなわち輪郭線を抽出していると考えられる。この考えに基づくと，たとえば皿の上に置かれたリンゴを見るとき，輝度，色，テクスチャ，両眼視差モジュールにおいて同時にリンゴの輪郭線を抽出していることになる。1個の物体の輪郭線を複数のモジュールで重複して抽出することは，無駄に思えるかもしれない。しかしながら，このような冗長性を持っていると，あるモジュールで輪郭線の抽出に失敗してもほかのモジュールで抽出できる可能性があるため，システムの信頼性が上がる。たとえば，枯葉の中に擬態によって虫が隠れているとき，輝度，色，テクスチャモジュールでは輪郭線を抽出できないが，虫が動けば，運動モジュールで抽出できる。ほかにも，たまたま物体の一部の表面が背景と同じ輝度や色となっても，テクスチャが不連続であればそこに輪郭を知覚することができる。

6.4 異なる属性で定義された形の統合

ある図形の輪郭において，ある属性のみが不連続で，ほかの属性が連続しているような場合，その図形はこの属性により定義されているという。たと

えば，図 6.6(a) に描かれた長方形は，輝度で定義された形である．また図 6.6(b) において長方形と背景の輝度が等しければ，これは色定義の長方形である．これらの長方形の輪郭は輝度モジュール，あるいは色モジュールにおいてのみ検出される．

視野の中に輝度モジュールでしか検出できない輪郭や，色モジュールでしか検出できない輪郭がありうることを考えると，それらの輪郭がそれぞれのモジュールで抽出された後も別々に扱われ続けるということは考えにくい．それぞれのモジュールの出力では足りない部分を補い合うために，さまざまな属性定義の輪郭がモジュールをまたいで統合される場が視覚情報処理の流れのどこかに存在しなければならないだろう．カヴァナーは，この統合の場の存在の証拠を得るために，一般に白地に黒で描かれる錯視図形を，異なる属性定義の輪郭を組み合わせて描き，錯視量を比較するという心理実験を行った（Cavanagh, 1989）．

6.4.1 混合図形の錯視量――垂直水平錯視の場合

垂直水平錯視（フィック錯視ともよばれる）を用いた実験では，実験参加者は図 6.8(a) のような刺激を見ながら，水平棒の長さを垂直棒の長さと等しくなるように調節する（図 6.8(a) の垂直棒と水平棒の長さは等しいが，錯視効果により水平棒がやや短いように見える）．実験参加者が調節した水平棒の長さと，垂直棒の実際の長さとの差が錯視量を表す．さて，図 6.8(a) のように輝度の不連続で図形を描いた場合だけでなく，この図形を色，テクスチャ，運動，そして両眼視差の不連続で描いた場合にも，同程度の錯視量が計測された．それでは，垂直棒と水平棒を異なる表面特徴の不連続で描いた混合図形（たとえば，図 6.8(b) に示すような輝度定義の水平棒と色定義の垂直棒からなる混合図形など）ではどうかというと，ほぼ同程度の錯視量となった．この結果は，別々の処理モジュールで抽出された形を統合する場が存在し，そこで大きさの相互作用が働き，異なる属性定義の垂直棒と水平棒の間に錯視を生じていることを示唆する．

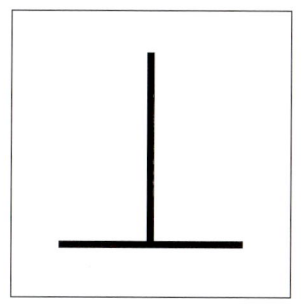

(a) 垂直水平錯視図形 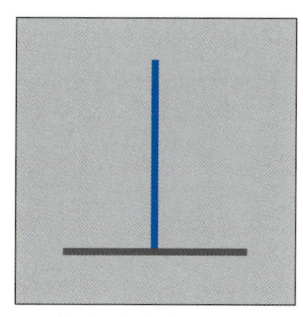　　(b) 垂直水平錯視図形（混合図形）

(c) ツェルナー錯視図形と錯視量計測のための点 　　(d) ツェルナー錯視図形（混合図形）と錯視量計測のための点

図 6.8　一般的な錯視図形とそれを輝度定義の部分と色定義の部分からなる混合図形として描いた錯視図形（Cavanagh, 1989 を改変）

6.4.2　混合図形の錯視量──ツェルナー錯視の場合

　ツェルナー錯視を用いた実験では，実験参加者は図 6.8(c) のような刺激を見ながら，矢軸の端から一定距離に提示された光点を動かして，中央の矢軸の延長線上に置く。矢軸は実際には垂直なのだが，矢羽の影響により見かけの傾きが知覚されるため，光点は矢軸の延長線からずれたところに配置される。このずれの大きさが錯視量を表す。この錯視図形についても，図 6.8(c) のように輝度の不連続で図形を描いた場合だけでなく，色，テクスチ

6.4　異なる属性で定義された形の統合

ャ，運動，両眼視差などの不連続で描いた場合にも，同程度の錯視量が得られた。しかし，矢羽と矢軸を互いに異なる属性で定義した混合図形では，一律に錯視量が減少し，同一の属性で描いた場合の錯視量の7割程度になった。混合図形でも一定量の錯視が生じたことから，垂直水平錯視と同様に，属性間の統合的な場で錯視の原因となる傾きの相互作用が働くと考えられる。しかし，混合図形で錯視量が減少したことは，この錯視が統合的な場における相互作用により生じるだけでなく，矢軸と矢羽が同じ属性で定義されている場合には，その属性処理モジュール内部でも傾きの相互作用が生じて錯視量に貢献していることを示す。つまり，傾き特徴の相互作用はモジュール内およびモジュール間の統合的な場の2段階で生じていると考えられる。

6.4.3　混合図形を用いた視覚探索実験

　カヴァナーの実験から，傾き特徴の処理過程が2段階存在し，そのうち1段階の処理過程は各属性のモジュール内で働くが，もう1段階の処理過程はモジュールに共通であり，異なるモジュールで抽出された輪郭を統合する場で働くと考えられる。森田ら（Morita et al., 2003）は，この統合的表現が，一つひとつの混合図形に視覚的注意を向けたときに設けられるオブジェクトファイルのような表現なのか，それとも異なるモジュールの出力が描き込まれるマップのような並列的な表現なのかを明らかにする実験を行った。この実験では複数の混合図形を同時提示し，これらの図形を並列的に探索できるかどうかを調べた。

　具体的な実験方法は，図 6.9 (a) に示すように，互いに異なる属性で定義された正方形どうしが隣接して長方形を形成する混合図形を用いる。これらのうち，ほかと向きの異なる長方形がターゲットである。この場合，それぞれのモジュール内では図 6.9 (b)，(c) に示すように，その属性で定義された正方形の輪郭線だけが抽出される。もし，共通の統合的なマップが存在するならば，このマップ上には図 6.9 (a) のように，長方形が表れ，並列探索が可能になる。したがって，この探索が並列探索となれば，異なる属性定義

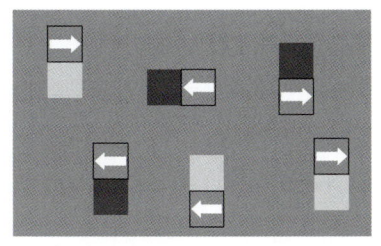

(a) 輝度定義正方形と運動定義正方形を組み合わせた長方形の傾き探索画面

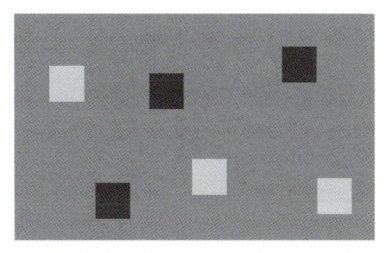

(b) 輝度モジュール内で検出される輪郭

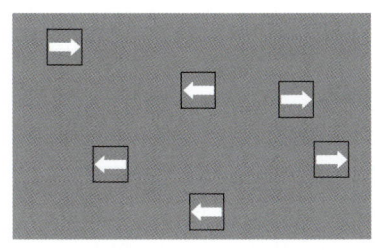

(c) 運動モジュール内で検出される輪郭

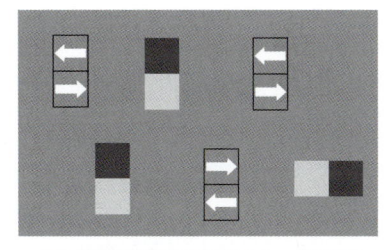

(d) 輝度定義正方形どうし，運動定義正方形どうしを組み合わせた長方形の傾き探索画面

図 6.9　異なる属性により定義された正方形からなる長方形の傾き探索実験の概念図

の形を統合するマップ表現が存在するといえる．もし，このようなマップ表現が存在せず，注意のスポットライトのもとで，異なる属性で定義された形が統合され，ターゲットかどうかの判断がなされるならば，直列探索となるはずである．比較のために，図 6.9(d) のように，同じモジュール内で抽出される正方形どうしが隣接しており，そのモジュール内で長方形が抽出されるような探索画面も用意した．

結果は，図 6.10 のとおりとなった．輝度定義の正方形どうしや色定義の正方形どうしを組み合わせた長方形の傾き探索は，アイテム数が増加しても

6.4　異なる属性で定義された形の統合　　149

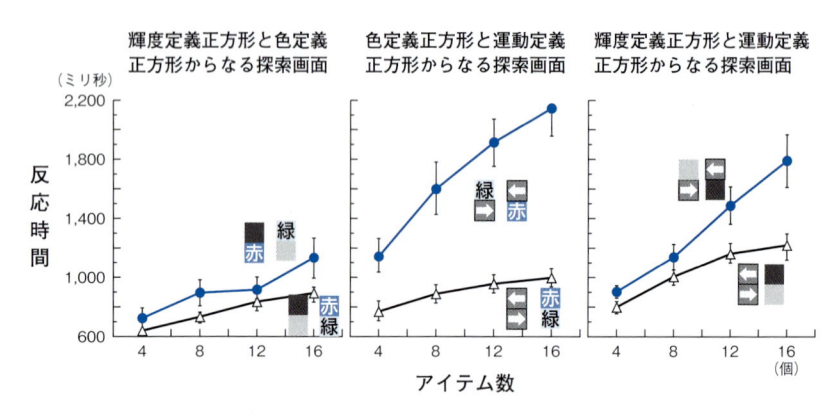

図 6.10 異なる属性により定義された正方形からなる長方形の傾き探索実験の結果（Morita et al., 2003 を改変）

探索時間がそれほど増加しなかった。これは，比較的容易で並列的な探索であったといえよう。これらの正方形を組み替えて，輝度定義の正方形と色定義の正方形を組み合わせて長方形としても，探索時間は全体としてやや長くなるが，傾向はあまり変わらなかった。また，色定義の正方形どうし，運動定義の正方形どうしを組み合わせた長方形の傾き探索も並列探索に近い。ところが，これらの正方形を組み替えて，色定義の正方形と運動定義の正方形からなる長方形とした場合には，図 6.10 中央の青丸のグラフのように，アイテム数の増加に伴い反応時間が急激に増加している。つまり，この探索は直列的で，個々の長方形にかなり長い時間が費やされているといえる。

一部が輝度定義で，一部が色定義の長方形の傾き探索が比較的容易な並列的探索であったことから，輝度と色属性に関しては共通の形のマップ表現が存在すると考えられる。一方，一部が色定義で一部が運動定義の長方形の傾き探索が，個々の長方形に十分な時間を要する直列探索であったことから，色と運動属性の間には共通の形のマップ表現が存在せず，個々の長方形に注

意を向けることにより，色定義の部分と運動定義の部分を統合した表現が一時的に形成されると考えられる。輝度と運動属性の組合せに関しても，同様の傾向が見られた。また，テクスチャと運動属性の間でも同様の実験を行っているが，共通の形のマップ表現は存在しないと考えられる結果であった。

6.4.4 「何」に関する視覚情報と「どこ」に関する視覚情報

　森田らが行った，異なる属性で定義された部分からなる長方形の傾き探索実験の結果，運動定義の形と，ほかの属性定義の形との間に共通のマップ表現が存在しないことが示唆された。5つの属性のすべての組合せについて実験がなされたわけではないが，これまでに得られた結果から，視覚システムにおいて運動定義の形は，輝度，色，テクスチャ定義の形と分離されて扱われることが示唆される。この点に関連して，同じ表面特徴でも，運動や両眼視差と，輝度，色，およびテクスチャでは，その情報のタイプが異なることが知られている。

　輝度，色，テクスチャは物体の材質に密接に関係する表面特徴である。これらの特徴は，その物体が何であるか，重いか，冷たいか，植物ならば触るとざらざらしてかゆくなるか，果物ならば食べ頃か，などを触らず，また食べずして知るための手がかりとなる。一方，運動と両眼視差は，物体の材質ではなく，それが現在どこにあり，これからどこへ行こうとしているのかという情報に関係する表面特徴である。これらの特徴は，どのくらい手を伸ばせばそれに届くか，このままだと自分にぶつかるかなどを知るための手がかりとなる。このような視覚的意味の違いが，視野の中に何があるかに関わる輝度，色，テクスチャで定義された形と，視野のどこにあって，どのように動いているかに関わる運動とおそらく両眼視差で定義された形とが別々に統合されることに関係しているのかもしれない。

　物体認知に関する情報処理機能と，運動や空間認知に関する情報処理機能が分かれて働くことを示唆する結果は，これまでの心理学的研究（たとえば，Livingstone & Hubel, 1987）でも得られているが，それに加えて，これらの

情報が大脳皮質において互いに異なる経路で処理されることが，電気生理学的研究や解剖学的研究により示されている．運動や空間認知に関する情報は，where の経路とよばれる，5 次視覚野を含む背側の情報処理経路において分析され，物体認知に関する情報は，what の経路とよばれる，4 次視覚野を含む腹側の情報処理経路において分析されると考えられている（Ungerleider & Mishkin, 1982）．先の視覚探索実験の結果は，腹側経路内には共通の形マップ表現が存在するが，腹側経路と背側経路に共通のマップ表現は存在せず，経路をまたいで形を統合するためには，視覚的注意を向けることにより一時的な統合表現を形成するしかない，というふうに考えることができる．

6.5 まとめ

われわれは，春の若葉の映える郊外の景色，秋の紅葉に彩られた住宅街など，美しく豊かな視覚世界を経験する．それは，輝度，色，テクスチャを持つ形からなる画像のように意識される．また，交差点に立って，建物の重なりを眺め，車の行き来や人の流れを間近に見て，奥行きを持った 3 次元のダイナミックな世界の中にいることを実感する．その感覚は，運動や両眼視差の情報に基づく．

このような視覚世界は，視覚システムが光刺激から表面特徴や形の特徴を検出し，それらを脳の中で統合していくことにより生まれる．その過程で，輝度や色に基づく形が描き込まれたマップ表現が形成され，動きに基づく形とは別に扱われることを示唆する実験結果などをここでは紹介してきた．最終的に興味ある物体に注意を向けることにより，われわれは異なる情報源からのすべての情報を統合することができると考えられているが，その統合のメカニズムはまだ完全には解明されていない（Morita et al., 2010）．

一方，最近の研究から，われわれは非常に短い時間で画像の中に動物がいるかどうか，ヒトの顔が映っているどうかなど，重要な情報をおおまかに知

覚していることがわかってきた（Thorpe et al., 1996；Rousselet et al., 2003）。このようなカテゴリーの知覚を可能にするメカニズムもまた十分に解明されているわけではないが，すべての特徴を統合した上で知覚しているのでなく，一部の特徴の組合せに基づき行っていると考えられる。視覚システムが単純特徴をどこまで統合するかは，その情報をもとにどういう判断をし，そこから何を想起し，どのような行動を行うかにより異なると考えられる。

潜在的知覚

　Eat Popcorn. Drink Coca-Cola.（ポップコーンを食べよう。コカ・コーラを飲もう）"。ある映画の上映中，こうしたメッセージを，観客が気づくこともできないほどの短い時間で繰返し提示したところ，コーラとポップコーンの売上げが数十パーセントも増加したという話がある。広告業者ジェイムズ・ビカリーが1957年に行ったとされる，いわゆるサブリミナル（閾下）広告である。この話が事実だとすれば，無意識のうちに「知覚された」メッセージは，観客自身にも気づかれることなく，購買という行動を引き起こすだけの強力な効果を持つことになる。
　実はこの話，現在では，まったくフィクションであると考えられている（鈴木，2008）。にもかかわらず，サブリミナル（閾下）知覚という概念自体は，その効果が持つ（かもしれない）強烈な印象により，広く世間に浸透してきた。無意識の「知覚」は本当に存在するのか，あるとすれば，それはわれわれの行動にどのような影響をもたらすのか。本章では，心理学がこの問題の解明にどのように挑んできたかを概説する。

7.1　潜在的知覚

　『広辞苑［第六版］』（2008）によれば「潜在」とは，「表面に現れず，ひそみかくれていること」であり，「顕在」の対義語とされる。したがって，顕在的な知覚を意識にのぼる「表の知覚」とすると，潜在的知覚は意識にのぼらない「裏の知覚」を意味することになる。ただし，心理学において「潜在的知覚」という用語は必ずしも一般的ではない。元来，心理学における「知覚」とは意識的な体験を伴うもの，という暗黙の前提があったためである。しかしながら，本章で詳しく見ていくように，存在そのものに気づくことができないような刺激でさえ，われわれの行動に影響を与えるということが，

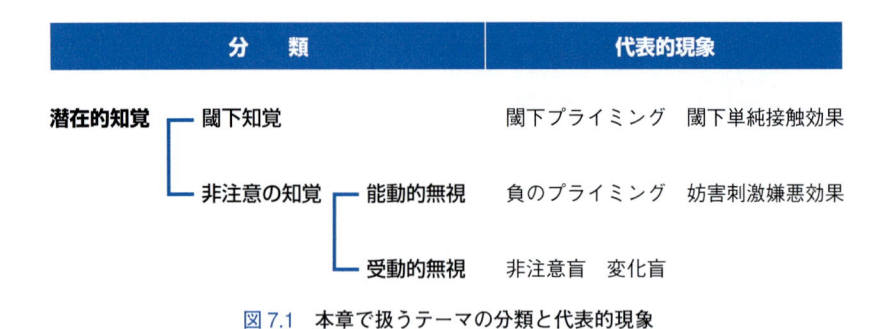

分類			代表的現象
潜在的知覚 ┬ 閾下知覚			閾下プライミング　閾下単純接触効果
└ 非注意の知覚	┬ 能動的無視		負のプライミング　妨害刺激嫌悪効果
	└ 受動的無視		非注意盲　変化盲

図 7.1　本章で扱うテーマの分類と代表的現象

十分に起こりうるのである。本章では，存在に気づくことができなかったり，注意が向けられていなかったりする刺激に対する知覚過程を「潜在的知覚」とよぶ。また，こうした刺激によって人間の行動に何らかの影響が生じた場合に，「潜在的な知覚が生じた」という表現を用いることとした。このような考え方に基づけば，閾下知覚（subliminal perception）と非注意の知覚という，心理学における 2 つの大きな研究テーマが，潜在的知覚研究の下位分野として含まれることになる（図 7.1）。2 つのテーマは，比較的独立して研究が進められてきたという経緯があるが，本章では「顕在的でない」知覚過程，という観点から代表的な知見や理論を整理し，それらを統合的に解説することを試みた。

7.2　閾下知覚研究

　あらゆる顕在的な知覚には，その体験を引き起こすために最低限必要な刺激強度（提示時間や輝度など）が存在する。この強度のことを閾（threshold）とよぶ。閾下知覚とは，顕在的な知覚体験に必要な強度（閾）以下で提示された刺激に対する処理過程，またはその結果である（Colman,

2001)。注意しなければならないのは，どのような種類の知覚体験（たとえば，検出なのか同定なのか）を問題にし，どのようにその体験を測定するかによって，閾自体もさまざまに変化するということである。結果として，閾下知覚が行動に与える影響もまた，さまざまに変化する。

7.2.1 閾下知覚研究発展の背景

パーマーは，心理学において閾下知覚研究が発展した背景として2つの要因を指摘している（Palmer, 1999）。1つ目の要因は，無意識的な知覚過程の存在を示す神経心理学的証拠の蓄積である。**神経心理学**（neuropsychology）とは，脳の損傷部位と認知機能の障害の関係から，その認知機能を担う神経機構を明らかにしようとする学問領域である。表7.1には，無意識的な知覚過程の存在を示唆する代表的な神経心理学の研究事例をまとめた。たとえば，ラファルとロバートソンは，一つひとつの対象を知覚する能力には問題がないにもかかわらず，同時に複数の対象を知覚することができなくなる障害（**バリント症候群**）を持つ患者の事例を報告している（Rafal & Robertson, 1995）。この患者は，画面中央に提示された色パッチ（ターゲット）の色名をできるだけ速く声に出して報告するよう求められた。ターゲットと同時に，その周辺にはターゲットと同じような色パッチがごく短時間（16ミリ秒）提示されていたが，障害により患者はこの周辺パッチの存在に気づくことさえできない状況にあった。にもかかわらず，この患者がターゲットの色名呼称に要した時間は，ターゲットと周辺パッチが同じ色のときと比較して両者が異なる色のときに遅くなった。周辺パッチは，顕在的にはその存在さえ知覚されないにもかかわらず，潜在的にはその色情報が知覚され，呼称反応に干渉したといえる。同様に，表7.1に挙げた証拠はいずれも障害や課題に違いはあるものの，意識的には報告できない情報が潜在的に処理され，行動に影響を与えることを示すものである。

2つ目の要因は，**知覚的防衛**（perceptual defense）に関する一連の研究である。1940年代後半に，個人の欲求や期待，過去の経験といった人格的・

表7.1 潜在的知覚過程の存在を示す代表的な神経心理学的証拠

障害名称	典型的症例	潜在的知覚内容	出典
バリント症候群	同時に複数の対象が提示されると，一方の対象の検出さえできない。	画面中央の色パッチの色名を呼称する課題において，画面周辺に別の色パッチが提示されている場合，周辺パッチの存在は検出できないにもかかわらず，2つの色パッチが同じ色の時，違う時と比べて反応時間が速い。	Rafal & Robertson (1995)
相貌失認	顔を顔として認識し，人物を同定する事が困難となる。	2つの顔刺激が同じ人物かどうかを判別する課題において，判別に要する時間は知っている人物の場合に，そうでない場合と比べて速い。	de Haan et al. (1987)
半側空間無視	1つの対象の認知において，対象内の一方の空間（主に左側）の構成要素を知覚できなくなる。	縦に並べられた2つの家の絵（一方は左側に炎が吹き出している）のうち，どちらに住みたいか報告する課題において，理由は報告できないが，炎がない家を選択する。	Marshall & Halligan (1988)
盲視	視野の一部分（時に大部分）に提示されたあらゆる対象を知覚（単純な光の検出でさえ）できない。	光が見えない領域に提示された線分が縦か横かを判断する課題において，見えていないはずの線分の方向をほぼ完全に「推測」することができる。	Weiskrantz et al. (1974)

社会的要因が知覚に与える影響を強調する立場，いわゆる**ニュールック心理学**（new look in psychology）が台頭した。知覚的防衛とは，こうした流れの中で，ブルーナーやポストマンによって提案された仮説で，人間の視覚情報処理系は，その個人にとって価値の低い，もしくは不安を生じさせるような刺激に対し，知覚の感度を低下させる機能を持つというものである（Bruner & Postman, 1947）。知覚的防衛仮説を支持する証拠としてとくに注目を集めたのが，マクギニスによる，タブー語に対する閾測定の実験であった。彼は実験参加者に中性的な単語（リンゴ，グラス，ほうきなど），またはタブー語（売春婦，ペニス，レイプなど）のいずれか一つを，数十ミリ秒提示し，実験参加者が単語を正しく認識できるまで少しずつ提示時間を増加させていった（McGinnies, 1949）。実験の結果，タブー語を認識するのに必要な提示時間は，中性的な単語のそれと比較して平均およそ50ミリ秒長かった。この結果は，あたかも実験参加者が知覚対象を顕在的に認識するよりも前に，その対象を不快なものかどうかを潜在的に判断できることを示しているかのようであった。

しかし，マクギニスの実験は後に厳しい批判にさらされることになる。それは，タブー語と中性語では**親近性**（日常生活の中で使用したり接したりする頻度）が異なるというものである。刺激の提示時間が短く，単語認識のための知覚的手がかりが不十分な中で，親近性の高い単語が反応の候補として意識に上がるのは，当然のことかもしれない。さらに辛辣(しんらつ)な批判は，実験参加者が単にタブー語の報告をためらっていたに過ぎないというものであった。仮に，参加者がタブー語をある程度認識していたとしても，十分な確証がないまま，あえてそれを口にするのはそれなりに勇気がいることであろう。こうした知覚以外の要因による反応の偏りは，**反応バイアス**（response bias）とよばれ，潜在的知覚研究のみならず，あらゆる心理学の研究において常に大きな問題となっている。

知覚的防衛研究が，反応バイアスをはじめとした，多くの方法論上の不備を抱えていたことは確かである。また，神経心理学的証拠には，少数の（あ

る意味では特殊な）事例をどこまで一般化できるのかという問題も残されている。さらに，研究者は障害を抱える患者の言語報告については積極的に信じようとするバイアスを持つ危険性もある（Palmer, 1999）。そうしたいくつかの問題は残されるものの，神経心理学と知覚的防衛の研究の潮流は，着実に，研究者たちの興味を潜在的な知覚過程の研究に向けさせてきた。

7.2.2 閾下知覚研究の基本的方法論と萌芽的研究

　この分野における萌芽的研究としてマーセルによる実験がある（Marcel, 1983）。この実験は，2つのパートからなっていた。第1のパートは実験参加者ごとに，それぞれの色名単語が見えるか見えないかの境目である単語検知閾を測定するというものであった。実験参加者は色名単語（たとえば，RED，BLUE）か，または何もない空白画面を瞬間的に提示され，単語が存在していたかどうか（イエス/ノー）を判断するよう求められた。単語または空白画面の直後には，単語の認知を困難にするための妨害刺激（**マスク刺激**）が提示された。マーセルは個々の実験参加者の正答率が60％になる提示時間を，その参加者の閾と定めた。半数の試行で単語が提示されていたため，でたらめに答えたとしても偶然正解する確率（**チャンスレベル**：chance level）は50％であった。第2のパートでは，実験参加者は，画面中央に提示された色パッチの色名をできるだけ速く呼称するように求められた。色パッチが一定時間提示され続けている最中，色名を表す単語（たとえば，BLUE）が色パッチと重ね合わせて提示され，一定時間の後，単語刺激のみがマスク刺激によって隠された。色名単語が十分に認識できる時間（400ミリ秒）で提示された条件では，色名単語と色パッチが同色のときの色名呼称反応時間が，両者が不一致のときと比較して50ミリ秒程度速くなった。興味深いことに，同様の効果は，色名単語の提示時間を第1パートで測定された個人ごとの閾で提示した場合にも見られた。この結果からマーセルは，閾下で提示された色名単語も行動（つまり色名呼称反応）に影響を及ぼしうるほど十分に処理されると主張した。

マーセルの方法論は，現在の閾下知覚研究においても継承されている。マーセルの実験の第1パートのように，実験参加者の閾測定そのものを目的とした実験課題は**直接課題**とよばれる。直接課題は，刺激提示が何らかの基準で閾下とよべる状態かどうかを確認するための手続きである。これに対し，閾下知覚が行動に及ぼす影響を測定する目的で行われる第2パートの課題は，**間接課題**とよばれる。また，マーセルの研究では，刺激の閾下提示状況を作り出すために，マスク刺激が効果的に利用されていた。人間の感覚器官の性質上，ある刺激の知覚がどの程度困難になるかは，刺激の提示時間そのものよりも，その刺激が提示されてから別の刺激が提示されるまでの時間間隔によって強く規定される。ターゲットの見えを操作する知覚実験において，ターゲットとそれを妨害するマスク刺激の提示開始時間のずれ（Stimulus Onset Asynchrony；**SOA**；**刺激提示間非同期**）という概念が頻繁に用いられるのはこのためである。マーセルが用いたのと同様に，ターゲットの直後にマスク刺激を提示する手法がもっとも一般的であり，この手法を**逆向性マスキング**とよぶ。

　マーセルの研究は，閾下知覚研究の基本的方法論を確立し，今日まで続く閾下知覚研究の礎となっている。しかしながら，彼の実験もまた，後にいくつかの批判を受けている。第1の批判は，マーセルの刺激提示状況が厳密には閾下とはいえないというものであった。彼が閾として設定した60％という正答率は，単語の提示の有無に関する二者択一反応におけるチャンスレベルである50％をいくらか上回っている。このため，少なくとも一部の試行では，実験参加者が色名単語を顕在的に知覚できていたはずである。第2の批判は，マーセルが直接課題で実験参加者に求めた反応様式に関するものであった。単語が提示されていたか否かという二者択一反応では，実験参加者の反応バイアスが混入する可能性がある。たとえば，実験参加者は常に保守的な反応の傾向を持ち，確実に単語が見えた場合を除いては，一貫してノー（単語はなかった）と解答していたかもしれない。

　これら2つの問題点を改善するために，チーズマンとメリクルは，直接課

題を4種の色名単語の強制選択課題に改変し，実験参加者の正答率がチャンスレベル（この場合は25％）となる提示時間を閾と設定した上で，マーセルと同様の間接課題を行ったところ，閾下提示の効果が消失したと報告している（Cheesman & Merikle, 1984）。チーズマンらはこの実験から，実験参加者が主観的に認識できないと報告する刺激提示強度を**主観的閾**，強制選択法によって正答率がチャンスレベルとなる刺激提示強度を**客観的閾**とよび，両者を区別して扱うべきと主張した。

ただし，チーズマンらの客観的閾の定義は厳しすぎるという意見もある。実際には，後述するように，今日の閾下知覚研究では，マーセルが用いたよりもさらに緩やかな基準の閾を採用しているものも多く存在する。また，マーセルらが用いた直接課題の反応を，**信号検出理論**（signal detection theory）に基づいて分析することで，参加者の反応バイアスを排除することも可能である。閾下知覚が存在するか否か，するとすればわれわれの行動に与える影響はどのようなものかという問題は，どのように閾を定義するかという問題と密接に関係しているのである。

7.2.3 閾下知覚研究の発展

チーズマンとメリクルは，主観的閾と客観的閾の間に位置するような刺激提示強度こそが，閾下知覚過程を調べるのに適切であると提案している（Cheeseman & Merikle, 1984）。この立場に基づき彼らは，マーセルの用いた課題において，色パッチと色名単語が同色を示す試行の割合（一致率）を操作した実験を行った。閾上提示条件においては，一致率が高い場合に効果が増大したのに対し，主観的閾をわずかに下回る閾下提示条件では，一致率にかかわらず同程度の効果が認められた。この結果は，閾上提示条件では，実験参加者がブロック内における単語と色パッチの一致率に従って，単語刺激を利用する程度を意識的に変化させたのに対し，閾下提示条件では，そのような意識的な方略が使用されていなかったことを示している。閾下提示と閾上提示において，結果が異なるという現象は**プライミング効果**（priming effect）を用いた研究においても認められている（たとえば，Ortells & Daza, 2003）。これらの証拠はいずれも，閾下提示された刺激が，意識的な課題遂行方略の影響を受けず，自動的な（つまり，学習された）反応を誘発する傾向があることを示している。

　自動的な反応の誘発とは異なる閾下知覚現象として，**閾下感情プライミング**がある。マーフィーとザイアンスは，まず直接課題において，4 ミリ秒という短時間，「笑顔」または「しかめ面」の人物の写真を提示した後，提示されていた人物の顔と，それとは別人の顔をペアにして提示し，どちらの顔が提示されていたか判断するよう求めた（Murphy & Zajonc, 1993）。後続の間接課題では，上述の表情の顔刺激を瞬間提示した直後に，欧米人の実験参加者にとっては無意味な図形となる漢字を提示し，その漢字がどの程度好ましいかを尋ねた。実験の結果，直接課題において正答率がチャンスレベルとなった提示時間で顔刺激が提示されたにもかかわらず，笑顔の後に提示された漢字は，単独で提示された漢字よりも好意的に評価された。また，しかめ面に続いて提示された漢字は，単独の漢字よりも嫌悪的に評価された。これらの結果は，笑顔によって誘発される快感情や，しかめ面によって誘発される不快感情が，後続する漢字の好ましさに影響（般化）したために生じたものと解釈されている。ただし，この直接課題で保証されるのは，実験参加者が人物を特定できないということであり，表情は認識できていた可能性は残されている。

　また，これまでもっとも数多く報告されている閾下知覚現象の一つが，閾下単純接触効果であろう。**単純接触効果**（mere exposure effect）とは，ある刺激を繰返し観察するだけで，実験参加者は後にその刺激を好意的に評価するようになる現象である（Zajonc, 1968）。この現象は刺激を閾下で反復提示した場合にも認められる（**閾下単純接触効果**）。クンスト゠ウィルソンとザイアンス（Kunst-Wilson & Zajonc, 1980）は，多角形 10 種類を 1 ミリ秒間，ランダムな順序で 5 回提示した後，この 10 個の刺激（接触刺激）と実験参加者がはじめて見る同様の多角形（新奇刺激）をペアにして，より好ま

しいほう，あるいは見覚えのあるほうを選択するという，2種類の二者択一反応を参加者に求めた。実験の結果，見覚えのあるほうを選択する反応については，正答率がチャンスレベルであったのに対し，好ましいほうを選択する反応では，接触刺激が60％程度の確率で選ばれた。また，ボーンスタインとダゴスティーノは，直接課題と間接課題を別々の実験参加者に行い，刺激の提示の有無を判断する直接課題の成績がチャンスレベルの場合にも，間接課題では，閾下単純接触効果は頑健に認められることを報告している（Bornstein & D'Agostino, 1992）。より最近では，同一刺激に対する閾下反復接触が，その刺激に対する好意度のみならず，類似した刺激に対する好意的態度を変化させたり，さらには実験参加者の全体的気分まで快方向に変化させる可能性があることも指摘されている（Monahan et al., 2000）。

　閾下感情プライミングや閾下単純接触効果といった，いわゆる情動系に作用するような閾下知覚現象については，多くの研究者が同様の結果を報告しており，再現性が高い現象といえる。ただし留意すべきなのは，これらの研究のほとんどが，チーズマンらが提唱した客観的閾から見れば，緩やかな閾の基準を採用しているという点である。たとえば，クンスト゠ウィルソンとザイアンスが行った実験で直接課題として用いられたのは，あくまで**再認課題**（recognition task）であり，厳密な意味で閾下知覚とは異なるのかもしれない。また，ボーンスタインとダゴスティーノの研究では，実験参加者の保守的な反応バイアスの問題について議論されていない。

7.2.4　閾下知覚研究のまとめ

　本節では潜在的知覚の中でも，顕在的には知覚できない刺激に対する知覚，すなわち閾下知覚について解説した。閾の定義はさまざまに変遷しており，結果として，閾下知覚とよばれる現象も多様に観察されてきた。しかしながら，チーズマンらの定義による客観的閾を基準として用いた場合，再現性の高い閾下知覚現象は今のところ認められていない。その一方で，客観的閾と主観的閾の間に基準を用いた研究においては，実験参加者の意図的方略の影

響を受けにくい反応の誘発や，閾下感情プライミング，あるいは閾下単純接触効果など，頑健でかつ，社会的な応用可能性も大いに期待できるさまざまな現象が認められている。

7.3 非注意の知覚研究

非注意とは，ある対象に対して観察者の注意が向けられていない状態を意味する。ここでいう注意とは，特定の情報を優先的に処理し，ほかの情報の処理を抑制する認知機能（Colman, 2001）を指す。したがって，非注意の知覚とは，優先的な処理を受けている刺激以外の刺激の知覚を意味することになる。そのため，非注意の知覚研究においては，実験参加者が注意を向けるように求められる刺激と，それ以外の刺激（注意の向けられない刺激，**非注意刺激**）が用いられる。このとき，非注意刺激の存在を実験参加者があらかじめ知っているか否かによって，研究はさらに2つに分類することができる。一つは，非注意刺激の存在を実験者から事前に知らされており，それを無視するように求められる場合（能動的無視による非注意）であり，もう一つは，参加者がその存在にそもそも気づいていない場合（受動的無視による非注意）である。

7.3.1 能動的無視による非注意の知覚における古典的研究

人間の注意に関する現代的な研究は，チェリー（Cherry, 1953）にさかのぼることができる。チェリーは，**両耳分離聴**（dichotic listening）と**追唱**（shadowing）を用いた実験を行い，注意の向けられていない刺激については，低次の物理的特徴以外の処理はほとんどなされていないと主張した（詳しくは，第8章参照）。ブロードベント（Broadbent, 1958）は，人間の知覚や認知過程を通信科学における情報処理理論と同様に理解しようとするアプローチ（**情報処理アプローチ**；information processing approach）をチェリーの結果に適用し，人間の注意が物理的処理段階で，非注意情報を排除す

るという理論（**初期選択理論**；early selection theory）を提唱した。

　しかしその後，チェリーの実験結果やブロードベントの初期選択理論とは矛盾する証拠も発見されるようになった。たとえば，モレイ（Moray, 1959）は，両耳分離聴課題において無視された側の耳のメッセージに，実験参加者自身の名前を提示した場合，何割かの実験参加者がそれに気づくことを報告した。ドイチェとドイチェは，モレイの報告や自らの実験結果に基づき，無視された非注意の情報も十分な意味的処理を受けるものの，その内容は意識することができない状態にあるとする理論（**後期選択理論**；late selection theory）を提唱した（Deutsch & Deutsch, 1963）。これに対し，トリーズマンはモレイの結果を説明するために，無視された情報も完全に排除されるわけではなく，ある程度の減衰的処理を受けていると仮定した初期選択理論の改良モデルを提案した（Treisman, 1969）。このモデルでは，実験参加者自身の名前のように，きわめて親近性が高い情報は，減衰的処理の後でも，十分な意味的処理を受けると考える。その後，選択的注意研究においては，無視された情報の処理が意味レベルに到達しているかどうかという問題について，2つの立場の間で長年にわたる議論が行われることとなった（**初期・後期論争**。この初期・後期論争の過程で提案された注意のモデルについては，菊地・八木，2003 に詳しい）。

7.3.2　能動的無視による非注意の知覚研究の発展

　その後，選択的注意研究における主流となったのが，視覚実験である。代表的な実験課題に**フランカー課題**（Eriksen & Eriksen, 1974）がある。典型的なフランカー課題では，画面中央にターゲットが1つと，その両脇に複数の妨害刺激が水平に提示される（フランカーとは「側面にあるもの」という意味である）。実験参加者は，提示されたターゲットが何であるかを，事前に割り当てられたボタンをできるだけ速く押すことで解答するように求められる。このとき，たとえばターゲットがHまたはSなら左のボタン，UまたはKなら右のボタンといった具合に，一つの反応ボタンに2つのター

ゲットが割り当てられる。妨害刺激として，ターゲットにも使用される文字（ここでは，H, S, U, K），あるいはターゲットには使用されない文字（たとえば，T）が提示される。ターゲットと妨害刺激が同じ反応に割り当てられる条件（たとえば，ターゲットがHで妨害刺激がS：**適合条件**），ターゲットと妨害刺激が異なる反応に割り当てられる条件（たとえば，ターゲットがHで妨害刺激がU：**不適合条件**），妨害刺激がいずれの反応にも割り当てられていない条件（たとえば，ターゲットがHで妨害刺激がT：**中性条件**）の3条件が設けられる。実験参加者が妨害刺激を完全に無視でき，妨害刺激に対する意味的処理がなされなければ，適合，中性，不適合の3条件のターゲットに対する反応時間はすべて等しくなると予想される。ところが，典型的な実験では，適合条件よりも不適合条件の反応時間が遅延する。このときの両条件の反応時間の差は**フランカー適合性効果**とよばれ，妨害刺激が意味的に処理されていたことの証拠とみなされる。さらに，適合条件の反応時間が中性条件のそれと比較して速くなる現象を**促進効果**，不適合条件の反応時間が中性条件のそれと比較して遅くなる現象を**干渉効果**とよんで区別する場合もある。

　フランカー課題などを用いた研究によって，初期・後期選択理論の間の論争は一層盛んとなった。この論争を代表する2つの研究が1980年代に行われている。初期選択理論を支持するフランコリーニとエゲスは，図7.2(a)，(b)のような刺激画面を用い，黒い数字を無視しながら，赤色（図7.2中では青色）の文字の個数をできるだけ速く報告するよう実験参加者に求めた（Francolini & Egeth, 1980）。あるときは無視しなければならない黒色の数字が，実際の反応（赤色の文字の個数）と一致（図7.2(a)，適合条件）し，またあるときは両者が不一致（図7.2(b)，不適合条件）となっていた。実験の結果，ターゲット（報告すべき文字の数）と妨害刺激（数字）の間の適合性（一致か否か）によって，ターゲットに対する反応時間に差は認められなかったことから，フランコリーニらは，ターゲットと妨害刺激の間に明確な物理的特徴の相違（この場合，空間的距離と色の違い）があれば，妨害刺

```
        3           3              4    4
      A                         4       A
                                                      n 番目の試行
    3           A              4            4

      A     3              A        4
          3                    A
        (a)                (b)
```

```
              D   D
          T        D                         n+1 番目の試行
              D   T
             (c)
```

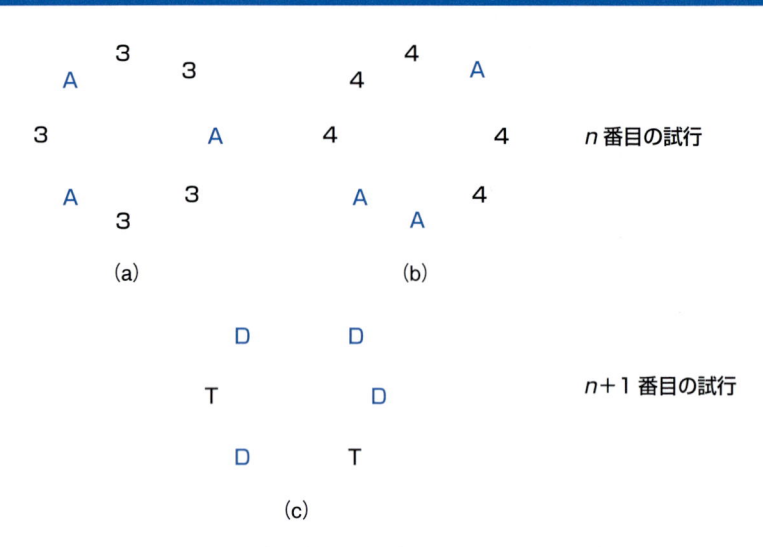

図7.2 フランコリーニとエゲスおよびドライバーとティッパーにおいて用いられた刺激の例（Francolini & Egeth, 1980）
図中青色の文字は，実際には赤色で提示されていた。

激は意味に関する処理が行われる前の段階で排除されると主張した。

　これに対し，ドライバーとティッパーは，適合性効果の消失は，妨害刺激の意味処理より前の段階で排除されたことの証拠にはならないと考えた（Driver & Tipper, 1989）。彼らは，フランコリーニらの課題を改変した実験を行った。彼らは，ある試行（n 番目の試行）における妨害刺激（たとえば，図7.2(b) の数字の4）とその次の試行（n+1 番目の試行）の反応（たとえば，図7.2(c) のDの個数）の間の適合性を操作した。無関連条件では，両者の間に何の関係も設定されなかった。一方，無視関連条件では，ある試行で無視された妨害刺激が，その次の試行の反応（つまりターゲット数）と一致していた（たとえば，図7.2(b) から図7.2(c) への試行のつながり）。実験の結果，1試行内における適合性効果はフランコリーニらと同様に認められなかった。にもかかわらず，直前の試行の妨害刺激と次の試行の反応の適

合関係を見てみると，無視関連条件において，無関連条件よりも反応時間が長かった。この結果は，先行試行の妨害刺激の数字が，後続の試行の反応に影響を与えたことを示しており，妨害刺激が完全に無視できているわけではないことの証拠になる。この現象は，先行提示された情報が後続する刺激の処理を促進させる現象として知られているプライミング効果とは反対の性質を示していることから，**負のプライミング効果**（negative priming effect）とよばれる。先行する刺激に対して，注意を向けるとプライミング効果が生起し，能動的に無視をすると負のプライミング効果が生起する。

7.3.3 注意の負荷理論

　負のプライミング効果の発見により，初期・後期論争は次第に後期選択理論が優勢となる。それとともに，論争の焦点は，そもそも完全な初期選択（無視された刺激の意味処理がまったく行われないこと）が可能かという問題に移っていった。このような論争の中でラビ（Lavie, 1995）は初期選択と後期選択の折衷型ともいえる理論（**注意の負荷理論**；load theory of attention）を提案している。この理論によれば，人間の注意は有限の心的資源としてとらえられる。ただし，資源を優先的に配分する空間を選定できるが，投入する資源量の調節や残された資源の制御は不可能とされる。たとえばフランカー課題において，実験参加者は注意資源をターゲットのある画面中央に優先的に配分することはできる。このとき，ターゲットの処理に全資源の投入が必要となり，資源が残されていない（つまり知覚的処理の負荷が高い）状況であれば，妨害刺激に注意資源が配分されることはない。その結果，妨害刺激を無視することができ，初期選択が実現される。一方，ターゲットの処理に全資源の投入が必要ない場合，余剰資源を制御することができないため，本来無視すべき妨害刺激にも自動的に配分されることになる。この結果，妨害刺激も意味処理を受けるため，初期選択の失敗，すなわち後期選択が生じる。

　ラビとコックスはフランカー課題を改変した課題を用いて，注意の負荷理

論を実証した（Lavie & Cox, 1997）。画面中央部には，ターゲット（XまたはN）とその検出を困難にするための複数の文字刺激（非ターゲット文字）が仮想円上に提示されており，妨害刺激は仮想円の外側に提示された（図7.3）。実験の結果，仮想円上にターゲットとともに提示される非ターゲットの個数が0個（つまりターゲットのみ），1個，3個のときには，ほぼ同程度の妨害刺激による適合性効果が生じた。その一方で，非ターゲット個数が5個のときには，適合性効果が消失した。この結果は，仮想円上のターゲットと非ターゲットの計6個の刺激を処理することによって注意資源が枯渇し，

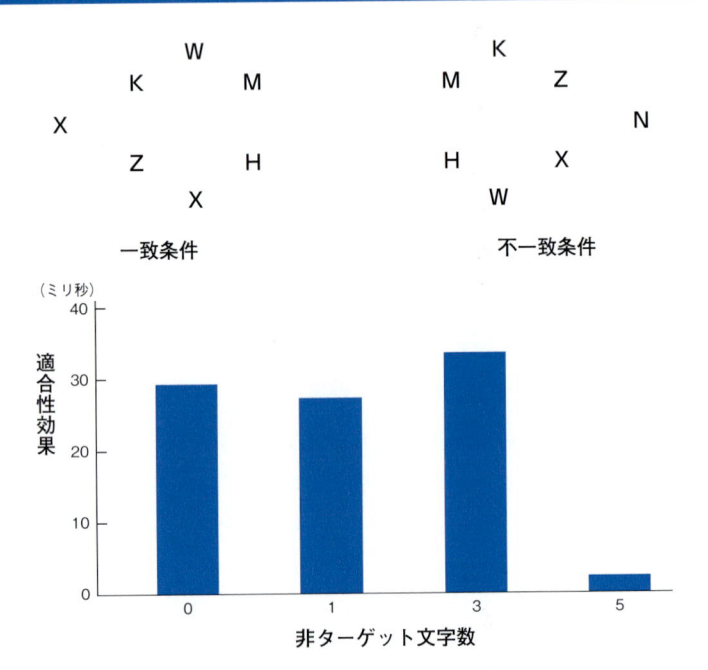

図7.3 ラビとコックスの実験で用いられた刺激（非ターゲット文字が5個の条件）と結果 (Lavie & Cox, 1997)
仮想円上のターゲット（XかN）を探索する課題。仮想円から離れた位置に妨害刺激が提示された。適合性効果（一致条件と不一致条件の反応時間の差）は，刺激中の非ターゲットが5個になると消失する。

妨害刺激には注意資源が配分されなかったため，処理されなかったと解釈できる。さらにラビらは，同様の課題を用い，処理資源が枯渇するような状況では，負のプライミング効果もまた消失することや，妨害刺激の処理を示す脳活動が低下することなどを報告し，注意の負荷理論を支持する証拠を蓄積していった（レビューとして，Lavie, 2001）。

7.3.4 能動的無視による非注意の知覚研究における近年の動向

　能動的に無視された刺激がどのような場合に処理されるのかという論争は，注意の負荷理論により一応の収束を見た。次に，無視されながらもある程度の処理がなされた非注意刺激はわれわれの行動にどのような影響を及ぼすのかに研究の関心は移っていった。レイモンドらは，無視された刺激が，より高次な社会的行動にまで影響を及ぼすことを明らかにしている（Raymond et al., 2003）。彼女らが行った実験は，簡単な**視覚探索課題**（あらかじめ定められたターゲットが画面のどこに提示されているかを探索する課題）と印象評定課題を系列的に組み合わせたものであった。この実験では，はじめに画面中央の注視点の両側に，曲線または直線で構成された2つの無意味な図形が提示された。曲線図形と直線図形のどちらがターゲットであるかは事前に実験参加者に伝えられていた。実験参加者の課題はターゲットが注視点の左に提示されたか右に提示されたかを，できるだけ速く判断することであった。この反応直後に，画面中央に一つの図形が提示され，実験参加者はこの図形に対する印象を報告するように求められた。この図形は，直前の視覚探索課題でターゲットとして提示されたものと同じ図形（ターゲット条件），妨害刺激として提示されたものと同じ図形（妨害刺激条件），あるいは，そのどちらでもない新しい図形（統制条件）のいずれかであった。実験の結果，妨害刺激条件では，ターゲット条件あるいは統制条件と比較して，印象評定が低くなることが明らかになった。この結果は**妨害刺激嫌悪効果**とよばれ，顔刺激に対しても生じるほか，無視の程度に応じて強くなる（レビューとして，Fenske & Raymond, 2006）。また，能動的に無視された刺激について

は単純接触効果が表れない（Yagi et al., 2009）。ある刺激を能動的に無視すると，その刺激に対する好意度は低下する。

7.3.5　受動的無視による非注意知覚の研究——非注意盲

※本項を読む前に，ダニエル・サイモンズ（Simons, D. J.）のホームページにある動画，とくに，'*Selective Attention Test*' と名づけられたものを見てもらいたい（http://www.simonslab.com/videos.html）。課題は，白いTシャツチームが行うパスの回数を数えるという単純なものである。本項で紹介される内容を，実体験として理解することができるかもしれない。

　これまで紹介してきた研究では，非注意刺激とは，実験参加者があらかじめその存在を知らされており，かつそれを能動的に無視するように求められるものであった。これとは異なり，そもそも参加者が事前にその存在を知らされておらず，また存在にも気づくことができないタイプの非注意刺激を扱った研究も数多く行われている。こうした受動的無視の非注意刺激に関する研究は，大別して2種類がある。その一つが，ロックらによる**非注意盲**（inattentional blindness）の実験である（Rock et al., 1992）。実験参加者には，水平線と垂直線で構成された十字が200ミリ秒間提示され，その直後にマスク刺激が500ミリ秒間提示される。実験参加者の課題は，垂直線と水平線のうち，どちらが長いかを判断することであった。この単調な課題を複数回繰り返していると，ある試行において突然，十字の交点のすぐ脇に小さな光点が提示される。実験参加者はそれまでと同様の線分の比較課題について報告した後，突然，実験者から，これまでの試行では提示されていなかった"何か"を見たかどうかを尋ねられる。この実験では，およそ25％の実験参加者が，不意に提示された光点の存在に気づかなかった（このような現象を非注意盲とよぶ）。つまり，この結果は，予期していない物体は，たとえそれが眼に入っていたとしても，気づかれないことがあることを示している。

　さらに，サイモンズとシャブリス（Simons & Chabris, 1999）は，この現

象が実験室で用いられる無機質な刺激（十字や光点など）だけでなく，現実場面に近い状況においても生じることを示した。サイモンズらが用いた刺激は，白いTシャツのチームと黒いTシャツのチームの男女が，それぞれ一つのバスケットボールをパスし合いながら，入り乱れて動いている動画であった。実験参加者は，この動画を見ながら，白いTシャツのチームのパスの回数を数えるように求められていた。動画が開始されてから数十秒後，背筋を伸ばし2本足で歩くゴリラ（の着ぐるみ）が画面右端から悠然と登場し，画面中央ではいわゆる雄叫びのポーズをとった後，画面左端へ退場した。驚くべきことに，およそ半数の実験参加者はこのゴリラに気づかなかった。

　これらの研究は，あらかじめその存在を知らされていない刺激は，たとえそれらが十分な強度で提示されていたとしても，意識にはのぼらない場合があることを実証している。では，こうした受動的に無視された刺激は，われわれの行動にどのような影響を及ぼすのであろうか。ムーアとエゲス（Moore & Egeth, 1997）は，受動的に無視された刺激は，たとえ実験参加者の意識にのぼらない場合でも，部分的には注意の向けられた刺激と同程度に処理されることを示した。彼女らの実験では，画面上に2本の水平線分が上下に提示され，実験参加者はその長さを比較するように求められていた。また，2本の線分の背景には数個のドットがランダムに提示されていた。ロックらの実験と同様に，単調に繰り返される試行の中のある試行では，ドットが2本の線分の両端に内向きまたは外向きの矢羽状に配置された（図7.4）。すなわち，これらの試行では，注意の向けられている線分と不意に提示される非注意刺激のドットを合成すると，ミュラー・リヤー錯視図形となるように工夫されていた。実験に参加した者のうち，この非注意刺激に気づいたのは，全体のおよそ10%程度であったにもかかわらず，およそ85%の実験参加者が，非注意刺激が構成するミュラー・リヤー錯視図形によって，線分の長さの判断が歪められていた。この結果は，顕在的に知覚された線分（注意刺激）と潜在的に知覚された線分（非注意刺激）が，統合的に処理されていることを示している。

7.3　非注意の知覚研究　　173

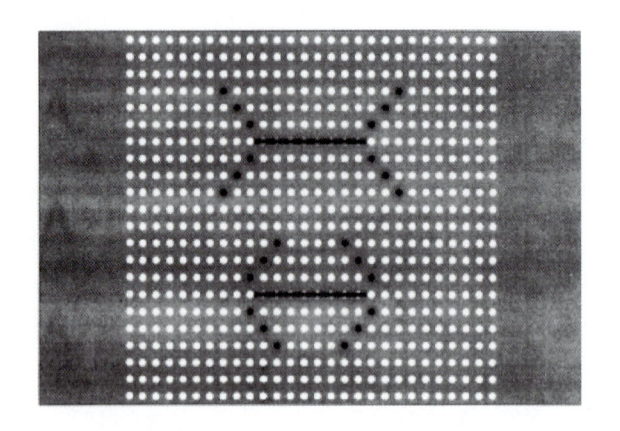

図 7.4　ムーアとエゲスの実験で用いられた刺激（Moore & Egeth, 1997）
ドットが矢羽形に配置され，ミュラー・リヤー錯視の図形になる。

　また，非注意刺激に有意味単語を用いた実験からは，非注意盲が起きている間に提示された単語刺激についても，少なくとも単語の認識レベルまでの処理は行われていることが示されている。たとえば，マックとロック（Mack & Rock, 1998）は，上述のロックらの研究と同様の十字線分の長さの比較判断を繰り返す課題の最中に，有意味語（たとえば FLAKE）を非注意刺激として提示した。その結果，実験参加者は，たとえその単語の存在に気づかなかったとしても，FL で始まる単語を何でもよいので報告するよう求められると（語幹完成課題），高い確率で FLAKE と報告した。

7.3.6　受動的無視による非注意知覚の研究——変化盲

　受動的無視による非注意刺激の知覚に関するもう一つの研究が，**変化盲**（change blindness）とよばれる現象を扱ったものである。変化盲とは，刺激画面内で生じた顕著な変化が検出できない現象である。たとえば，レンシン

クの研究では，画像Aと，それとはわずかに異なる画像A′が，短い空白画面を挟んで交互に提示された（Rensink et al., 1997）。実験参加者は，AとA′の違いを検出し報告するよう求められた（変化検出課題）。仮に，2つの画像を並べて見比べれば，即座にその違いが見つかるような大きな変化にもかかわらず，実験参加者がその変化を検出するまでに20回以上も画面を反復提示する必要があった。この劇的な現象をだれもが簡単に体験できる（レンシンクのホームページに，デモンストレーション用の動画がいくつか公開されているので，興味のある方は体験していただきたい（http://www2.psych.ubc.ca/~rensink/flicker/index.html））。

　非注意盲の場合と同じように，サイモンズとレヴィンは，この現象が現実空間においても生じることを，ユニークな実験によって示した（Simons & Levin, 1998）。この実験は，以下のとおりである。大学の敷地内を歩いている通行人に対し，サクラ（実験協力者）が道を尋ねる（図7.5(a)）。説明を始めて少し経つと，通行人とサクラの間を，大きな板を前後で支えた男2人（やはり実験協力者）が横切る（図7.5(b)）。板が通行人の視界を遮った瞬間，板の後ろで，板の後方を支えていた男と先ほどまで道を訪ねていた男が入れ替わる（図7.5(b)）。入れ替わった男は，何食わぬ顔で，道を尋ね続ける（図7.5(c)）。驚くべきことに，15名の通行人中8名までが，2人の男（図7.5(d)）の変化に気づくことができなかった。

　変化盲を実際に体験してみると，顕在的に知覚されている対象以外のものは記憶されていないことに，だれもが驚くであろう。しかし，顕在的に物体の変化を検出できない場合でも，変化した物体が潜在的には知覚されていたことを示す証拠もある。たとえば，複数の物体の線画を刺激に用いた変化検出課題において，そのうちの一つ（たとえばジーンズ）を別の物体（たとえば本）に置き換えたとき，その変化が検出できなかったとしても，画面上に提示されていた物体についての再認課題を行うと，実験参加者は変化する前と変化した後の物体の両方を，チャンスレベルよりも高い確率で再認することができる（Mitroff et al., 2004）。また変化を検出できない場合に，変化し

図7.5　サイモンズとレヴィンによる現実場面における変化盲の実験風景
　　　　(Simons & Levin, 1998)
(a)サクラ（左側）が通行人（右側）に道を尋ねる。(b)2人の間を，板を抱えた人たちが横切る。板の裏側で，通行人から見えないように，サクラが別のサクラと入れ替わる。(c)通行人は，サクラが入れ替わったことに気がつかずに，道を説明し続ける。(d)2人のサクラは，背格好や服装が違っているにもかかわらず，である。

た物体と変化しなかった物体を提示し，変化した物体を強制的に選択させたところ，正答率がチャンスレベルを上回ったとする報告もある（Fernandez-Duque & Thornton, 2000）。これらの結果は，いずれも，潜在的な知覚過程によって，顕在的には知覚できない変化が検出されている可能性を示唆している（レビューとして，Simons & Ambinder, 2004）。

7.4 まとめ

　本章では，閾下知覚と非注意の知覚を「顕在的ではない」知覚，つまり潜在的知覚のサブカテゴリーとして概説してきた。いずれの研究テーマにおいても，長年にわたる論争と方法論の改良を経て，再現性と頑健性のあるさまざまな現象が発見されてきた。

　閾下知覚研究の成果を理解する上で何よりも重要なことは，新たな現象を発見したと主張する研究が，正しい方法論と解釈を採用しているのかどうかについて，常に客観的で慎重な判断を行うことであろう。知覚的防衛にまつわる実験的証拠がそうであったように，直感に反しているが，それゆえに興味深い現象については，とくに慎重な議論が必要となる。クンスト゠ウィルソンとザイアンスが報告した再認できない刺激に対する単純接触効果は，厳密な意味で閾下知覚の現象とはよべないのかもしれない。しかしながら，単純接触効果の産業・経済への応用可能性を考えれば，チーズマンらの定義によるところの客観的閾を，この現象に適用することが必ずしも適切であるとはいえないだろう。いずれにせよ，閾下知覚が行動に及ぼす影響は，現段階の研究結果からは，閾下広告のフィクションで語られたような清涼飲料水の売上げを飛躍的に増加させるほど劇的なものではないといえる。

　非注意の知覚に関する研究では，負のプライミング効果，妨害刺激嫌悪効果，非注意盲，変化盲など，次々に興味深い新しい現象が報告され続けてきた。能動的な無視の実験において認められる負のプライミング効果や妨害刺激嫌悪効果と，受動的な無視の実験において認められる非注意盲や変化盲の間に，どのような共通点と相違点が存在するのかという問題については，今後の研究を待たなければならないであろう。

　視覚の情報処理過程に関する研究という大きな枠組みの中では，錯視が生起する条件を探索するというアプローチが一定の役割を担ってきた。エラーが生じる状況を探索することで，正常な処理過程のメカニズムを理解することができるからである。同様に，注意とは何か，意識とは何かといった問題

を解明していくためには，注意や意識の裏側にある潜在的な過程の仕組みについて理解することが，今後ますます重要となっていくであろう。

聴　　覚

　われわれは自分を取り囲む環境の中のあらゆる方向から音をとらえることができる。その際，とくに意識することなく，特定の音や音声を聞き取っている。しかしながら，実際に耳に入ってくる音は，周囲にあるさまざまな種類の音が複雑に混じり合ったものである。われわれが，音や音声に含まれる意味情報を認識するまでには，複雑に混ざり合った音の中から1つずつの音を分離するという複雑な処理が必要となる。

　ここでは，複雑な音の絡み合いの中から意味のある単位で情報を抽出し，同時にそれらを構造化していく処理が瞬時に行われる聴覚情報処理について見ていく。聴覚の基本的な現象から，音楽や音声の知覚，さらに聞き取りが視覚刺激によって影響を受ける現象など，より高次の聴覚情報処理機能と聴覚に関わる心理現象について概観していく。

8.1　聴覚の情景分析――聴覚研究の基礎的観点

　音の物理的特性を表すためには，一般的には音の高さ（周波数）や強さ（音圧）が用いられる。しかし，人間が音として認識できる周波数や音圧の範囲は限られる。人間が何らかの形で知覚できる範囲（可聴域）は，年齢や音楽経験の有無などによっても異なるが，周波数にして20～2万Hz程度である。しかし，この可聴域内であっても，高周波または低周波は，音として聞こえず，振動などとして知覚される。また，音圧は，120dB程度までは音として知覚できるが，それ以上になると，もはや音としては聞こえず，痛みとして感じられるようになる。

　人間の聴覚の機能は，刺激の物理特性とその処理の関係を調べただけでは理解できないことが主張されている。ブレグマンは生態学的な観点を採り入

れ，外的世界を聴覚的に把握する機能を**聴覚の情景分析**（auditory scene analysis）とよんだ（Bregman, 1990）。

聴覚の情景分析とは，聴覚の体制化に注目し，環境内に存在するさまざまに混じり合った音を分類し，その中から必要な音を聞き分けるという情報処理のことである。聴覚においても視覚と同様，入力される音や音声といった聴覚刺激に対して**ゲシュタルト原理**が作用しており，われわれは，それぞれの音を音源に対応させたり，時間的なまとまりとして体制化して解釈している。それによって，単なる音の羅列を音楽や音声といった意味のある情報として理解するのである。ここでは，聴覚刺激がどのように体制化されるか，そして，その過程において生じる知覚的補完現象について見ていく。

8.1.1 音脈分凝

救急車のサイレンの音はどのように聞こえるだろうか？　多くの人には，「ピーポー」という音のまとまりの繰返しのように聞こえているだろう。しかし，このように複数の短音が代わる代わる提示される場合，その系列の組合せは区切り方次第で，さまざまなまとまりに解釈できる。これを**聴覚刺激の多義性**という。

音が伝達する意味を正しく把握するには，聴覚刺激の多義性を解決する必要がある。音楽におけるリズムや音声における韻律情報は，こうした多義的解釈を生じさせないような役割を果たしている。

音の多義的解釈は時間要因と強く関連する。**図 8.1** に示したように，2 種類の短音である高音 A と低音 B を時系列として ABABAB……のように交互に提示するとしよう。それぞれの短音が，一連に聞こえるか，独立に聞こえるかは，2 種類の短音の間の時間間隔の長さに依存する（**時間的近接の要因**）。

1. **独立した単音**……2 つの音が提示される間隔が十分に離れている場合，各音は 1 つずつ別々に聞こえる。
2. **グルーピング**……徐々に時間間隔が縮まると，2 つの音は 1 つのまとま

図8.1 音の多義性と音脈分凝

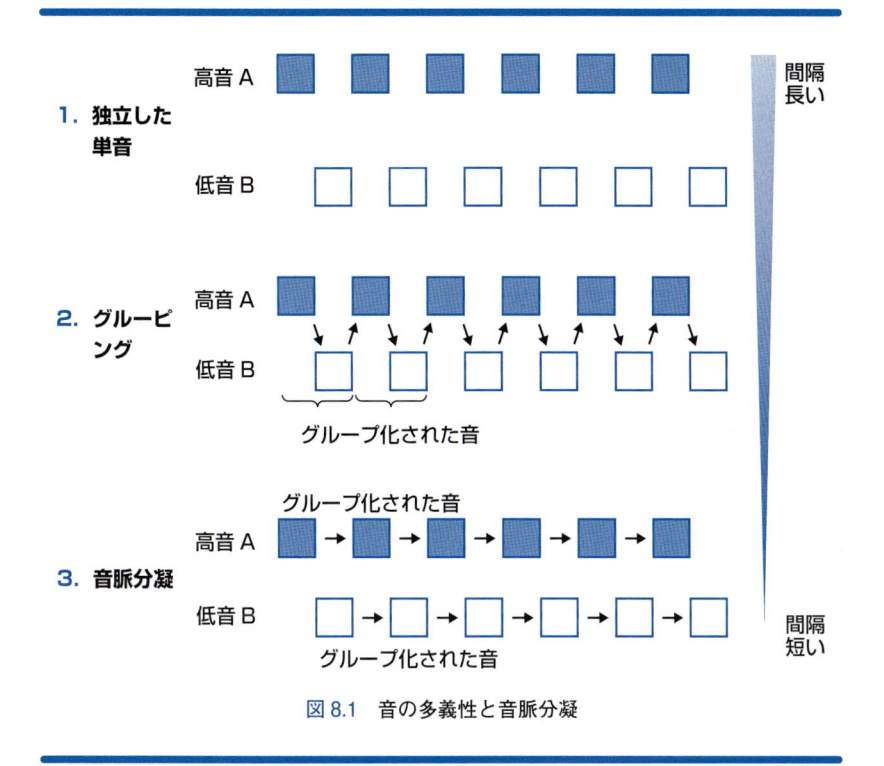

りとして交互に聞こえる。

3. **音脈分凝**……さらに時間間隔が短くなると，同じ音どうしのまとまりとして知覚的な結びつきが強くなり，ABという音のまとまりが崩れ，その結果，AAA……とBBB……という別々の音脈として，それぞれ並列した形で聞こえるようになる。

音脈分凝（stream segregation）は，複数の異なる音響特性（高さ，強さ，音色など）を持つ短音が系列的に提示される際，同じ音響特性を持つどうしで一連のまとまりとして聞こえる音のつながり（音脈）が形成され，個々の異なる音の連続ではなく，音脈として知覚されるようになる現象である。

音脈分凝は，複数存在する音を別々のものとして，聞き分けるための基本

8.1 聴覚の情景分析——聴覚研究の基礎的観点

的な体制化のメカニズムと考えられている．ブレグマンは聴覚の情景分析に関する研究において，まず，この知覚現象を取り上げた．また，音脈分凝のような聞こえ方は，古くから1つの楽器で2つの楽器を演奏しているような効果を得る演奏技法にも用いられている．

8.1.2　聴覚的補完——聴覚におけるトップダウン処理

　聴覚情報処理では，視覚同様，刺激が入力されてから刺激の持つ特性が順次処理されるボトムアップ処理と，知識や経験の影響を受けながら知覚処理が進むトップダウン処理とが相互補完的に作用している（8.3 参照）．

　ごく短時間の断続的な途切れがある聴覚刺激を提示された場合，われわれはそれが何であるかわからない．しかしながら，そのような聴覚刺激に対して，途切れた個所に刺激とは無関係な音が加えられることで，意味のあるまとまりとして把握できるようになる．これを聴覚的補完（auditory restoration；Warren et al., 1972）といい，聴覚におけるトップダウン処理を強く反映している．

　また，実際には存在していない音が，ほかの音の存在によって，あたかも存在しているかのように聞こえる聴覚誘導（auditory induction）とよばれる現象もある．これに関するよく知られた2つの効果を取り上げる．

1. 連続聴効果

　図 8.2 に示したように連続聴効果（continuity effect）は，音の高さが等しく，大きさの異なる2つの純音が，音間に無音時間を入れずに，短い時間間隔で交互に連続的に提示された場合，小さい音のほうが途切れのない1つの持続音として聞こえる現象である（Thurlow & Elfner, 1959）．この効果は，断続的に提示される小さい音の間の時間間隔が数100ミリ秒以上という途切れがあった場合でも生じる．音声や音楽でも生じることが知られている（音声については後述の音素修復を参照）．

2. ロール効果

　図 8.3 に示したようにロール効果（roll effect）は，連続聴効果と同様の音

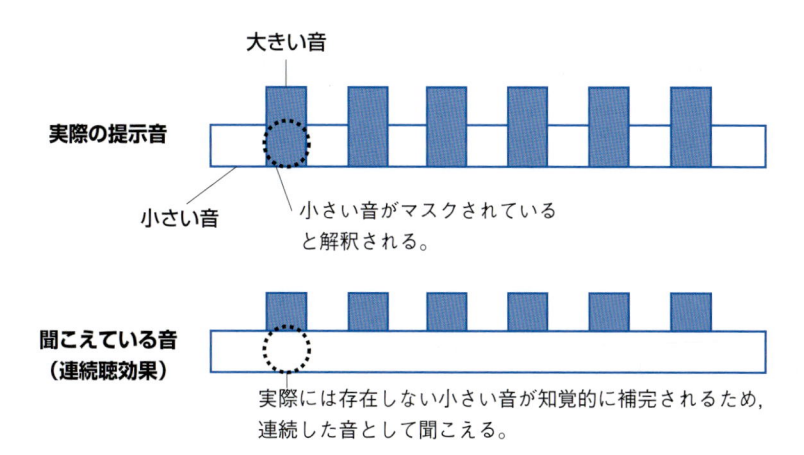

図 8.2　連続聴効果

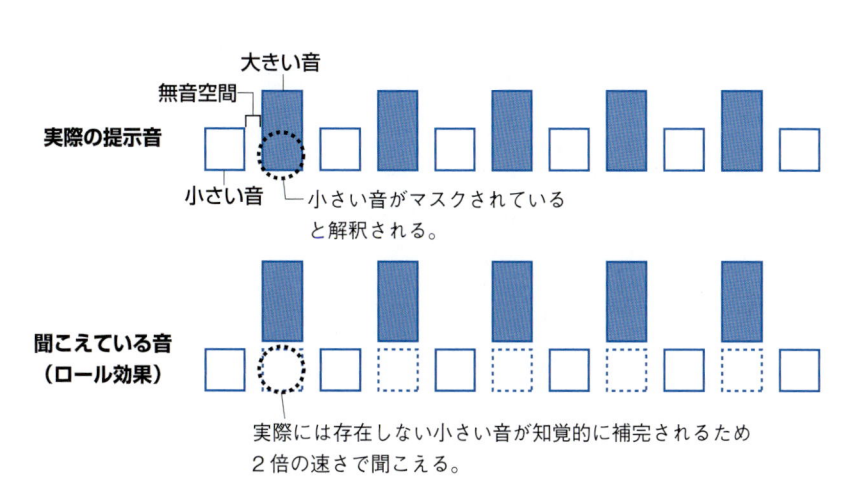

図 8.3　ロール効果

8.1　聴覚の情景分析——聴覚研究の基礎的観点

響特性の刺激が提示（つまり，大きい音と小さい音が交互に提示）されるが，2種類の音の間にごく短い無音区間が挿入された場合に，大きい音と同時に小さい音も聞こえる現象である。そのため，小さい音は，大きい音の2倍の速さ（テンポ）で鳴っているように聞こえる（van Noorden, 1977）。

　これら2つの効果は，小さい音が，より大きい音にかき消されるという知識や経験に基づくトップダウン処理によって生じると考えられる。つまり，実際には小さい音は存在しないのであるが，それは，単に大きい音が小さい音をかき消している（マスクしている）ためであると聴覚系が誤って解釈してしまい（**マスキング可能性**；masking potential rule），小さい音を補完してしまうことで生じると考えられている。

8.2 聴覚認知の基本機能

8.2.1 聴覚マスキング

　大勢の人が集まっている場所では，騒音によって話が聞き取りにくい。このように，複数の音が存在している場合に，互いに音がかき消されることを**聴覚マスキング**という。より厳密にいえば，複数の聴覚刺激が同時，または，ごく短時間の時間差をつけて提示されたとき，聞き取るべき音（信号音）の知覚がほかの音（妨害音）によって阻害される現象が聴覚マスキングである。マスキングの事態で特定の音を聞き取るには，音をより大きくする必要がある。そこで，聴覚マスキングを，ある音の最小可聴値がほかの音の存在によって上昇する現象と説明する場合もある（JIS；日本工業規格）。簡単にいえば，ある音が聞こえるようになるには，音量を上げるなど，音響特性を変化させる必要があるということである。さまざまな条件に応じて生じる聴覚マスキングの知見は，聴覚情報処理の重要な特性を明らかにしてきた。

1. **同時マスキング**

　信号音と妨害音が同時に存在する場合に，**同時マスキング**（simultaneous masking）が生じる。マスキングの大きさは，2つの音の物理特性に影響を

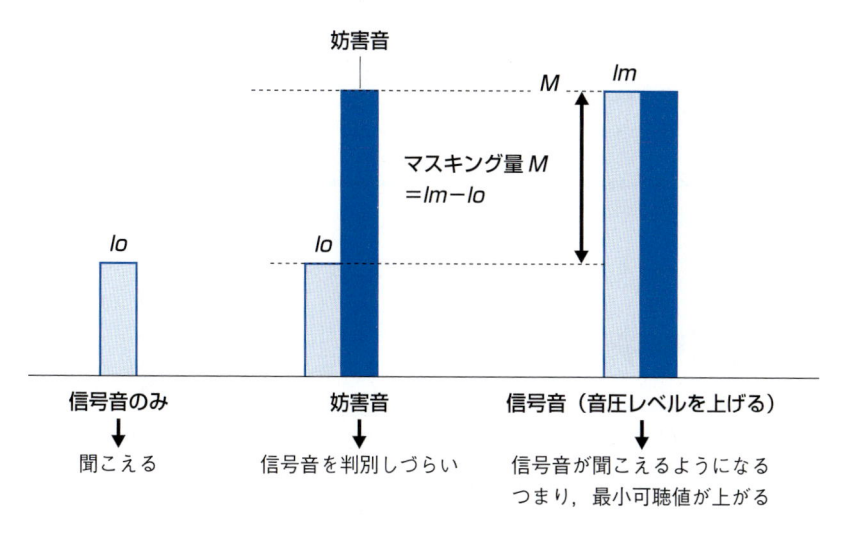

図 8.4 同時マスキングの概念図
中央図，右図がマスキング状態。
lo：ある音（信号音）が単独で提示された場合の最小可聴値（音圧レベル）。
lm：同時に提示された音（妨害音）によって上昇した音（信号音）の最小可聴値。

受ける。とくに，知覚的に似ている音の場合に生じる。たとえば，信号音と妨害音の周波数の差が小さいほど，マスキング量は増加する。また，マスキング量は周波数の軸に対して非対称であり，低い音は高い音をマスキングしやすいが，高い音は低い音をマスキングしにくい。また，同時マスキングは，マスキング可能性として前述した聴覚的補完が機能するための必要条件にもなる。マスキング量は，信号音が単独で提示された場合に聞こえる最小可聴値（lo）と同時に提示された妨害音によって上昇した信号音の最小可聴値（lm）の差で表される（図 8.4）。

2. 継時マスキング

信号音と妨害音の間に時間的なズレがある場合に，**継時マスキング**（temporal masking）が生じる。一般的には，2 つの音の間に 100 ミリ秒以下

程度の短い時間のズレがあった場合に生じるといわれる。興味深いことに，継時マスキングは，2つの音の提示順に関係なく生じる。これは，マスキングが物理的にある音がほかの音をかき消すことのみで生じるのではなく，人間の心理的な機能として生じていることを示している。時系列で先行音が後

順向性マスキング：S2 が認識できない

逆向性マスキング：S1 が認識できない

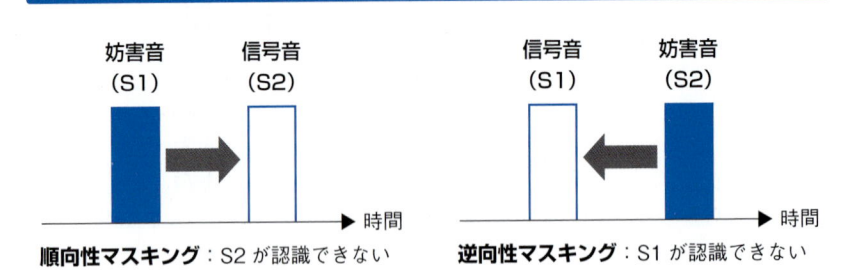

図 8.5　順向性マスキングと逆向性マスキングの概念図

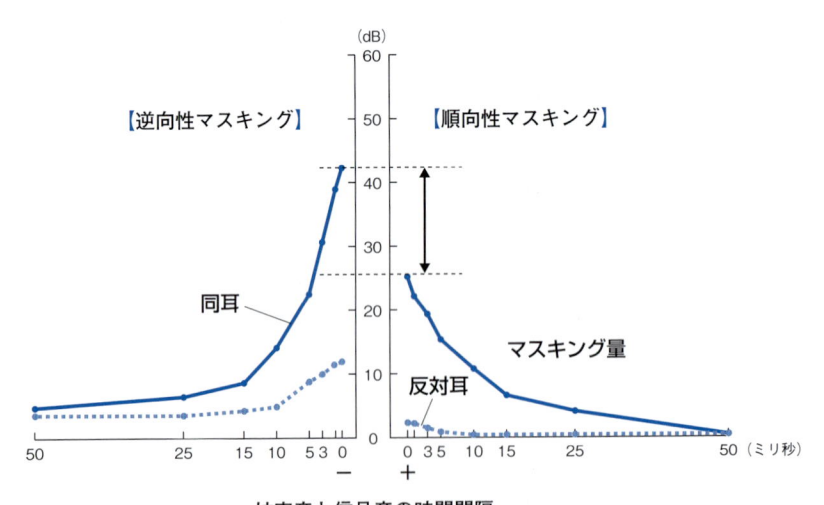

図 8.6　継時マスキング（Elliot, 1962）
折れ線はマスキング量を示している。水平の破線とその間の両方向矢印は同じ時間（先行刺激提示終了からの時間間隔が 0 ミリ秒のとき）におけるマスキング量の差を示している。

続音をマスクする現象を**順向性マスキング**，先行音が後続音にマスクされることを**逆向性マスキング**という（図 8.5）。

信号音と妨害音の間の時間間隔が短い場合，逆向性マスキングのほうが順向性マスキングよりもマスキング量が大きいことが報告されている（Elliot, 1971；図 8.6）。

3. 認知マスキング

認知マスキング（recognition masking）は，信号音の音自体は聞こえるものの，妨害音によってその内容が何であるかを認知できない現象である。認知マスキングは，順向性マスキングの場合，信号音と妨害音の時間間隔が 20〜40 ミリ秒以内で生じるのに対して，逆向性マスキングでは，2 音の間隔が 80〜340 ミリ秒を超えても生じると報告されている（Massaro, 1973）。

8.2.2　聴覚による空間認知

聴覚は，音がどの方向から発せられたか，音声がだれから発せられたか，どのくらい離れた場所から発せられたか，といった音の発信源とその距離を把握する役割を持つ。また，視覚がカバーできない背後や暗闇などで空間の状況を把握する際にも聴覚は貢献する。このような音によって把握できる空間を**聴空間**（auditory space）という。

1. 音源定位——音源の方向と距離の判断

聴覚刺激の音源の位置や方向を把握することを**音源定位**（sound localization）という（第 3 章も参照）。音源の方向の認知においては，音が左右の耳に到達するまでの時間差や強度差の手がかりが相互作用する。これを**時間と強さの交換作用**（time-intensity trading；Deatherage & Hirsh, 1959）という。たとえば，周波数が低い場合，頭は音の進行を妨害しないため，両耳間で強度差はほとんど生じない。一方，周波数が高くなると，頭が音の進行を妨害するため，頭の陰になるほうの耳では，音の強さが数 dB 小さくなる。そのため，低周波数域では両耳間の時間差から，また高周波数域では強度差から音源が定位される（図 8.7）。

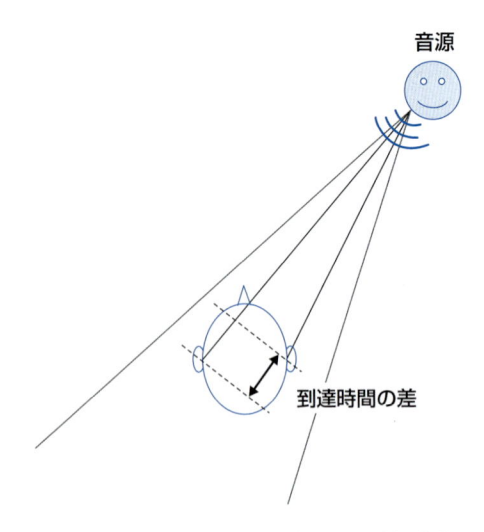

図 8.7　音源と音の到達時間差による音源定位

2. 先行音効果——ごく短時間のズレは検出されない

　ヘッドホンを通して左右にごく短時間の時間差をつけて同じ音が提示されると，先に提示された耳のほうに音源が定位される。このとき，不思議なことに，定位したほうの音しか聞こえない。この現象は，**先行音効果**（precedence effect，または Haas effect）とよばれる。実際には，音は音源からあらゆる方向に進み，反射音として時間差をつけながら次々に耳へ到達している。これら到達する音すべてを処理するのは大変である。先行音効果は，最初に到達した音のみを知覚するため，時間差にして 1～50 ミリ秒程度の反射音の遅れがある場合に生じるといわれている（たとえば，Moore，1989）。

3. 音による距離感の知覚

　われわれは，音がどの方向から聞こえたかだけでなく，その音源がどのくらい離れているかを把握できる。また，音の大きさの変化で音源の移動も把

握できる。たとえば，電車が駅を通過するとき，遠くから近づいてくる音は高く聞こえ，目前を通過し遠ざかるとともに音は低く聞こえるようになる（ドップラー効果）。音源の距離感は，音の物理特性である両耳間の時間差や強度差のほか，音の大きさ，音色，音の反響特性などを手がかりとしてボトムアップ処理によって総合的に解釈されている。

　一方，音の距離感の知覚においてもトップダウン処理が作用する。たとえば，われわれは，音が大きく聞こえるほど音源の距離を近いと判断し，音が小さいほど，音源が遠くにあるように感じる。よく知る音の場合，大きさの変化によって距離感をより正確に判断できる。

　音源の距離の知覚が，物理特性とは関係なく，経験や知識といった心理的要因に影響を受けるという興味深い知見が示されている（Gardner, 1969）。実験参加者に，ささやき，叫び，小さな声，通常の会話レベルの声の4種類の音声を提示して，その距離を判断させた。その結果，たとえば，ささやき声は，絶対的な音の大きさが通常の会話レベルの声よりも小さいにもかかわらず，より近く感じると判断された。反対に，叫び声は，絶対的な音の大きさが通常の会話レベルの声よりも大きいにもかかわらず，より遠くに感じると判断された。

8.3　音声知覚──スピーチパーセプション

　コミュニケーションというと，「言語による意思の伝達」が想起され，言語の側面が重視されがちである。しかし，音声は単なる言語情報のみを伝達するわけではなく，むしろ言語以外の多くの情報が伝達されているといえる。だれの声か，その声の主がどのような人であるか，気分や体調はどうか，さらには，どこの出身か，どのような文化の中で育ってきたか，などを伝達する。それらは聞き手にとって重要な情報となる。

8.3.1　会話の成り立ち——ことばの鎖

　音声知覚は，話し手と聞き手の間のコミュニケーションの過程で生じる。図 8.8 は，音声コミュニケーションにおける情報の処理過程の概念モデルである。発声と聴取のループが生じ，話し手と聞き手それぞれで複雑な音声情報の処理が瞬時に行われる。このような話し手の音声の生成過程と，聞き手の音声の認知過程の流れとつながりを**ことばの鎖**（speech chain；Denes & Pinson, 1963）という。

　発話においては，発話者は自分の声を聞くことで，意図どおりの発話となるようにコントロールしている（**聴覚フィードバック**；auditory feedback）。自分の声が適切にフィードバックされない場合，発話に支障をきたす（Lee, 1950）。音声を何分の 1 秒か遅らせてフィードバックすると，発話者は普通に発話を続けられなくなり，どもったり，言葉が出なくなったりしてしまう

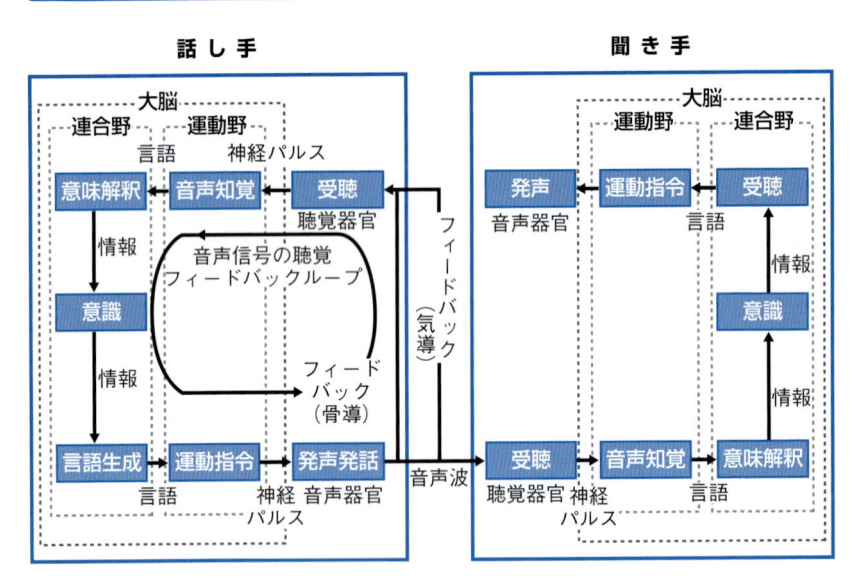

図 8.8　音声の知覚・生成における「ことばの鎖」
（国際電気通信基礎技術研究所，1994を改変）

ことが知られている。

8.3.2 言語情報と声性情報

上述のとおり，音声は，言語情報以外に，個人に関する**声性情報**（vocal information）を含んでいる。音声の基本的性質として，**音韻**，**韻律**，**個人声**の3つの要素がある。

1. 音韻の知覚

母音や子音といった，スピーチを構成する最小の単位を**音韻**（phoneme）という。音韻の知覚では，語を構成する音素の前後関係が重要である。人間は発声するときに，口腔の各部位を連続的に変化させて言葉を発するため，音素間の前後のつながりは，絶えず変化する（**調音結合**；co-articulation）。聞き手は，こうした言葉のつながりの中から，ある音素であると知覚されるような特徴（**示差的特徴**）としての音韻情報を正確に識別して言語を理解する。しかし，実際には，調音結合によって，ある音素は常に同じ物理特性を示しているわけではない。実際にはまったく同じ物理特性を持つ音響信号に対して異なる音韻知覚が生じたり，反対に異なった音響信号に対して同じ知覚が生じたりすることがある。音声の物理特性が処理されるというボトムアップ処理のみでは，音声知覚は成立しないのである。

(1) スピーチ知覚における文脈効果——トップダウン処理

図8.9に示したように，音声知覚においてもトップダウン処理が有効に機能する。音声知覚では，音素や音節をはじめ，単語の知覚も文脈の影響を受ける。たとえば，日常会話の中で，われわれには発話中の個々の単語間に区切れがあるように聞こえる。しかし，実際に発話音声を波形で示すと，音声は途切れのないつながりになり，単語の間には明確な区切れは現れない。これを**単語区切れの錯覚**という。単語間に区切れがあるように感じるのは，言葉（単語）を知っていることによって，言葉のまとまりとして解釈されるためなのである。

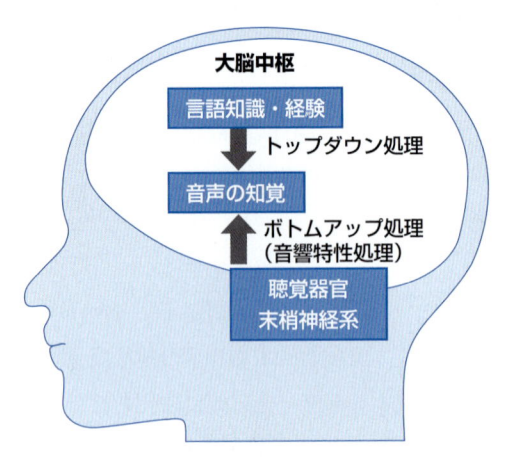

図 8.9　音声知覚過程の概念モデル

表 8.1　ウォレンらで提示された音声文例と回答例
(Warren et al., 1972 ; Ashcraft, 2002)

提示された音声文	回答
It was found that the ■eel was on the axle.	Wheel
It was found that the ■eel was on the shoe.	Heel
It was found that the ■eel was on the orange.	Peel
It was found that the ■eel was on the table.	Meal

■は音声を除去された部分。

(2) 音素修復

　上述した聴覚的補完の一つとして，言語におけるトップダウン処理である**音素修復**（phonemic restoration）が知られている。音素修復とは，音声言語の一部を取り除き，その部分を雑音で置き換えても，取り除かれたために実際には存在しない音声が聞き手に補完されて，その音声を認知できるとい

う現象である。

　ウォレンとウォレンは，たとえば，実験参加者に"■eel"という音声単語を聞かせた（**表8.1**）。■部分にはノイズが提示されていた。この音声を，そのまま聞かせた場合，実験参加者は提示されたとおり eel と答えるか，または答えることができなかった。しかし，■eel のあとに"on the axle"という音声を加えて提示したところ，参加者のほとんどが"wheel on the axle"と報告し，参加者たちは聞いた音声を不自然だと感じず，"wheel"と聞こえたと報告した。実際には，■部分に音声は提示されていない。"on the axle"という文脈が加わったことによって，■の部分が補完されたのである（Warren & Warren, 1970）。

2. 韻律の知覚——話し方の情報

　音素を機械で正確に再現して，それをつなぎ合わせて単語や文を作ったとしても人間の音声らしくは聞こえない。人間らしい発話に聞こえるには，音声に含まれる韻律情報が必要となる。韻律は，言語情報と声性情報のどちらの認識にも重要な役割を果たしている。

　韻律情報は，言語情報として単語，文節，句，発話全体など，より大きな単位に関係する。それらは音声の周波数や強度の時系列的な変化として現れる。たとえば，音声のピッチ（音の高さ），アクセントやイントネーション（抑揚），音の強さに関係するストレス（強勢）などの音響特性，時間に関係する要因として，音の持続，テンポやリズムなどが挙げられる。言語認知においては，韻律情報であるイントネーションやストレスは，語や文のまとまりとして，発話の区切れや終わりを知らせる有力な知覚的手がかりとなる。

　その一方で，韻律情報は，話し手の個性や**社会性**（social-linguistic information，訛りや若者言葉など）やまたそのときの感情を知覚するための手がかりとなる。

3. 個人声の知覚——だれの声か？

　音声の主がだれであるかを判断する基本となるのが，**声質**（vocal quality）である。声質は，高い声，かすれた声，若い声，女性の声といったような音

声の音色に関する性質である。声の高さや強さなどの物理特性によって，声の印象は異なる。声質の違いとなる要因は，**音声スペクトル包絡**（音の高さと強さの波形の変化の形）や**基本周波数**（F0：音声成分が凝縮しているもっとも低い周波数帯）の静的・動的な特徴（平均値，時間変化，ゆらぎ）といった物理特性や発声器官の大きさや構造によって現れる。

　だれが発声したかについて，その声質だけでは判断しにくい。たとえば，電話の声の主の判断は難しいし，風邪で鼻声になった場合，声自体が変わってしまう。だれの発話かを特定できるような，音声に含まれる個人の発話全般に関する特徴が，音声の個人性となる。個人性を判断するには，声質，声の高さ，声の大きさなどの物理特性だけでなく，言い回しに関連するリズム，発話速度，イントネーション，アクセントなどの韻律的特徴，さらには言葉遣いなど，きわめて広い範囲の情報が利用される。このように，個人声に関連する音響特性は，さまざまであり，それぞれの特性が複雑に関与している。そうしたことから，個人性を特定できる音響特性は未解決の部分が多くある。

8.4　音楽の知覚

　楽器の音色の認知から演奏技法にも通じる現象にいたるまで，音楽に関しては，さまざまな面から聴覚の研究がなされている。とはいえ，音楽は複合的な音の要素で構成されるため，研究対象としては難しいテーマでもある。ここでは，聴覚的体制化（群化）とつながりが強い，音色，リズム，メロディの知覚について見ていく。

8.4.1　音色の知覚——音成分のまとまり

　音楽は，複数の楽器によって演奏されることが多い。われわれは，ある音楽の中から特定のメロディやリズムを聴き取れる。楽器の音色は一連の音の系列を 1 つのまとまりとしてとらえるための最初の要素となる。同じ音色による音の時間的な変化を追いかけることによって，音の輪郭が構成され，メ

ロディやリズムとして知覚されるようになる。

　音色は，音の持つ属性の一つであり，声質同様，周波数やスペクトル包絡といった複合的な要因によって構成される。音色を物理特性によって定義することは難しい。音階や強さが変わるだけで，とらえるべき物理特性が変わってしまうためである。そのため，音色はこれまで人間の心理的な印象において，2つの側面の性質で区別されてとらえられてきた。1つ目は，それぞれの楽器が持つ特徴としての音色（timbre）である。たとえば，ピアノとバイオリンでは音の印象が違う。このような異なる楽器の場合，音色は同じ音階を演奏した波形を比較することでその違いを把握することができる（図8.10）。2つ目は，音の高さや強さなどが，時間的に変化している場合の音の総合的印象である。たとえば，同じ楽器の演奏を早回しで聞いた場合，音

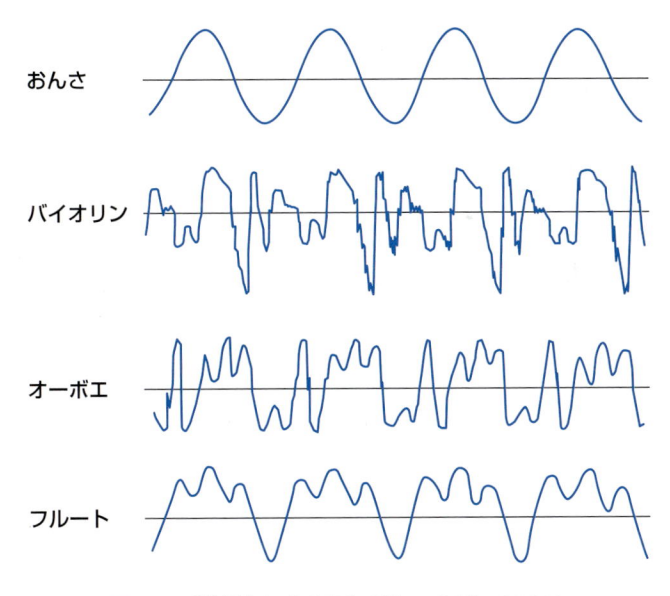

図 8.10　「波形」による音色の違い（恩藤，1991）
楽器による波形の違いを示している。

の印象が変わってしまうことをいう。

8.4.2　リズムの知覚——時系列的な体制化

　現代の音楽での標準的な**リズム**（rhythm）の表し方を，音型タイプという。これは，ある時間間隔（**テンポ**）における，音の長さとその比率に注目してリズムをとらえるものである。リズムの知覚は，音の時系列的な規則性を把握することである。まず，複数の音の時系列に関する体制化がリズムの知覚の基盤となる。この体制化は，時間と音の強さのパターンに基づいている。さらに，同じかあるいは類似した音の時系列パターンが繰り返されるとリズムとして知覚される。音楽においては，1つのリズムパターンは数秒の長さからなる。リズムパターンは，時間的な**近接の要因**によって体制化される。しかし，単純なリズムパターンは常に多義的に解釈される可能性がある。そこで，音楽演奏では，アクセントをつけたり，音間を利用したりすることで，多義的な解釈が成立しないようにする。その結果，一定のリズムとして知覚されるのである。

8.4.3　メロディの知覚——時系列的な高さの変化「連続性」「周期性」「類同」

　メロディ（melody）の知覚は，音響特性や時間などの要素の総合的な体制化として成立する。メロディは，音色，リズム，強さ，テンポなどによって特徴づけられる。音の高さをリズムに合わせて変化させることで音の輪郭が作り出される。そこに強さやテンポの変化が加わることで，単なる時系列的な音の繰返しが，音楽らしい表現になる。

　同じ楽器で演奏される場合，音色が同じことによって，その音の輪郭が構成されやすくなり，メロディとして知覚されやすくなる。これは，**類同の要因**として知覚的グルーピングがされるためである。また，音階の構成が**よい連続の要因**として成立するときには，音色が異なったとしても，一連のメロディとして知覚される。

8.5 聴覚における高次認知

　聴覚情報処理が日常生活において成立するためには，ほかにもいくつかの認知的な機能が関与する必要がある。たとえば会話においては，次々と話される言葉を記憶しなければならない。特定の音声の言葉を把握するためには，その言葉に注意する必要がある。また，直接対面して口の動きを見ることで，相手の言葉がより認識しやすくなるということがある。ここでは，このような聴覚における記憶，注意，視覚刺激の影響について見ていく。

8.5.1 聴覚的感覚記憶――エコーイックメモリ

　聴覚情報処理は，音の物理特性上，時間的な処理と関連が強い。そのため，音響の物理的な瞬間情報では知覚が成立しない。音声言語のような時間に従って順次入力される情報を処理するには，知覚が成立するまでの間，その音響情報を保持しておく必要がある。聴覚における一時的な感覚記憶（一時貯蔵）のことを，**エコーイックメモリ**（echoic memory）という（Neisser, 1967）。

　一般に，エコーイックメモリは，聴覚の時間的処理特性から視覚的感覚記憶よりも持続時間が長いと考えられている。しかしながら，文字や数字といった言語情報を伴わない音刺激で実験を行った場合，その貯蔵の持続時間は，1秒よりずっと短いという報告もある（たとえば，Efron, 1970）。刺激の性質にもよるが，多くの研究において，聴覚の一時貯蔵が2～3秒程度持続すると報告されている。

　ダーウィンらは，エコーイックメモリの持続期間と貯蔵の容量を調べるため，スパーリングが視覚的記憶に関して行った部分報告の手法（Sperling, 1960）と同様の方法を用いて「3つの耳を持つ男」と称する実験を行った。刺激として，1秒間で数字や文字が時系列的に3個提示される系列が3つずつ用意された（図8.11）。3つの系列は，ヘッドホンを通して，それぞれ右耳と左耳，そして頭部中央に定位されるように同時に提示された。つまり，

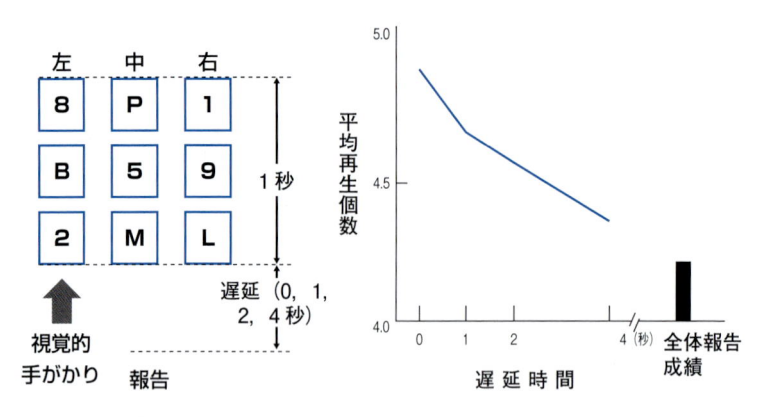

図 8.11 「3 つの耳を持つ男」実験（実験刺激の提示系列例（左図）と結果（右図））(Darwin et al., 1972)

3 方向から同時にそれぞれの系列が別々に聞こえてくる。聞こえたすべてを報告する条件（全体報告）と，いずれかの方向から聞こえた系列のみを報告する条件（部分報告）があった。部分報告条件では，ディスプレイに，右，左，中央という文字が表示され，実験参加者はその指示された位置から聞こえた系列のみを報告することが求められた。また，一時貯蔵の持続時間を推定するために，解答までの時間（遅延時間）が，刺激提示直後（0 秒）から 4 秒までのいくつかの段階が設定された。図 8.11 の右のグラフは，提示時順序を考慮しない，各遅延時間における再生個数の平均である。全体報告条件の結果では推定された再生個数は 4 個程度であることがわかった。部分報告の結果は，遅延時間が延びるとともに，報告できる個数が減少した。また，部分報告条件の再生個数が，全体報告条件の再成功数と同数である 4 個程度となるのが，遅延時間が 4 秒程度のときであることから，エコーイックメモリは 4 秒程度の持続時間であると推定された（Darwin et al., 1972）。

8.5.2　聴覚的注意

パーティなど人が一堂に会するところでは，同時にたくさんの人の話し声が聞こえるが，ある特定の人の話に注意を向けると，ほかの人の声と混じり合うことなく聴き取ることができる（**選択的聴取**：selective listening）。多数の音源の中から特定の音のみを選択的に聴取できる現象を，**カクテルパーティ効果**（cocktail party effect）という。この効果には，両耳による音源定位が重要な役割を果たしている。

カクテルパーティ効果については，さまざまな実験が行われている。代表的な実験として，チェリーの**両耳分離聴**（dichotic listening）実験が挙げられる（Cherry, 1953）。実験参加者の左右の耳に別々の音声を提示して，一方の耳に提示された音声のみを**追唱**（shadowing）させた。実験参加者はこの課題を簡単にこなせたが，追唱しなかった音声についてはほとんど覚えていなかった。さらに，追唱しないほうの耳では，音声を英語からドイツ語に変化させても，それに気づかなかった。つまり，一方の音声に注意を集中することによって，他方の音声は無視されたことになる。ただし，音声が男声から女声に変化した場合，それには気づいた。しかしその場合にも，何をいっていたのかはわからなかった。そのため，注意が向けられないほうの耳では，音響特性については処理されるが，意味処理などの深いレベルの処理はされないことが示唆された。とはいえ，注意が向けられない側に，実験参加者に関連する情報（名前，国名など）が提示された場合には，それに気づくこと，そしてその内容についても多く報告された。つまり，注意が向けられない刺激に対しても意味処理がされている可能性も示唆されている。

8.5.3　聴覚情報処理における映像の効果

音声と口の動きが一致しない映像を見ると違和感を生じる。顔映像と音声のズレは，時間差が百数十ミリ秒程度で検知される。ここでは，聴覚情報処理における映像刺激の影響に注目する。聴覚刺激である単語音声の聴取に対して，口の動きという視覚刺激が，あるときは聴取を促進し，またあるとき

は，聴取を妨害するといった効果について見ていく。

1. 腹話術効果——音源の錯覚による聴取の促進

　音源定位は視覚からの影響を受け，視覚優位に知覚される。たとえば，腹話術で人形が話をしているように聞こえたり，映画やテレビを見ているときに，あたかも音声が映像の人物の口から出ているように聞こえる。実際は，音源は人形を操る人の口であったり，スクリーンの左右に置かれたスピーカーであったりする。

　この腹話術効果（ventriloquism effect）を利用して，話し手の口の動きが音節の知覚を促進する効果を示すための選択的聴取実験が行われている。この実験では，図8.12の左に示したように実験参加者の前のディスプレイが置かれ，その下に2つのスピーカーが隣合せで並べられた。各スピーカーから異なる3つの音声単語が時系列で素早く一つずつ同時に提示される。ディスプレイには，一方のスピーカーから提示される音声を発話している映像が流れる。その際，唇の動きが見える条件（表出条件）と見えない条件（マスク条件）が設定された。唇が見えない映像では，音源が近くなるため，音が重なり合って単語の認識率が低かった。それに対して，唇の動きが見える映像では，唇の動きと一致した単語（標的音声）の認識率が高くなった。このように，音声が聞こえにくい状況であったとしても，視覚刺激があることで，聞き取りがよくなることが示されている（Driver, 1996）。

2. マガーク効果——視覚刺激と聴覚刺激の不一致による音素知覚の錯誤

　一方，話し手の口の動きは，音節の知覚を促進するばかりではない。提示された音声音節と口の動きが一致しない場合，提示された刺激とは異なる音節が知覚されることがしばしばある。音声の知覚がそれと不一致な視覚的手がかりによって妨害される現象としてマガーク効果（McGurk effect）がよく知られている（McGurk & MacDonald, 1976）。これは，実験参加者に聴覚的に /ba/，視覚的に /ga/ を提示すると，ほとんどの人が /da/ と聞こえたと報告する現象のことである。知覚的葛藤の結果，どちらの感覚にも立脚しない中間的な解釈が行われた結果であると考えられている。

(a) マスク条件

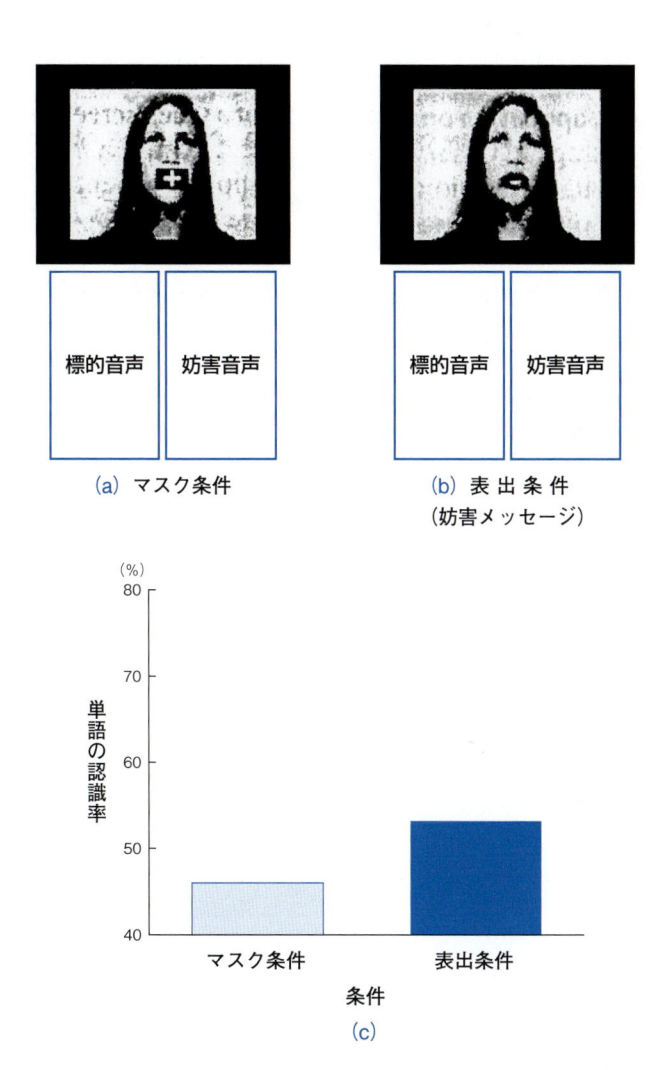

(b) 表出条件
（妨害メッセージ）

標的音声　妨害音声

(c)

図8.12 ドライバー（1996）における実験装置と条件（上）と結果（下）
(Driver, 1996)

8.6 まとめ

　本章では，聴覚の基本的な心理現象から，より高次の聴覚情報処理機能について概観してきた。日常，何気なく耳に入ってくる情報も複雑な処理を経て把握されていることがわかる。聴覚では，体制化や感覚記憶など，視覚情報処理と共通する機能が働いている。選択的注意やマスキングの研究のように，聴覚研究で得られた知見が視覚研究に影響を与えているものもある。近年では，本章の最後で説明した視聴覚をはじめ，多感覚を統合する研究も盛んに行われている（クロスモーダル知覚については第9章参照）。このように，視覚以外の感覚モダリティの研究を踏まえることで，人間の感覚・知覚の機能をより深く理解でき，さらには，未知の部分を解明できる可能性がある。

クロスモーダル知覚

　われわれの住む世界は，光や音，触感，匂い，味といった実にさまざまな感覚情報にあふれている。たとえば，夏の海水浴の場面を思い浮かべてみよう。まぶしい夏の日差しのもと，打ち寄せる波音を聞きながら砂浜を歩けば，潮の香りと足裏に当たる砂の感触が心地よい。水に入り顔を上げた瞬間に波をかぶると，海水のしょっぱさが口の中に広がる。人工的な実験環境下ではまだしも，われわれの日常においては，光だけが見えて音や匂いがまったく感じられないといったような，ある単一の感覚モダリティの情報のみが知覚されるといった状況はほとんど見られない。この意味において，われわれの知覚は本質的に多感覚的な情報処理に基づいているといえる。本章では，複数の感覚モダリティが関与することで生じる知覚的な交互作用について取り上げ，その興味深い現象のいくつかを紹介したい。

9.1 クロスモーダル知覚とは

　知覚心理学は，視覚や聴覚，触覚といった個々の感覚モダリティの情報処理メカニズムに関して多くの知見を蓄積してきた。しかしながら，われわれの知覚の本質に迫ろうとするのであれば，各感覚モダリティの情報処理のメカニズムを詳細に調べるだけでなく，複数の感覚モダリティの情報がどのようにして包括的に知覚され，統合的に処理されるかについて理解することも重要である。

　視覚や聴覚といった単一感覚モダリティ情報の知覚処理が，別の感覚モダリティの情報から影響を受けることで，その振る舞いがさまざまな変容を示す現象は，**クロスモーダル知覚**（crossmodal perception）や**多感覚知覚**（multimodal perception）とよばれている。この現象は，従来から**感覚間相**

互作用（intersensory interaction）として研究者の関心を集めてきているが，神経生理学や脳機能イメージング研究の進展も伴い，クロスモーダル知覚は近年急速に発展しつつある研究領域の一つとなっている。以下ではクロスモーダル知覚に関するいくつかの代表的な事例や実験結果について紹介するとともに，その仕組みや神経基盤について概観する。

9.2 クロスモーダル知覚の例

9.2.1 視覚と聴覚

クロスモーダル知覚の例は，われわれのごく身近なところに見つけることができる。とくに視覚情報が音声の聞こえ方に影響を及ぼすクロスモーダル知覚に関してはよく研究されており，たとえばテレビや映画を観る際にスクリーンに映る登場人物の会話が話し手の口元から聞こえてくる**腹話術効果**や，物理的には同一の音声が話し手の唇の動きによって異なって聞こえる**マガーク効果**などが有名である（これらの現象に関しては，第8章を参照）。一方，状況によっては，聴覚が視覚の見えを変容することもある。

たとえば，一瞬だけ光るフラッシュ光を観察する際，同時にごく短いビープ音が2回提示されると，光は1度しか明滅していないにもかかわらず，2度明滅したように知覚される（Shams et al., 2000）。この現象を観察している際の脳波（視覚誘発電位）を分析すると，視覚野の反応には実際に2回の視覚刺激を提示した場合のそれと同様の特徴が認められる（Shams et al., 2001）。つまり，この現象は観察者の思い込みや推測によるものではなく，脳にとってはたしかに2つのフラッシュ光が見えていたと考えられる。

上述の現象は，フラッシュ光の明滅というきわめて基本的な知覚変化が音によって影響を受けることを示したものであるが，物体の運動方向も音が加わることで変化して見えることがある。セクラーら（Sekuler et al., 1997）は，観察者にディスプレイの両端から互いに中央方向に向かって動く2つのディスクを提示した（図9.1）。ディスクは中央で重なり合った後，そのま

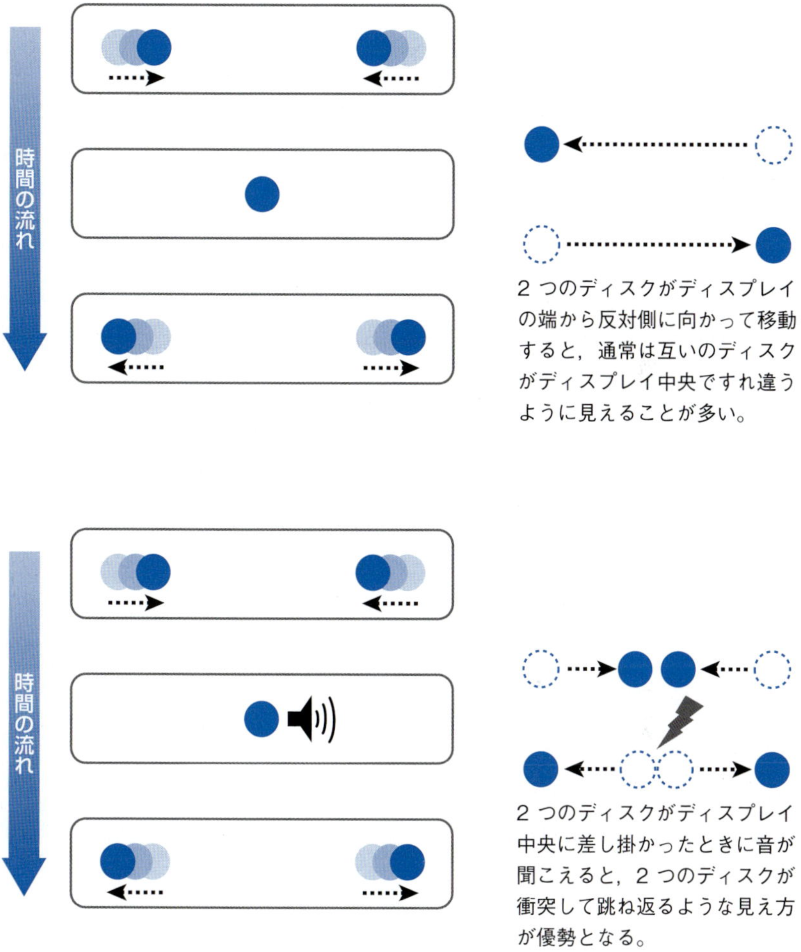

2つのディスクがディスプレイの端から反対側に向かって移動すると、通常は互いのディスクがディスプレイ中央ですれ違うように見えることが多い。

2つのディスクがディスプレイ中央に差し掛かったときに音が聞こえると、2つのディスクが衝突して跳ね返るような見え方が優勢となる。

図 9.1 **物体の運動の知覚は音によって変容する**
（Sekuler et al., 1997 を参考に作成）

9.2 クロスモーダル知覚の例　　205

ま移動を続けて反対側に向かって移動していくように提示された。このような運動刺激を観察する場合，2つのディスクは形や色が同じであるため，ディスクの運動は多義的（あいまい）に知覚される。一つの見え方は，2つのディスクが画面中央ですれ違ってそれぞれがスタート地点と反対の方向に移動するように見えるというものである。もう一つは，2つのディスクが中央で衝突して，それぞれが元のスタート地点に跳ね返ってくるように見える場合である。通常は前者の"交互に通過する"という見え方が優勢である傾向にあるが，2つのディスクが重なる瞬間に短い音刺激を提示すると，後者の"衝突する"見え方になる割合が増加した。2つの移動物体が重なるとき，そこに音が伴う場合には2つの物体は互いに衝突したものと知覚され，音が伴わない場合には2つの物体は奥行き方向の軌跡がずれているために互いにすれ違うように知覚されたと考えられる。しかしながら，音が加われば常に衝突して見えるわけではなく，音刺激の強度や明瞭さによって，その効果は少なからず影響を受ける（Watanabe & Shimojo, 2001）。普段の生活では，物体の動きに衝突音や摩擦音が伴うことはごく当たり前のことであり，動く物体を観察する際にそれらの音情報をことさら意識的に知覚することはないかもしれない。しかし，これらの現象は音が物体の動きに関する豊富な情報をわれわれに提供してくれていることをあらためて気づかせてくれる。

　音の存在は，時には触覚にも少なからず影響する。たとえば次に示す現象はその好例の一つであろう。皮膚がよく乾いた状態で両手の手のひらをこすり合わせると，手のひらはなめらかに動いてしゅっしゅっという音がするが，手のひらが湿っていたり濡れていたりすると，手のひらどうしが摩擦によりひっかかる感じがして，聞こえてくる音も少し低い音になる。実験では，実験参加者に両手の手のひらを1秒間に1，2回の周期でこすり合わせてもらい，この音をマイクで拾ってヘッドフォンを介して実験参加者に提示し，そのときの手の触感（乾燥の程度やなめらかさ）を評定してもらった。興味深いことに，音を加工して高周波成分（2kHz以上）を増幅した音を聴かせると，実験参加者の多くは手のひらが（加工しないオリジナルの音源を聴く場

合と比べて）乾燥したように感じると報告した．高周波成分の割合が多く，また音の強度が強いほど，手のひらが乾いた感触になる程度も強くなった．あたかも手の皮膚がなめらかで張りのある羊皮紙（クッキングペーパーの触感に近い）のように感じられることから，この現象は**パーチメントスキン錯覚**（parchment-skin illusion）とよばれている（Jousmäki & Hari, 1998）．この錯覚は，音を少し（100ミリ秒以上）遅らせてフィードバックしただけでもほとんど消失することから，高い音の持つ印象やイメージによって生じた認知判断のバイアス（判断基準の変化）とは考えにくい．つまり，これは音の聞こえ方によって皮膚の触感が変化するというクロスモーダル知覚の現象と考えられる．

9.2.2 視覚と触覚

体の一部を見つめるだけで，その部分が敏感になる？ ケネットら（Kennett et al., 2001）の実験では，そのような不思議なことが実際に起こりうることが示されている．

ケネットらは，実験参加者の前腕部で触覚の2点弁別閾を測る実験を行った（図9.2）．ここでいう2点弁別閾とは，触覚の空間的分解能を表す指標の一つとして古くから用いられてきたものである．2点弁別閾を測定する一般的な手続きでは，空間的に離れた2点刺激（細い先端を持つコンパスの針先など）を皮膚上に提示してそれが1点か2点のいずれに感じられるかを実験参加者に回答してもらう．この際，2点を刺激しているにもかかわらず実験参加者が1点としか感じられなくなる2点間の距離を心理物理学的な手法により求めた値が2点弁別閾である．ケネットらは，実験参加者に目を閉じて（正確には眼帯をして）課題を実施させる閉眼条件，刺激が提示されている前腕部の一部をじっと見つめながら課題を行うように教示した視覚あり条件（ただしコンパスの針先は見えないようになっていたため，視覚的に1点か2点かを判断することはできなかった），さらにその部分を拡大鏡で拡大した状態で見つめるように教示した視覚拡大条件の3つの条件間で2点弁別

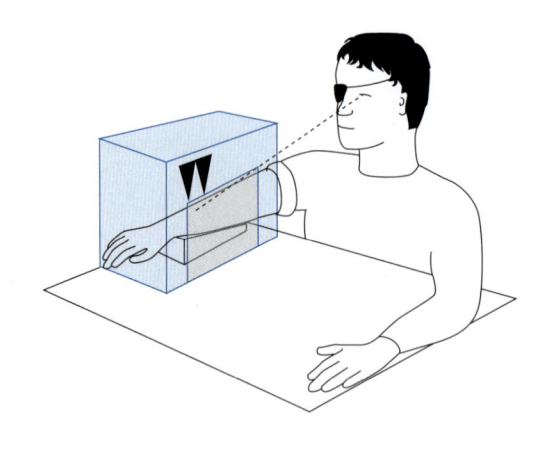

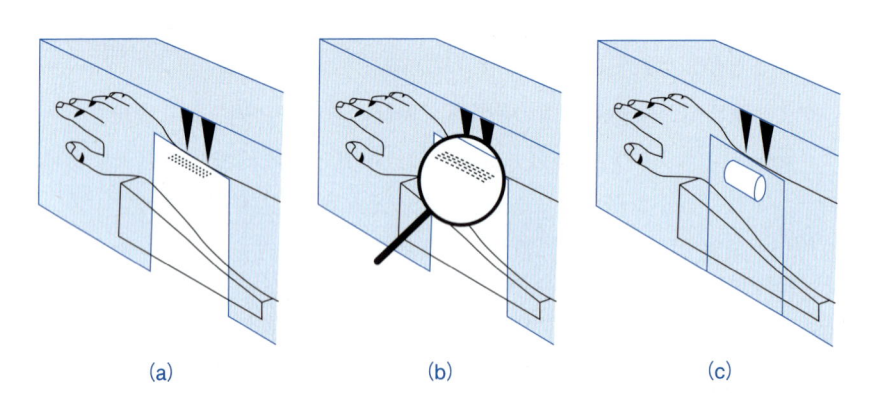

図9.2 触覚2点弁別閾に及ぼす視覚情報の影響（Kennett et al., 2001）
実験参加者は右腕に感じられる針先が1点か2点かを判断する（2点弁別課題）。閉眼状態で行う閉眼条件に加えて，腕の一部（ただし針先との接点は見えない）を見ながら課題を行う(a)視覚あり条件，腕の見えを拡大鏡によって拡大した(b)視覚拡大条件，腕以外の物体を観察する(c)物体観察条件が設定された。

208　第9章　クロスモーダル知覚

閾を求めて比較した。その結果，閉眼条件に比べて視覚あり条件の2点弁別閾は統計的に有意に低く，さらに驚くことに視覚拡大条件では視覚あり条件よりも有意に低いことが示された。この結果は，触覚の空間的分解能が，刺激が提示される皮膚の付近を見つめることで向上し，さらに見つめる領域を大きくすることで処理の感度も増したと解釈できる。ケネットらは統制条件として，試行中に腕ではない別の物体を注視させる物体観察条件での2点弁別閾も求めているが，この条件の結果は閉眼条件のそれと差がなかった。このことから，刺激の提示位置に空間的な注意が向けられていたことが空間的分解能の向上をもたらしたとは考えにくい。

　腕や手の一部を見つめることでその部位の触覚感度が向上するという結果は，2点弁別閾に代わる触覚の空間分解能の指標として近年よく用いられる**方位弁別課題**（grating orientation discrimination task）による実験においても追認されている（Taylor-Clarke et al., 2004）。さらに，自分の手ではなく他人の手を観察する条件でも，同様の効果が確認されている（Haggard, 2006）。2点弁別閾という基本的な触覚の機能が視覚情報の存在によって変容することは興味深いが，なぜ腕や手の見えが触覚の感度を向上させるのか，その詳細なメカニズムについてはまだ十分には解明されていない。

9.2.3　視覚と自己受容感覚

　ゴムでできた偽物の手（ラバーハンド）が自分の手のように感じることがあるかと聞かれたら，多くの人の答えは否定的なものであろう。しかし，ある条件下ではこのような現象が実際に生じうることが報告されている。

　視覚が**自己受容感覚**（proprioception；自分の身体の位置や動きに関する感覚）に及ぼす影響については，視野変換メガネやプリズムレンズなどを用いた実験を通して，かなり以前から多くの研究が蓄積されてきた。しかし，ここで取り上げる**ラバーハンド錯覚**（rubber hand illusion）は，そのような視覚入力を操作する特殊な装置を必要とせずに，われわれの身体感覚が視覚から大きく影響を受けていることを実感させてくれる興味深い現象である。

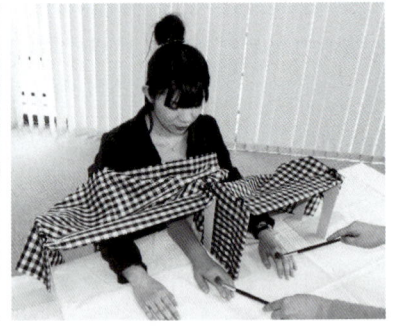

図 9.3　ラバーハンド錯覚の実験例（Botvinick & Cohen, 1998 を参考に作成）

　ここではボトビニックとコーエンの実験（Botvinick & Cohen, 1998）を紹介しよう。実験参加者は図 9.3 に示すように，両腕を軽く伸ばした状態で机の上に置いておく。その際，自分の本当の左腕を何らかの遮蔽物で視界から隠して，そのすぐ右隣の位置にラバーハンドを設置する。できれば布か何かで手首から腕までをすっぽり覆い隠しておくとよい。実験参加者の視野には，ラバーハンドの左手と自分の右手が見えている。次に，「ラバーハンドを凝視して下さい」といった教示を与える。次に，実験者が 2 本の絵筆を手に持ち，実験参加者の実際の右手と，ラバーハンドの同じ位置を同じタイミングでこすり続ける（筆がなければ，実験者が実際の手とラバーハンドの同じ箇所をトントンと軽くタップするようにしてもよい）。ここで重要な点は，筆の動かし方は強弱をつけて不規則にすることと，実際の手とラバーハンド上の筆の動きのタイミングを同期させることである。実験参加者は，目の前の偽物の左手（ラバーハンド）が絵筆でこすられているのを眺めながら，同時に，実際の左手の同じ位置が筆先でくすぐられているためにくすぐったい感

覚を感じることになる。このような状態をしばらく維持すると，多くの実験参加者が「今見えているラバーハンドが自分の本当の手のように感じ，そこが筆でこすられているように思った」と報告したという。つまり実験参加者は，目の前のラバーハンドは偽物の手であるとわかっているにもかかわらず，それを自分の手のように感じたわけである。

　さらにボトビニックとコーエンは，ラバーハンド錯覚の効果量を定量化するために，実験参加者に（自分からは見えない）左手の人差し指がどのあたりに位置しているかを回答してもらい，その回答と実際の人差し指の位置との距離の差分を計測した。その結果，実験参加者の回答した人差し指の位置は実際の位置よりも右側，つまりラバーハンド側の方向にずれる傾向にあり，しかもラバーハンド錯覚が生じた時間が長いほどそのずれの大きさも大きかったという。ただし，実際の手とラバーハンドの異なる位置を異なるタイミングで絵筆をこすって刺激する場合や，ラバーハンドを置く向きを回転させて，実際の自分の手としてはありえない状態で実験参加者に見せた場合には，ラバーハンド錯覚の効果はほとんど見られなくなる（Botvinick & Cohen, 1998；Pavani et al., 2000）。これらの知見から，視覚情報（手の見え）と触覚（くすぐったい感覚）のダイナミックなカップリングがラバーハンド錯覚の生起にとって重要な要因であることがうかがえる。ラバーハンド錯覚は，自分の手や足がどこに位置しているかといった一見間違えようもないような身体情報の知覚が，実はそれほど正確なものではなく，視覚情報によって少なからず影響を受けているということをわれわれに教えてくれる現象である。

　次に紹介するアスペルらの実験（Aspell et al., 2009）は，ラバーハンド錯覚の実験の拡張版とでもいうべき現象を扱ったものである。ラバーハンド錯覚では腕の見えが視覚刺激として用いられたが，アスペルらの実験では，普段見ることができない自分自身の後ろ姿が視覚刺激として用いられた（図9.4）。実験参加者は，ビデオカメラで撮影した自分の後ろ姿を，ヘッドマウントディスプレイを通して観察した。実験者は木の棒を持ち，参加者の背中を1秒間に2回ほどのペースで軽く突いた。実験参加者は，ヘッドマウント

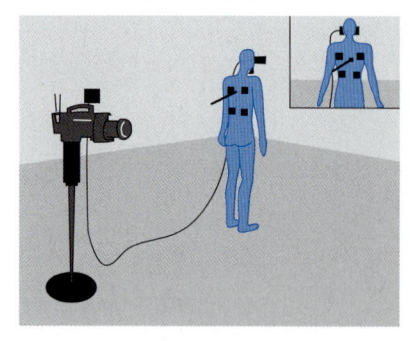

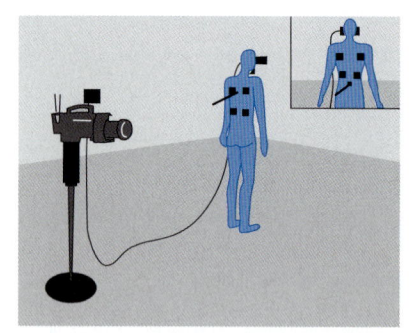

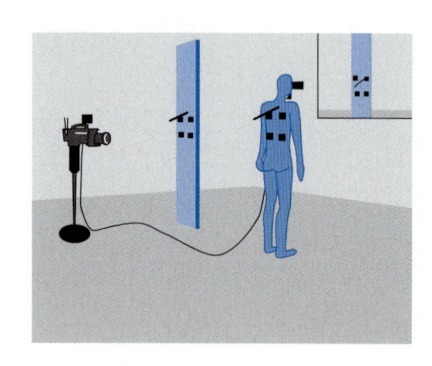

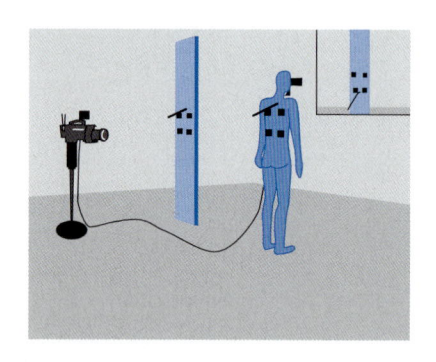

図9.4　アスペルらの実験の様子（Aspell et al., 2009）

実験参加者は，ヘッドマウントディスプレイ越しに自分の背中の映像（各図中の右上の囲み枠）を観察する。木の棒で背中を突かれている様子を観察していると，実験参加者はあたかも自分の分身が目の前に立っているように感じられるようになるという。課題は，背中に装着された4つのバイブレータのうちのどれが振動したかを答えるというものであり，各バイブレータにはLEDが備えつけられており，これは視覚的な妨害刺激として作用する。ヘッドマウントディスプレイに自分の身体像が見える条件（左上図）では，振動位置の弁別の成績に及ぼす視覚妨害刺激の干渉効果が認められたが，木の棒で背中を突く動きと背中が突かれている感覚との間にタイムラグが存在する条件（右上図）や，自分の背中ではない別の物体を観察する条件（左下図，右下図はこれに加えて木の棒で突くタイミングもずれている条件）では，視覚妨害刺激による干渉効果はほとんど見られなかった。

ディスプレイ越しに，自分の眼前に立つ自分の背中と，そこを突く木の棒が動く様子が見えていた。この状態を観察していると，実験参加者の多くはヘッドマウントディスプレイ越しにまるで自分の分身を見ているかのような印象を覚えるという。実験参加者の課題は，背中の4カ所のいずれかに置かれたバイブレータが0.1秒間振動するので，その位置（左右は関係なく上下のいずれかを反応）をなるべく速く回答するというものであった。バイブレータには発光ダイオード（LED）が組み込まれており，バイブレータが振動する少し前に発光した。このLEDは妨害刺激であり，発光するLEDと振動するバイブレータが上下で異なる位置に提示された場合に反応時間が長くなる。この反応遅延効果は，LEDとバイブレータが左右の同じ側に提示された場合に，それらの位置が左右で異なる場合と比べて大きくなることが知られている。これは，LEDという視覚情報が触覚的な位置判断に干渉し，反応時間を遅延させるためと考えられる。

　アスペルらは，このような視覚・触覚間で生じるクロスモーダルな干渉効果の大きさを指標として，実験参加者が自分の背中を観察しながら上記の課題を行う場合の成績を，部屋の照明を消すことで背中の映像は見えず，LEDの光のみが観察できる場合の成績と比較した。その結果，クロスモーダルな干渉効果は身体像が見える条件で有意に大きかった。ただし，ビデオカメラの出力を加工することで上述の木の棒の動きと背中が突かれている感覚との間にタイムラグを生じさせた場合や，自分の背中の映像の代わりに長方形の板を観察しながら課題を行った場合には，干渉効果は弱くなるかほとんど見られなくなった。つまり，自分の背中が木の棒で突かれている様子を目でとらえ，かつその棒の動きに合わせて背中に棒が当たる触覚を感じる場合にのみ，クロスモーダルな干渉効果が生じたわけである。

　これらの結果は，先述のラバーハンド錯覚と相通ずるものであり，腕や身体の見えが自己受容感覚に影響を及ぼすためには，触覚情報との適切なカップリングが重要であることを示唆している。ここで紹介した現象は，実験参加者にいわゆる**体外離脱体験**（out-of-body experience）に近い感覚を生じさ

せることから（Ehrsson, 2007），クロスモーダル知覚研究の範囲にとどまらず，意識と身体の関係性を考察するための有効な方法論の一つとして近年注目を集めている（Tsakiris, 2010）。

　視覚と自己受容感覚の関係を考える上では，ラマチャンドランが報告した患者の事例もきわめて示唆的である（Ramachandran, 1993）。交通事故などで腕を切断した患者の中には，失った腕が今でも存在しているかのように感じる人が少なからずおり（**幻肢**；phantom limb sensation），さらに悪いことには，その幻の腕に激しい痛みが伴う場合があるという（**幻肢痛**；phantom pain）。ラマチャンドランは，肘から先の左腕を切断した若い男性患者を診察中，この患者が興味深い報告をする場面に遭遇した。患者の左頬を綿棒で刺激すると，失った左腕の手のひらにその綿棒が当たっているように感じたという。そこで丹念に頬の位置と対応する手の位置を調べたところ，このような不思議な感覚が得られる頬の領域は**図 9.5**（上図）のように布置していた。これは何を意味しているのであろうか。この謎を解く鍵は，大脳の体性感覚野の体部位再現地図の配置に見つけることができる。

　体性感覚野は大脳新皮質の頭頂葉に位置する，身体の各部位への触覚刺激の入力に反応する領域であり，身体の各部位とそれに反応するニューロンが存在する体性感覚野内の領域との対応関係は比較的はっきりしている。これを空間的に表現したものは**体部位再現地図**（somatotopic map）とよばれる（**図 9.5**下図；第 3 章も参照）。これを見ると，体性感覚野の中で顔を担当する領域は手を担当する領域と隣り合っていることが見て取れる。ここで，腕を切断した患者の体性感覚野を考えてみよう。手からの感覚入力が途絶えると，それまで手からの入力に反応していた体部位再現地図上の領域の面積は小さくなり，代わりにその周辺の領域が拡大することがわかっている。たとえば，サルの中指を切断すると，それまで中指への刺激に反応していたニューロンが，体部位再現地図上で隣り合う人差し指や薬指に対する刺激に対して反応するようになる（Merzenich et al., 1984）。つまり，指の切断によって体性感覚野の再構築が生じ，体部位再現地図の配置が書き換えられたわけ

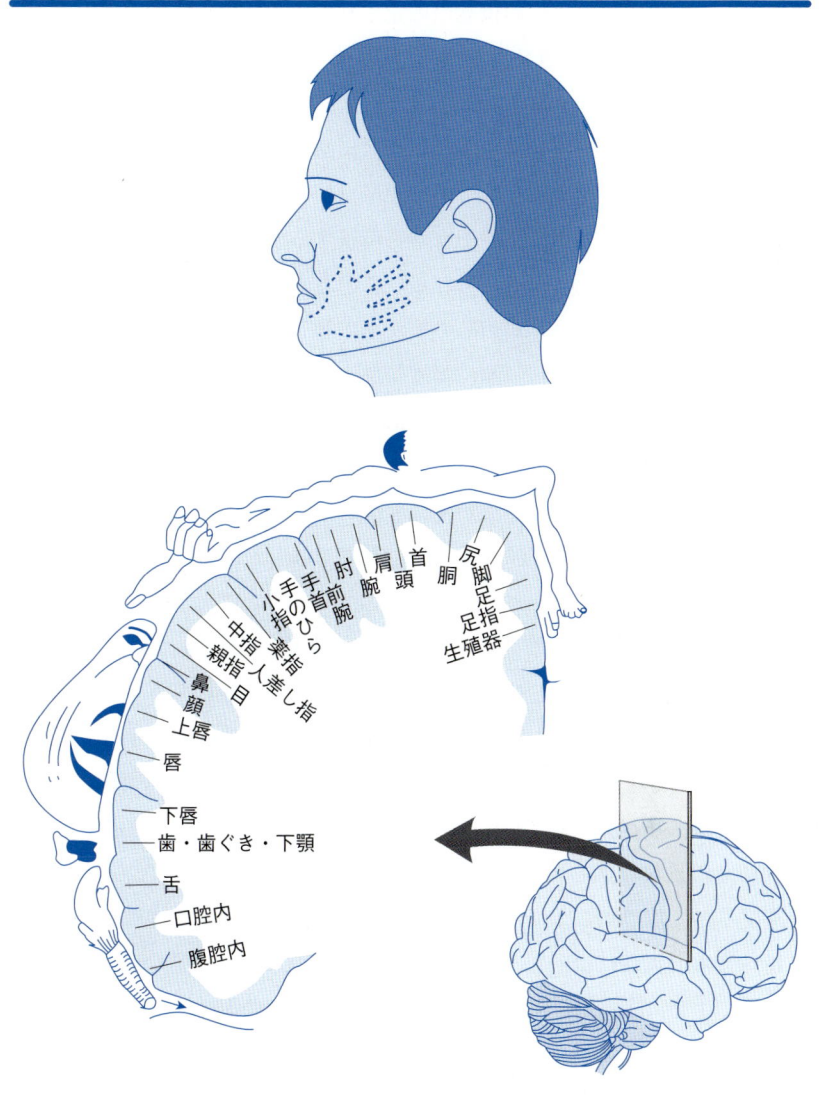

図 9.5 ある左腕切断患者が報告した，失われた左手の掌の感覚が感じられるという顔の領域と，体性感覚野の体部位再現地図
（上図は Ramachandran，1993 を参考に作成，下図は Penfield & Rasmussen，1952 を参考に作成）

9.2 クロスモーダル知覚の例

である。このように，大脳の機能が固定されているわけではなく，経験や状況によって再構築されうる柔軟な性質を持つことを，脳の**機能的可塑性**(functional plasticity) という。

　ここでラマチャンドランの患者のケースに話を戻そう。体性感覚野の体部位再現地図上で腕や手を担当していた領域は，腕が切断されてそこからの感覚入力がなくなったことで小さくなり，隣接する顔を担当する領域が脳の可塑性によって拡大した，と考えられる。このとき，以前は手のひらへの刺激を担当していたニューロンが，顔の頬からの刺激に対して反応するようになったと仮定しよう。さらに，頬に刺激が与えられるとこの領域のニューロンが活性化するが，このニューロンは以前の手のひらからの感覚入力に対して反応していた際の振る舞いを何らかの理由で記憶していたと仮定しよう。この結果，頬に触れた綿棒の感触が存在しないはずの手のひらに当たっているように感じられたと，脳が誤って判断したのではないかという推察が成り立つわけである。

　さらに，ラマチャンドランらは，鏡を使った簡単な装置（以下，ミラーボックス）を患者に使用してもらうことで，幻肢痛が緩和する場合があることを報告している（Ramachandran & Rogers-Ramachandran, 1996；Ramachandran et al., 1995）。患者は，ミラーボックスの一方の側に失った腕（幻肢が生じる腕）を，もう一方の側には正常なほうの腕を入れて，中央の仕切りの正常な腕のほうの面に取りつけられた鏡をのぞき込む（図9.6）。そうすると，鏡の向こうに失ったはずのもう片方の腕が元どおりあるかのように見える（実際には，正常な腕の映像が左右反転した状態で見えている）。患者は，手をにぎったり開いたり，拍手のまねを行うようにしながら鏡を眺めると，鏡の中では失ったはずの腕が，正常な腕の動きと同期して動いているように見える。つまり，正常な腕の見えという視覚情報がフィードバックされることで，患者は失った腕を再び取り戻したように感じることができ，幻肢痛の緩和につながったと考えられる。ただし，以上の説明にはいくつかの仮定が含まれており，このような現象が生じるメカニズムの解明にはさら

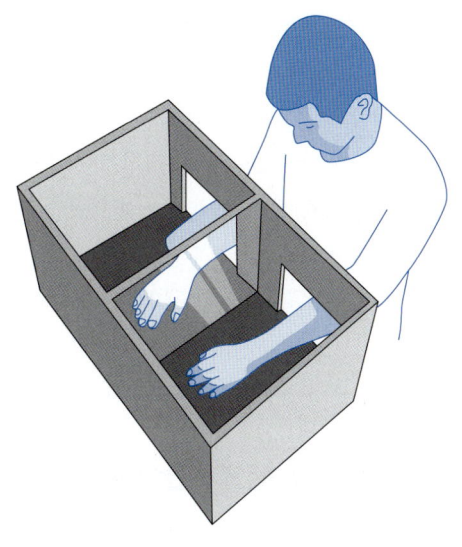

図 9.6　ラマチャンドランのミラーボックスの模式図
（Ramachandran & Rogers-Ramachandran, 1996 を参考に作成）

なる知見の蓄積を待つ必要があろう。

　本節では，複数の感覚モダリティが関与する知覚的交互作用であるクロスモーダル知覚について概観してきた。ここで取り上げた内容が，非常に多岐にわたるクロスモーダル知覚研究の領域をカバーするものではないことはうまでもない。近年の研究から，バラエティに富んだクロスモーダル知覚の例が次々に報告されている（Calvert et al., 2004）。たしかに従来の研究では視覚と聴覚ならびに視覚と触覚にまたがる現象が扱われることが多かったが，最近ではこれら以外のモダリティについても注目が集まりつつあり，嗅覚（Demattè et al., 2006；Gottfried & Dolan, 2003）や味覚（Dalton et al., 2000）が関与するにクロスモーダル知覚研究も次第にその数を増やしつつある。さらに今後は，3つ以上のモダリティを組み合わせた実験（Diederich & Colonius, 2004）なども積極的に行われるようになるであろう。

9.2　クロスモーダル知覚の例　　217

また，ある数字を目にしたり音を聴いたりすると特定の色が感じられるといった，いわゆる**共感覚**（synesthesia）とよばれる現象に関しても本章では触れることができなかった。共感覚は，ある感覚モダリティの情報が異なるモダリティの知覚を導くという点でクロスモーダル知覚の一形態ととらえることができ，クロスモーダル知覚を理解する上で多くの示唆を与えてくれる興味深い現象である。共感覚は，だれにでも体験できる現象ではないため，その仕組みについてはあまりよくわかっていなかったが，近年では実証的な研究も進展している（たとえば，Cytowic, 1993；Ramachandran & Hubbard, 2003）。

9.3　クロスモーダル知覚の仕組み

　これまで見てきたように，クロスモーダル知覚の現象は実に多種多彩であり，したがってその生起メカニズムについて共通のモデルを想定することは必ずしも適切ではないであろう。しかしながら，ネコやサルを対象とした神経生理学的研究の知見に基づくと，クロスモーダル知覚が生じるための要件として以下に挙げる3つの法則を挙げることができる（Stein & Meredith, 1993）。一つは**空間の法則**（the spatial rule）であり，2つ（もしくはそれ以上）のモダリティの刺激の提示位置が近いほど，より正確に表現すれば，それぞれの刺激に対する受容野が空間的に重なっているほど，クロスモーダル知覚の作用も強くなるというものである。次の法則は**時間の法則**（the temporal rule）とよばれるものであり，2つの刺激が時間的に同期して提示されるほど，そこで観察されるクロスモーダル知覚作用も強くなるとされている。この際，2つの刺激提示時間が完全に同期していなくても，ある時間範囲内（時間窓）にそれらが同時に存在すれば，各々の刺激に対するニューロン反応が時間的に重なることで，クロスモーダル知覚が生じると考えられる。最後は**逆有効性の法則**（the low of inverse effectiveness）であり，2つのモダリティの刺激強度が弱く，閾近傍で提示されるほど，そこで観察され

るクロスモーダル知覚作用の効果量は大きくなるというものである。

　これらの法則は，ヒトを対象とした実験にも概ね当てはまることが知られている。あらためていうまでもなく，われわれが日常経験する知覚事象にはさまざまなモダリティの情報が含まれており，それらを知覚する際の情報処理過程も本質的に多感覚情報の処理を前提として成り立っていると考えるべきであろう。たとえば，ある運動する知覚対象を認識する際，対象の移動に伴う視覚像の変化に合わせて，音や振動といったほかの情報も変化する。つまり，一つの知覚事象から由来する異なる感覚モダリティの情報は，同じ空間的な位置から同じ時間的な変動を持って知覚される。この点を考えると，クロスモーダル知覚の生起に上述の空間の法則や時間の法則が重要であることは，直感的にも理解できよう。逆有効性の法則は，次のような神経生理学的知見に基づいている。あるニューロンに複数の異なる感覚モダリティの刺激を提示すると，それぞれ単独で提示した場合にはニューロンの反応を引き起こさないほど弱い刺激強度であっても，それらを同時に提示した場合には強い反応が惹起されることが知られている。これは，一見すると不可解な振る舞いのように思われるかもしれない。しかし，次のような事態を想定してみよう。

　たとえば，常に捕食者に襲われるリスクがあるような環境に生きる動物を考えてみよう。前方に捕食者の姿を目視で確認できたり，周囲で何者かが動く音を聞き取ることができたりする場合には，その情報を頼りに回避行動をとることができる。しかし，見通しが悪く視界がきかない場合や，物音と周囲の雑音とが区別できないような場合，視覚情報や聴覚情報の変化を見落とすことは，自らを危険な事態へと導くことを意味する。ここで，視覚や聴覚単体では検出できないようなわずかな変化であっても，それらが同じ対象（ここでは捕食者）に由来する感覚情報であれば，逆有効性の法則が働くことによって，その存在に気づくことができ，迫り来る危険から身を守ることができるであろう。逆有効性の法則は，ノイズが多く含まれる不安定な条件下で周囲の状況を迅速かつ正確に知覚するために貢献しうるという点に，そ

の機能的意義を認めることができよう。

　上述の法則は動物を対象とした神経生理学的知見から導かれたものであるが，時間の法則については，ヒトを対象とした多くの心理実験でもこれが適用されることが確認されている（たとえば，Frassinetti et al., 2002）。クロスモーダル知覚が作用するためには，異なるモダリティで生じる刺激事象がある一定の時間範囲内に生起していることが必要であり，両者が時間的に離れていればそれらは別々の事象として知覚されることになる。空間の法則に関しては，2つの異なるモダリティに提示される刺激の提示位置が空間的に離れるほど，クロスモーダル知覚の作用は弱くなる場合が一般的であるが（Forster et al., 2002；Harrington & Peck, 1998），モダリティの組合せや課題の種類によっては，かなり離れた位置に提示される刺激どうしの間でもクロスモーダル知覚の作用が観察される場合もある（Murray et al., 2005）。また，逆有効性の法則に関しては，ヒトを対象とした実験でこれが成立することを示した報告はいくつか見られるものの（Callan et al., 2003；Diederich & Colonius, 2004），一方ではこの法則が成立する刺激事態がかなり限定的である可能性も示唆されており（Holmes, 2007；Odgaard et al., 2003），現在も議論が続いているようである。

　われわれの知覚システムは，複数のモダリティから由来する感覚情報が空間的かつ時間的に近接して生じた場合に，それらを利用して総合的な判断を導いているといえるが，この際，もっとも影響力を持ち優先的に利用されるモダリティはあるのであろうか。従来の研究では，ほかのモダリティに対する視覚情報の優位性がしばしば指摘されてきているが（Anstis, 1973；Pick et al., 1969），本章でもいくつか見てきたように，課題の性質によっては視知覚がほかの感覚からの影響を受けて変容するケースもしばしば認められる。われわれの知覚システムは，どのような状況ではどのモダリティの情報に基づいて判断を下せばもっとも的確かつ信頼性の高い解を導けるかということをよく知っていて，時と場合に応じて適切に感覚情報の取捨選択や統合を行っていると考えられる（Atkins et al., 2001；Ernst & Banks, 2002）。

すでに見てきたように，クロスモーダル知覚はモダリティの組合せや課題の性質によって多様な振る舞いを示す。本節で取り上げたクロスモーダル知覚に関する3つの法則は，その生起要件や機能的意義を考えていく上で共通の概念的枠組みを提供するものであるといえる。しかしながら，クロスモーダル知覚の仕組みを理解する上では，いまだに多くの点が未解決のまま残されている。たとえば，クロスモーダル知覚の生起メカニズムとして，以下の2つの作業仮説を考えてみたい。一つは，クロスモーダル知覚は，複数の感覚間の情報連絡，すなわち，あるモダリティの刺激表象が別のモダリティからの促進もしくは干渉的作用を受けて変容することによって生じるとする考え方である。もう一つは，複数のモダリティの情報が統合された刺激表象が形成され，そのような統合された知覚表象がもつ独自の処理特性が反映した現象ととらえる考え方である。この2つの作業仮説のうちのどちらがより妥当かを判断することは容易ではない。この問題を検討するためには，実験心理学のみならず後述するような神経生理学や脳機能イメージングからの知見を踏まえたさまざまな角度からの包括的な検討を行い，クロスモーダル知覚が生じている知覚処理のステージを探っていくことが必要であろう。

　ちなみに上の問題に関していえば，腹話術効果やマガーク効果などの視覚・聴覚間のクロスモーダル知覚が実験参加者の空間的注意や判断時の方略といった高次処理の影響を受けないことを示唆する知見が少なからず報告されており（Bertelson et al., 2000；Driver, 1996），少なくともこれらの現象に関与する視聴覚統合は感覚入力から反応生成にいたる知覚処理の比較的早い段階で生じると考えられる。しかし，刺激の位置判断などの定位反応を要求するような課題では，ほかの感覚モダリティに提示される注意手がかり刺激の影響が見られることが知られている（Spence & Driver, 2004）。ただし，こういったクロスモーダルな空間的注意の効果と感覚間の情報統合を同一視することは妥当でないとする主張も見られ（McDonald et al., 2001），クロスモーダル知覚における異種感覚情報の統合と注意の関係については現在も議論が続いている。

9.4 クロスモーダル知覚の神経基盤

　クロスモーダル知覚を生み出す脳のメカニズムはいかなるものであろうか。この問題に関しては，サルやネコを対象とした神経生理学的研究において，複数モダリティへの刺激提示で興味深い振る舞いを示すニューロンの存在が報告されて以来，多くの研究者の関心を集めてきた。

　後頭葉にある視覚野のニューロンは視覚刺激，側頭葉の聴覚野のニューロンは聴覚刺激，そして頭頂葉の体性感覚野のニューロンは触覚刺激といったように，各領野のニューロンはそれぞれ異なるモダリティの刺激入力に対して選択的な反応を示す。しかしながら，サルの頭頂葉や前頭葉の一部（前運動皮質）では，触覚刺激だけでなく視覚刺激に対しても反応する**バイモーダル・ニューロン**（bimodal neuron）が見つかっている（Graziano & Gross, 1993）。このバイモーダル・ニューロンの特徴として，視覚刺激に対する**受容野**が身体像に結びついている点を挙げることができる。たとえば，あるバイモーダル・ニューロンはサルの手のひらに触覚刺激が触れた際に反応すると同時に，手のひらの近くに視覚刺激が提示された場合にも反応を示す。サルが手を動かすことで手のひらが視界から見えなくなると，先ほど反応が見られていた位置に視覚刺激が提示されたとしても，視覚刺激に対する反応はもはや消失する。つまり，このニューロンは，手のひらに感じる触覚刺激だけでなく手のひらの周辺に見える視覚刺激に対しても反応する性質を持っており，手が動くと視覚的な受容野もそれに合わせて移動すると考えられるのである（図9.7）。このようなバイモーダル・ニューロンの働きによって，身体近傍空間は視覚と触覚を統合したクロスモーダルな空間表象として脳内で表現されていると考えられている。身体像の見えが触知覚に影響を及ぼす場合があることは先述したが，これらの知見にもバイモーダル・ニューロンの働きが少なからず関与している可能性が考えられる。

　ヒトの脳においても，上述のバイモーダル・ニューロンの振る舞いに相当するような脳活動が見られるのであろうか。これについては，複数のモダリ

体性感覚野（●）で見つかったバイモーダル・ニューロンは、手のひら（斜線部分）に提示された触覚刺激だけでなく、その周辺（○で囲んだ領域）に提示される視覚刺激に対しても反応する。

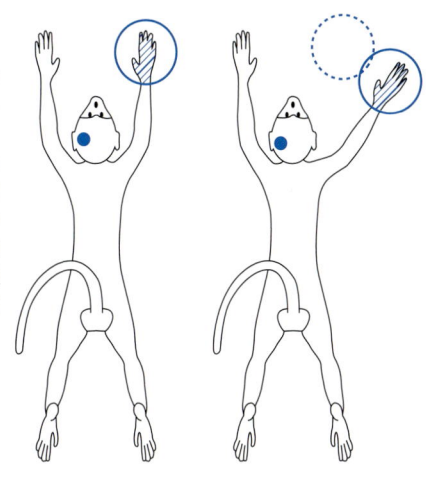

手の位置が動くと、視覚刺激に反応する領域（受容野）も移動する。

図 9.7　バイモーダル・ニューロンの振る舞い
（Graziano & Gross, 1993 を参考に作成）

ティの刺激入力に特異的に反応する脳領域が同定されている（Calvert, 2001；Eimer & Driver, 2000）。たとえばマカルーソら（Macaluso et al., 2000）は，フラッシュ光を左か右の視野に提示した際の視覚野の反応を，fMRI を用いて検討した。その際，フラッシュ光を単独で提示する条件に加えて，フラッシュ光が提示される視野と同側もしくは反対側の手に触覚刺激を提示する条件を設けた。その結果，フラッシュ光と触覚刺激がともに同じ側に提示された場合の視覚野の脳活動は，フラッシュ光が単独で提示される場合よりも増強されることが見出された。これと類似の現象が視覚と聴覚の組合せでも報告されている。キャルバート（Calvert et al., 2000）は，小説の一説を音声で聞かせながら，それを読み上げている話者の唇の動きを映像で提示した。その結果，聞こえてくる音声と唇の動きが一致している場合に，発話知覚における視聴覚統合に関与していると考えられている側頭葉の左上側頭溝（left superior temporal sulcus）の一部で，音声や唇の動きが単独で

9.4　クロスモーダル知覚の神経基盤

提示された場合よりも強い脳活動が認められた．

　以上のように，近年ではヒトを対象とした脳機能イメージングの研究が急速に進んでおり，視覚と聴覚や視覚と触覚にまたがるクロスモーダル知覚が関連する脳部位が同定されつつある．今後このような研究がさらに進展するにつれて，クロスモーダル知覚の脳内メカニズムの詳細が次第に解明されていくことであろう．

精神時間の測定 10

10.1 精神時間測定

10.1.1 精神時間測定とは

精神時間測定(mental chronometry)は，人間の情報処理過程を研究する分野で用いられる。実験心理学者は，人間の感覚知覚，記憶，注意，問題解決，意思決定，運動制御などの過程に興味を抱き，これらの精神過程は反応時間や反応の正確さなどの行動指標に反映されるという考えから，さまざまな実験手法やモデルを開発してきた（Pachella, 1974；Meyer et al., 1988；Welford, 1980）。

ボーリングは精神時間測定を「反応時間測定や減算法を用いてさまざまな精神過程の時間を決定すること」という意味で使用し，「ヴントはこの技法（減算法）を創始したわけではなかったが，同僚のキュルペがこの技法に基本的なエラーが含まれていることを示すまで，研究活動を限界まで推し進め，その結果19世紀後半は精神時間測定の時代として知られることになった」（Boring, 1950, p.147）と記している。またポズナーは，「精神時間測定は人間の神経系における情報処理の時間経過（time course）の研究」（Posner, 1978, p.7）と述べている。

たとえば，「科学」という漢字を「ka-ga-ku」と声に出して読み上げるとしよう。漢字が目に入ってきたとき，何が人間の内部で進行しているのであろうか。最初に，刺激の知覚的なコード化のために，「科学」という複雑な視覚形態が分析されるであろう。次に，この分析結果は日本語の知識と比較

照合され，照合結果の判定がされ，最終的には，「ka-ga-ku」と発声する反応の遂行がされるであろう。「科学」という刺激の提示から「ka-ga-ku」という発声反応が生起するまでには時間の経過があるはずであり，そしてその間にはコード化，比較照合，判定，反応の遂行といった複数の処理段階が介在していると思われる。

　この例が示すように，精神時間測定は，人間の情報処理過程にはいくつかの処理段階が存在しており，刺激に対して反応が完了するまでの処理時間は測定可能であると仮定する。ここで，人間の情報処理の性質について疑問が生じる。人間の情報処理過程にはどのくらいの数の処理段階が存在しているのか。これらの段階での処理時間はどの程度の長さなのか。どのような情報の変換がされるのか。情報処理は，これらの処理段階の間で時間的なオーバーラップなく系列的に進行するのか，または並列的に進行するのか。各処理段階の出力は後続の段階の入力として，離散的な情報を提供するのか，それとも連続量を提供するのか。

　残念ながら，人間の情報処理の進行状況を直接的に観察することはできない。われわれにできることは，反応時間と反応の正確さという2つの指標に基づいて人間の内部で進行している過程を推測することだけである。精神時間測定の分野では，反応時間と反応の正確さという指標を分析するための多様な手続きや理論的モデルが発展されてきた。そして，補完的に，生理心理学的な手法である筋電図（Electromyogram；EMG）や事象関連電位（Event Related Potential；ERP），PET（Positron Emission Tomography）などの脳機能を画像化する手法も取り入れられてきた（たとえば，Posner & Raichle, 1994）。

　ここでは，反応時間を主要な従属変数としている研究の歴史を概観する（Boring, 1950；Lachman et al., 1979；Welford, 1980；Woodworth, 1938）。それと同時に人間の情報処理過程について解説する。

10.1.2　反応時間の計測

　反応時間（Reaction Time；*RT*）という用語は1873年に生理学者エクスナー（Exner, S.）がはじめて使用したといわれる。これは，刺激が提示されてから反応が生起するまでの時間を意味しており，**反応潜時**（response latency）ともよばれる。短い時間ではあるが，この時間経過の背後には人間の内部で活発な精神過程が進行している。反応時間が実験の従属変数として利用される理由は，反応時間が精神活動を系統的に観察するための客観的手段を提供してくれるからである。

　通常の反応時間の計測では，まず警告信号（warning signal）が提示され，一定時間（準備時間；foreperiod）後，テスト刺激が提示される。テスト刺激の提示と同時にタイマーが作動し，テスト刺激に対して適切な反応（キー押しなど）が生起すると同時にタイマーの作動は止められ，反応のタイプと経過時間が記録される。反応時間は，刺激の提示開始から反応の生起までの時間間隔と定義されるので，反応時間の計測には，基本的には，刺激の提示時間を任意に制御できる刺激提示装置，刺激の提示と反応の生起と同期して作動・停止する時間間隔の計測器，反応の動作を検出し記録する装置の3つが必要である。

　図10.1は松本亦太郎著の『実験心理学十講』（1914年）に掲載されている反応時間計測の実験風景である。この写真では，反応時間の計測のためにヒップのクロノスコープ（Hipp Chronoscope）が使用されている（第1章図1.12参照）。このクロノスコープは1ミリ秒単位で反応時間を測定することができた。写真の実験参加者はモールスの電鍵に手をそえている。ただし，クロノスコープは複雑な構造をしているため，50回程度の計測ごとに装置の精度の調整が必要とされたという。視覚刺激の提示には電磁石で制御される振り子や回転円盤を利用した装置や遮蔽板を落下させる装置が使用されていたが，1907年にはドッジによって瞬間刺激提示装置（Dodge type tachistoscope）が開発され広く使用されるようになった。

　心理学史の中で反応時間に関するはじめての記述は，1796年にグリニッ

図 10.1　反応時間計測の実験風景（松本，1914）

ジ天文台の助手がマスケライン博士（Maskelgne, N.）に解雇されたことに関連している。当時，この天文台では「耳目併用法」とよばれる方法が用いられていた。これは，天体が望遠鏡の子午線を横切る時刻を，時計の音を耳で聞き，子午線通過の直前の音と直後の音の間を10分の1秒まで比例によって算出する，というものであった。博士と助手の測定値はいつも食い違い，1795年には0.5秒であった差が翌年には0.8秒になり，このために助手は解雇された。そしてこの解雇事件が，心理学史に残ることとなった。

その後，ケーニッヒベルクの天文学者ベッセル（Bessel, F. W.）がこの事件に興味を持ち，実験的な検討をした。1820年に，ベッセルが自分と同僚の測定値を比較したところ，その差は1.041秒であった。さらに彼は実験を続け，測定には人間的要因による誤差，個人差の混入が常に生じ，**個人方程式**（personal equation）で修正しなければならないと結論した。グリニッジ天文台でのできごとが反応時間や個人差に目を向ける契機となったのであ

る。

　以後も，天文学者は測定精度向上のために観測者の視覚刺激に対する反応速度を研究するようになり，精密な時間計測器を発明した。たとえば，1854年に，グリニッジ天文台では一定の速度で動く用紙上にペンで記録するクロノグラフ（chronograph）が製作された。スイスの天文学者ヒルシュ（Hirsch, A.）は，時間計測器を使用し，単純反応時間が視覚刺激では200ミリ秒，聴覚刺激では150ミリ秒，皮膚への電気刺激では140ミリ秒であり，感覚モダリティによって異なることを報告している。

　精神時間測定の分野における大きな進展は，1850年に生理学の分野で生じた。ヘルムホルツ（von Helmholtz, H.；1821-1894；第1章参照）が人間の神経伝導速度の測定を行ったのである。反応時間を利用した人間の情報処理の科学的な研究が始まったのは19世紀中頃からであり，ヘルムホルツのこの研究が精神時間測定の源流となった。図10.2は精神時間測定の歴史的な動向を概略した系統を示したものである（Meyer et al., 1988）。この系統図の右側の系列には，主な反応時間計測手法や処理段階に関わる研究が，左側の系列には，**速さ—正確さのトレードオフ**（speed-accuracy tradeoff）や確率モデルに関わる研究が描かれている。

　ヘルムホルツは，当時の生理学では速すぎて測定不可能と考えられていた神経の伝導速度の測定に成功した（Helmholtz, 1850；1853）。彼はカエルの運動神経の標本で，神経と筋の接合部に近い所と遠い所に電気刺激を与えた。伝導する神経の距離を変えて，筋肉の収縮開始までの時間を測定し，その差を求めた。この時間差が刺激部位間の距離の伝導に要した時間となる。その結果，神経の伝導速度は1秒間に約30mと比較的遅いことがわかり，光の速度程度と想像していた当時の学者を驚かせた。彼の師であるミュラー（Müller, J. P.；1801-1858；第1章参照）はこれを信じられず，学会誌への投稿に反対したほどであった。

　さらに，ヘルムホルツはこの方法を人間に適用した。刺激部位が脳から遠くなるほど，反応時間が長くなるという仮定に基づいて，彼は皮膚のさまざ

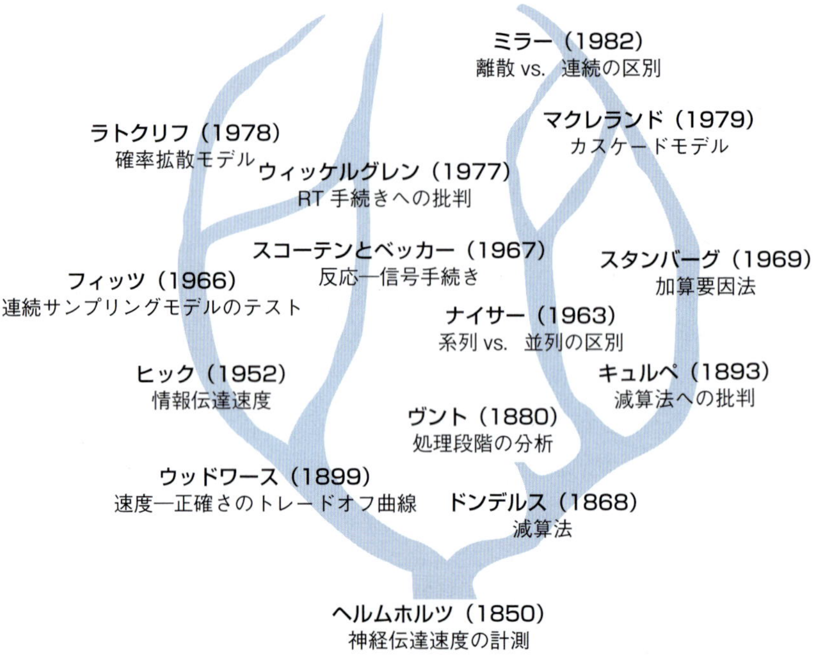

```
                    ミラー (1982)
                    離散 vs. 連続の区別

     ラトクリフ (1978)           マクレランド (1979)
     確率拡散モデル              カスケードモデル
           ウィッケルグレン (1977)
              RT 手続きへの批判

        スコーテンとベッカー (1967)
           反応―信号手続き        スタンバーグ (1969)
   フィッツ (1966)                  加算要因法
   連続サンプリングモデルのテスト
                    ナイサー (1963)
                    系列 vs. 並列の区別
        ヒック (1952)                    キュルペ (1893)
        情報伝達速度                     減算法への批判
                    ヴント (1880)
                    処理段階の分析
        ウッドワース (1899)
        速度―正確さのトレードオフ曲線   ドンデルス (1868)
                                          減算法


                    ヘルムホルツ (1850)
                    神経伝達速度の計測

            図 10.2  精神時間測定の研究系統の略図
                    (Meyer et al., 1988)
```

まな部位を刺激して同一の運動で反応させた。その結果，人間の運動神経の伝達速度は1秒間に平均約60mという推定値を得た。しかし，彼は人間での実験データは変動が大きいので，この方法の適用をすぐにあきらめた。その後，1895年にキャッテル（Cattell, J. M.）とドリー（Dolley, C. S.）はよく訓練した実験参加者を用いて同じような実験を行っているが，得られた反応時間が手首に刺激を与えたときよりも肘に与えたときに長かったりするように，予想と異なる結果が得られたりした（Woodworth, 1938）。また，個人差があまりにも大きいことから，測定された反応時間は神経の伝導速度を示しているのではなく，中枢における連絡を示すものであると解釈された

（今田，1962）。

10.1.3 ドンデルスの減算法

　生理学者ドンデルス（Donders, F. C.; 1818-1889）は，天文学での個人方程式を異なる精神作用を行うのに必要とされる時間を求めるために使用できることに気づいた。ヘルムホルツが反応時間を神経伝導速度の測定手段としたのに対し，ドンデルスはより高次の弁別や選択のような精神作用の速度の研究に適用しようとし，**減算法**（subtraction method）を開発した（Donders, 1868；1969；梅本・大山，1994）。

　もっとも簡単な反応時間の測定事態は1つの刺激に対して1つの反応を行うものであるが，刺激や反応を複雑にすることによって，いろいろな精神過程を反応時間測定の事態に取り込むことができる。たとえば，**単純反応時間**（simple reaction time）**課題**では，1つの刺激と1つの反応が対応しており，反応タイプは1つである。**選択反応時間**（choice reaction time）**課題**では，複数の刺激とそれらの刺激に対応した複数の反応タイプがある。**ゴー・ノーゴー反応時間**（go/no go reaction time）**課題**では，複数種類の刺激が提示されるが，特定の刺激に対してのみ反応を行う（図10.3参照）。ドンデルスは**a法**，**b法**，**c法**とよばれる3種類の反応時間課題を用いた。a法は単純反応時間課題に，b法は選択反応時間課題に，c法はゴー・ノーゴー反応時間

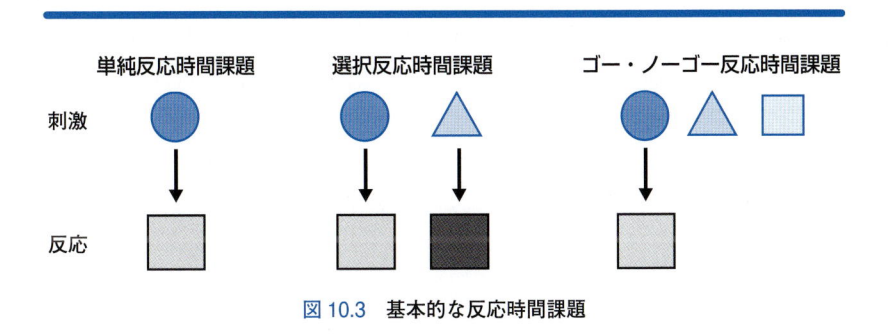

図10.3　基本的な反応時間課題

課題に相当する。

　ドンデルスはb法では，提示された刺激を可能な刺激セットから弁別し，そして可能な反応セットから対応する反応を選択する必要があるので，刺激弁別と反応選択が存在すると考えた。一方，c法には刺激弁別は存在するが反応選択は存在せず，a法には刺激弁別も反応選択も存在しないと考えた。彼はb法とc法の反応時間の差は反応選択に必要な時間に相当し，c法とa法の反応時間の差は刺激の弁別時間に相当するとして，刺激弁別や反応選択に必要とされる時間の推定のために，反応時間の減算法を提案した。

　ドンデルスの減算法が成立するためには，基本的な仮定が成立している必要がある。一つは，反応時間課題を媒介している刺激弁別や反応選択のような処理段階が厳密に系列的に構成されており，これらの各処理段階で必要とされる時間の総和が測定される反応時間である，という仮定である。もう一つは，a法，b法，c法と課題を変化させたときに，ほかの処理段階に影響を与えずに，関連の処理段階を挿入または削除できるという仮定（**純粋挿入仮定**；assumption of pure insertion）である。また，この減算法を適用するためには，研究者はあらかじめ課題にどのような処理段階が存在しているかを知っている必要がある。

　反応時間のデータを利用した減算法で人間の精神過程の時間を測定できるという考えは，当時の研究者たちに多大な影響を与え，注目される研究手法となった。ヴント（Wundt, W.：1832-1920；第1章参照）は，現代心理学の祖として知られているが，反応時間は彼の研究室の最初の研究テーマであった（Wundt, 1880）。ヴントは，ドンデルスのc法に疑問を持った。ドンデルスはc法には刺激弁別は存在するが，反応選択は存在しないと考えたが，ヴントはc法にも反応するかそれとも反応しないかという反応選択が存在すると考えたのである。そこで，ヴントは，d法と名づけたc法の変形法でこの問題を克服しようとした。d法は，ドンデルスのc法と同様に，複数の刺激と一つの反応から成り立っていた。しかし，実験参加者は各試行で提示された刺激を同定したと同時に反応を実行する。d法からa法の差分は刺激の

同定時間を表し，ドンデルスのb法の反応時間は刺激弁別と反応選択を含んでいるので，b法からd法の差分は反応選択時間を表すことになる。ヴントは，a，b，d法，連想反応時間を使用して，反射，知覚，統覚，認知，連合などの精神過程の分離も試みている。

　ドンデルスの減算法は，このように，弁別，選択のほかに，認知時間，連合時間，注意時間の測定にと幅広く応用され，当時の心理学者は19世紀終わりの25年をこの種の研究に集中した。この時期の精神時間測定の成果は，ジャストロー（Jastrow, 1890）の"The time relations of mental phenomena"にまとめられたが，減算法で得られたデータは実験参加者ごと，実験室ごとにかなり変動があり，強い批判も受けた。そして，キュルペ（Külpe, O.；1862-1915）やキャッテル（Cattell, J. M.；1860-1944）らによって，ほかの精神過程にまったく影響を与えずに一つの精神過程を挿入したり除去したりすることはできないと，純粋挿入仮定に対して反論がなされた（Külpe, 1893；1909）。さらに，単純反応時間と選択反応時間の相違は刺激弁別と反応選択の相違以上に大きいことがわかってきた。実験参加者は課題に依存して異なる方略で反応の準備を行い，実験の開始時点と，何度も試行を繰り返した終了間近ではまったく異なった反応を示すことも観察された。その後，ゲシュタルト心理学や行動主義の台頭によって，減算法は次第に顧みられなくなり，反応時間研究は廃れていった。

　図10.2の精神時間計測研究の系統図では，キュルペの減算法への批判からヒック（Hick, 1952）の情報伝達速度の研究までの60年間にはウッドワース（Woodworth, 1899）以外に特別な記述はない。この期間が精神時間測定の歴史では暗黒時代に相当する。この時期には，人間の情報処理過程に関する研究を推進させるための新しい理論的枠組みが提出されなかった。しかし，暗黒時代とはいっても研究が皆無だったわけではなく，現在でも引き続き研究されている重要な現象も発見された。その中には，ウッドロー（Woodrow, 1914）による準備時間の効果（foreperiod effects），テルフォード（Telford, 1931）による**心理的不応期**（psychological refractory period），

10.1　精神時間測定　233

ストループ（Stroop, 1935）による**ストループ効果**（Stroop effects）などが挙げられる。

10.2　速さ―正確さのトレードオフ
――ウッドワースの実験とフィッツの法則

「急いては事を仕損ずる」という諺がある。急ぎすぎると結局失敗してしまうのが落ちである。反応時間の実験事態でも，速さを強調しすぎると反応の正確さが低下し，また正確さを強調すると反応が遅くなる，と直感的に想像できる。速さと正確さの兼ね合いが問題になる事態はいろいろ考えられる。たとえば，メールの文章を急いで入力すると，タイプエラーや変換エラーを頻繁に引き起こすことは経験するところであろう。以下に，**速さ―正確さのトレードオフ**を研究するための代表的な2つの先駆的な実験を紹介する。

ウッドワースは，目標到達行動（aiming performance）の研究で速さと正確さの関係を検討した（Woodworth, 1899）。彼は，速さ―正確さのトレードオフ研究の創始者である（Meyer et al., 1988）。彼は，回転する紙の上にスリットを置き，そのスリットに沿ってある長さの線分を鉛筆で繰返し描かせ，線分を描く時間に制限時間を設定する時間マッチング課題（time-matching task）で実験を行った。実験参加者はいろいろな速さのメトロノーム（1分間に20〜200回の範囲）に合わせて，連続的に直前の試行で描かれた線分の長さと同じ長さの線分を描くように教示された。ウッドワースはキモグラフ（kymograph）で記録された線分の長さを計測して，メトロノームの速度の関数として線分の長さの誤差をプロットした（図10.4）。目を開けて描線作業を自分で見ていた条件では，速い運動が要求されるほど，描かれた線分の長さの誤差は単調増加した。しかし，目を閉じて描線作業を行った条件では運動の速さには関係なく線分の長さの誤差は大きかった。この結果から，ウッドワースは規則的な目標到達行動には初期調整期（initial adjustment phase）と現状制御期（current control phase）の2つの過程が存在すると解釈した。前者は運動プログラムの準備に相当し，後者は視覚的フ

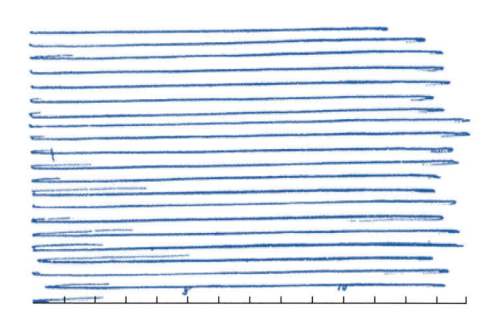

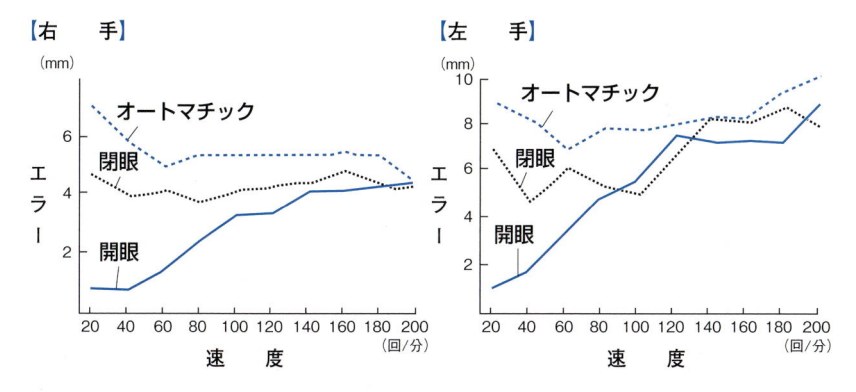

図 10.4 ウッドワースの研究の結果（Woodworth, 1899）
オートマチック条件とは，描線作業を見ないで，部屋や窓の外を見回している状況での結果である。

ィードバックを受ける目標位置設定の機能に相当する（Rosenbaum & Krist, 1996）。

　ウッドワースは，速さを固定して，できるだけ正確さを増加させる課題を用いた。一方，フィッツは正確さを固定して，できるだけ速く遂行させる最小時間課題（time-minimization task）を用いた（Fitts, 1954）。フィッツの実験では，15秒間に2つのターゲット金属板を交互にできるだけ速く鉄筆で接触するという方法がとられた（図 10.5）。ただし，ターゲット金属板を外す接触失敗の割合が5％以下になるよう要求された。実験では，ターゲッ

10.2　速さ―正確さのトレードオフ――ウッドワースの実験とフィッツの法則　　235

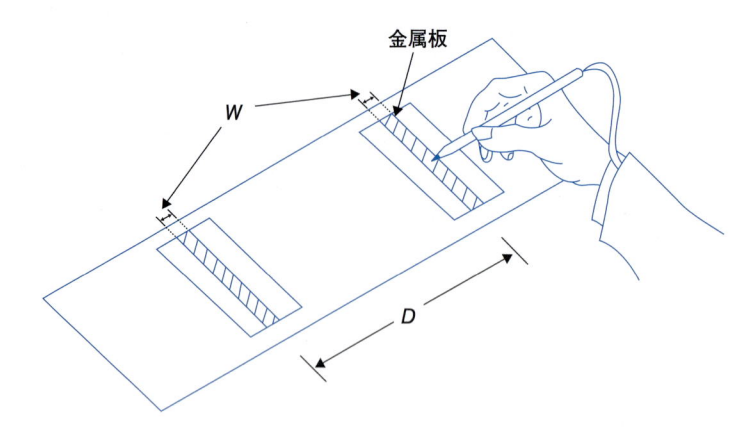

図 10.5 フィッツの実験課題（Fitts, 1954）

ト金属板の横幅（W：0.25〜2インチ）と2つのターゲット金属板の距離（D：2〜16インチ）が変化された。フィッツは実験の結果，2つのターゲットに接触する平均運動時間（MT）が，$MT = a + b \log_2 (2D/W)$ に従うことを発見した（a, b は定数）。この公式は**フィッツの法則**（Fitts' law）とよばれている。この公式では，W が小さいほど，そして D が大きいほど，対数の項の値が大きくなる。フィッツは $\log_2 (2D/W)$ を困難度指標（index of difficulty）とよんだ。この法則は2を底とする対数で表現されているところからもわかるように，情報理論と関連が深い（情報理論については，Atteave, 1959 を参照）。

フィッツの実験は，通信モデルと情報理論に基づいていた。人間は，運動を行うときに情報を発信していると考えられる。では，運動がどのようにして情報を作り出すのであろうか。フィッツの2つのターゲット金属板の間にも，またターゲット金属板を越えても，同じ金属板が順に並んでいると想定してみよう。実験参加者の課題は2つのターゲット金属板に接触することなので，正しいターゲット金属板に接触することは，並んでいる複数の金属板

からターゲット金属板を選択する課題と等しい。2つのターゲット金属板の間の距離Dが長くなると想定される金属板の数が増加し，またターゲット金属板の幅Wが小さくなると想定される金属板の数が増す。したがって，情報量はDと比例し，Wと反比例する。フィッツの法則の傾きbの単位は秒/ビットである。この傾きの逆数はビット/秒となり，傾きbは運動システムのチャンネル容量の指標となる。

10.3 減算法の復活
10.3.1 ナイサーの視覚探索

1960年代になると，多くの心理学者が人間の認知的側面に再び興味を向けるようになり，この気運と連動して，新たに精神過程の時間測定が発展し，ナイサーによる視覚走査（Neisser, 1963）やポズナーらによる文字の異同判断課題（Posner & Keele, 1967；Posner & Mitchell, 1967）の論文が発表された。中でも精神時間測定に大きな貢献を行ったのがスタンバーグ（Sternberg, 1966；1967；1969a, b）であった。また，ナイサー（Neisser, 1967）が『認知心理学（*Cognitive psychology*）』を著したのもこの動向に沿ったものであった。後の意味記憶の研究に大きな影響を与えたコリンズとキリアンの研究（Collins & Quillian, 1969），イメージの研究にインパクトを与えたシェパードとメッツラーの心的回転の研究（Shepard & Metzler, 1971）も発表された。これらは，減算法の威力がよい理論と結びついたときに発揮されることを示すよい例であろう。

ナイサーは，視覚走査（visual search）の実験にはじめて減算法を導入した（Neisser, 1963）。ナイサーの実験では，図10.6のように文字列リストを縦に並べ，ターゲット項目を発見するまでの走査時間を測定する。実際の実験では，リスト項目の数は50個程度であり，リストの中のターゲット項目の位置は試行ごとに変化される。もし，リストの中の各項目を分析するためにある一定の時間が必要とされるならば，ターゲット項目発見までの時間

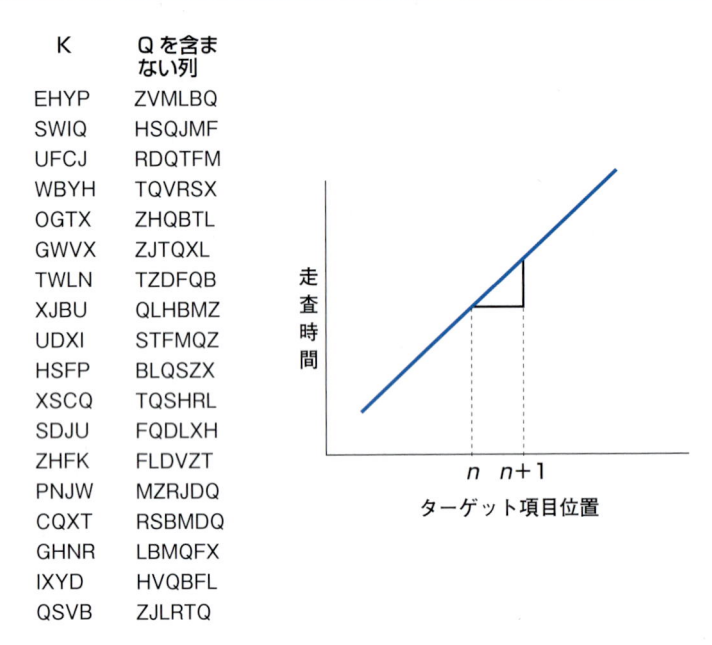

K	Qを含まない列
EHYP	ZVMLBQ
SWIQ	HSQJMF
UFCJ	RDQTFM
WBYH	TQVRSX
OGTX	ZHQBTL
GWVX	ZJTQXL
TWLN	TZDFQB
XJBU	QLHBMZ
UDXI	STFMQZ
HSFP	BLQSZX
XSCQ	TQSHRL
SDJU	FQDLXH
ZHFK	FLDVZT
PNJW	MZRJDQ
CQXT	RSBMDQ
GHNR	LBMQFX
IXYD	HVQBFL
QSVB	ZJLRTQ

図 10.6 ナイサーの走査リストの例（上がターゲット項目）とターゲット項目位置に対する走査時間の関係 (Neisser, 1963)

をターゲット項目のリストの位置の関数としてプロットすると，直線の関数が得られるはずである。

　この直線の傾きは視覚的な走査速度の推定値を与え，直線の切片は反応のための時間やその他の視覚走査以外の過程を反映する。直線の傾きは $n+1$ 番目の位置の反応時間から n 番目の位置の反応時間の差，つまり減算法であり，一つひとつのリスト項目を視覚的に処理するために必要とされる時間を示すものである。この実験では，挿入されている処理段階はない。変化されているのはターゲット項目のリスト中の位置であり，ターゲットに到達するまでに走査しなければならない項目の数であり，走査段階内の所要時間である。

ある実験では（Neisser, 1963, 実験1），リストは2文字（たとえば，ZD, JZ, LR, ZQ など）あるいは6文字（たとえば，JZLXSH, QVZMXL, FDRVQH など）の項目から構成されていた。実験参加者はこのようなリストの中からターゲット項目を発見する課題を行う。ナイサーの研究の注目すべき結果は，視覚走査の並列処理を示したことである。同じ刺激リストを提示して，実験参加者に2つのターゲットを指定して，どちらかのターゲットを発見したときに反応キーを押すように要求したときも，ただ1つのターゲットを発見するように要求したときも同じ傾きの直線が得られた。ターゲットが2つになれば，比較照合する回数はターゲットが1つのときに比べ2倍になるはずであるが，時間は2倍にならず，1つのターゲットの場合と同じ速度であった。ターゲットの数を4個にして実験を行ったところ，練習するとすぐに1つのターゲットの走査と同じ速度になった。ターゲットの個数を10個まで増やしても，走査練習を約2週間続けることで，ターゲットが1つの場合と同じ速度で走査でき，視覚走査が並列的になされることが示された（Neisser, 1964）。

10.3.2 スタンバーグの減算法

スタンバーグは短期記憶の検索実験を行った（Sternberg, 1966）。この実験では，まず1個から6個の1ケタの数字からなる項目を実験参加者に記憶させる。たとえば，「3, 8, 9, 2, 6」と各数字を1.2秒ずつ提示して，記憶させる。約2秒の後に，検査項目として1つ（たとえば，「9」）を提示し，検査項目が記憶項目の中に存在していたか否かをできるだけ速く，かつ誤らないように，レバーを押して答えさせる。この例では，検査項目「9」は記憶項目の中に存在するので，イエスのレバーを押して反応することになる。検査項目は「4」のように記憶項目にない場合もある。この場合には，ノーのレバーを押して反応をするように要求される。検査項目の提示から反応までの時間が反応時間として測定される。検査項目に反応した後で，実験参加者は記憶項目を提示順に再生するように要求される。

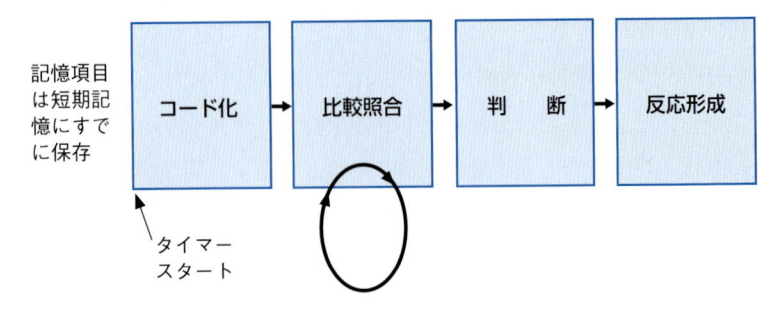

[図: コード化 → 比較照合 → 判断 → 反応形成。記憶項目は短期記憶にすでに保存。タイマースタート。]

図 10.7 スタンバーグの想定した処理段階（Ashcraft, 1989）

　スタンバーグの減算法は，ドンデルスの減算法とは異なっている。スタンバーグの場合には，課題に含まれる処理されるべき情報量を増加させ，これに応じた反応時間の増加量を求めることにより情報処理時間を算出しようとするものである。興味のある処理段階を挿入したり除去したりすることはなされていない。スタンバーグの記憶検索実験では，$n+1$ 個の数字を検索するために要した反応時間から n 個の数字を検索するために要した反応時間の差を求める。これは減算法に相当する。$n+1$ 個の数字の検索時間と n 個の数字の検索時間の差は，検査項目と各記憶項目との比較照合に要した時間の推定値を反映することになる。処理量の変化（つまり記憶項目数）と反応時間の間に直線的な関数が得られれば，その直線の傾きが記憶における項目の比較照合に要した時間の推定値となる。そしてそれ以外のすべての処理段階に要した処理時間は直線の切片で表される。

　スタンバーグは，記憶項目数と反応時間の関係から，短期記憶の検索過程には4つの独立した処理段階（検査項目のコード化，検査項目と記憶項目の比較照合，判断，反応形成；図 10.7）が含まれ，各段階の処理には一定の時間が必要とされ，反応時間はこれらの段階で必要とされる時間の和であると仮定した。記憶項目数の変化に応じて変化するのは比較照合段階の処理時間だけである。

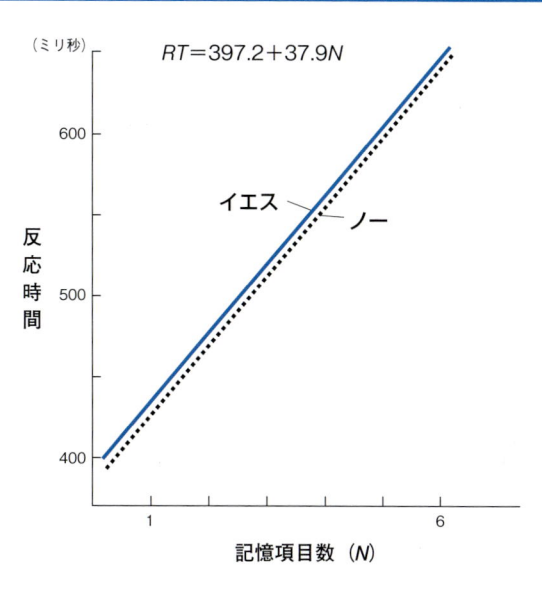

図10.8 スタンバーグの実験結果（Ashcraft, 1989）

　図 10.8 が示すとおり，反応時間は記憶項目数の 1 次関数をなし，項目数が 1 つ多くなるにつれて反応時間は一定量（37.9 ミリ秒）だけ増加した。これは，検索が並列的ではなく，系列的であることを示唆している。反応時間はイエスでもノーでも同じ関数となった。ノー判定の場合には，検査項目が記憶項目リストのすべてと比較照合されなければノー判定に到達できないので，検査項目と記憶項目の比較照合の回数は n 回（リスト内の項目数）となるはずである。このように比較照合段階で，検査項目とすべての記憶項目を比較照合する検索方式は**悉皆型走査**（exhaustive serial search）とよばれる。一方，イエス判定の場合には，検査項目は記憶項目リストの先頭であったり，中ほどであったり，最後であったりするので，検査項目と記憶項目の比較照合の平均回数は，$(n+1)/2$ 回となり，ノー判定のほぼ半分となるはずである。比較照合の段階で検査項目と記憶項目が一致したとき，検索を中

10.3　減算法の復活　　241

止する検索方式は**自動打ち切り型走査**（self-terminating serial search）とよばれるが，スタンバーグの研究はイエス判定でもノー判定でも悉皆型走査がなされていることを示唆している。

10.4　加算要因法

　加算要因法（additive factor method）は以下の仮定に基づいている。精神過程はいくつかの独立した系列的処理段階の連鎖として構成されており，各処理段階は直前の段階から入力を受け，その入力に何らかの情報変換操作を行い，次の段階へと送る。各処理段階の処理量はその段階への入力にのみ依存し，ほかの段階の処理量には影響されない。反応時間は，各処理段階の所要時間の総和として表される。

　ある課題の反応時間は，各処理段階の所要時間の総和であるので，ある実験要因の操作がその課題の反応時間に影響を与えたとすると，その実験要因の操作はその課題の遂行のための処理段階，あるいは複数の処理段階の所要時間を変化させたことになる。もし，2つの実験要因の操作がある課題のそれぞれ異なる処理段階の所要時間にのみ影響を与えていたとすると，1つの実験要因の操作の効果はほかの実験要因の操作レベルとは関係しないので，反応時間に対して独立に影響を与えるはずである。つまり，ある課題に3つの異なる処理段階 A，B，C が存在しているとし，処理段階 B，C がそれぞれ異なる実験要因 F，G によって選択的に影響を受けるとする。そして，実験要因 F を変化させると（f_1, f_2），処理段階 B での処理時間にのみ選択的に影響を与え（$f_1 : T_b, f_2 : T_b + u$），実験要因 G を変化させると（g_1, g_2），処理段階 C での処理時間にのみ選択的に影響を与える（$g_1 : T_c, g_2 : T_c + v$）とすると，これらの実験要因の操作は全反応時間に対して独立で加算的な効果を与えるはずである（図 10.9）。このような加算的な関係を導く実験要因の対を多く発見していけば，課題を構成している処理段階をより詳しく解明することが可能になる。

実験要因 F　　実験要因 G

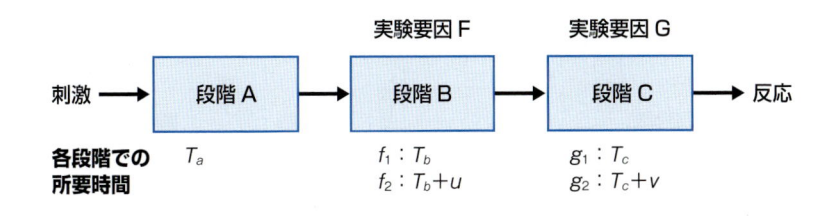

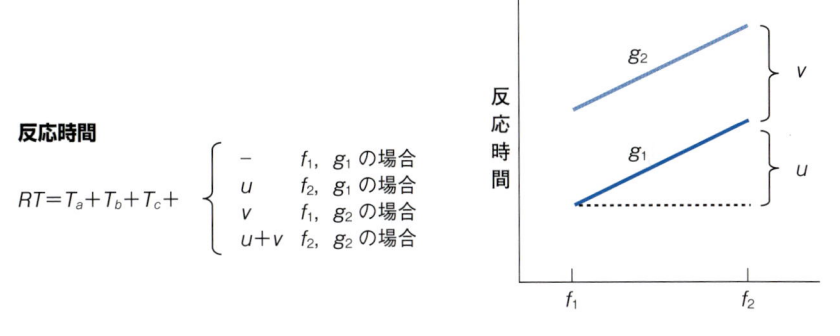

刺激 → 段階 A → 段階 B → 段階 C → 反応

各段階での所要時間
T_a　　$f_1 : T_b$　　$g_1 : T_c$
　　　　$f_2 : T_b + u$　$g_2 : T_c + v$

反応時間

$$RT = T_a + T_b + T_c + \begin{cases} - & f_1, g_1 \text{ の場合} \\ u & f_2, g_1 \text{ の場合} \\ v & f_1, g_2 \text{ の場合} \\ u+v & f_2, g_2 \text{ の場合} \end{cases}$$

図 10.9　加算要因法の説明図（Pachella, 1974）

ところが，2つの実験要因の操作が，独立ではなく互いに影響し合うならば，つまりある実験要因FとGが相互作用を生じさせるならば，これらの2つの実験要因FとGの両方によって影響を受ける処理段階が存在していることになる。したがって，いくつかの実験要因の間での加算と相互作用のパターンを検討していけば，課題を構成している処理段階の性質が浮かび上がってくると考えられる。

10.4.1　加算要因法の適用例

スタンバーグは記憶検索実験で4つの実験要因のレベル，①検査項目の明瞭度（視覚ノイズを含んだ場合と含まない場合），②記憶項目の個数（1，2，4個），③反応のタイプ（イエスとノー），④反応タイプの相対頻度（イエス

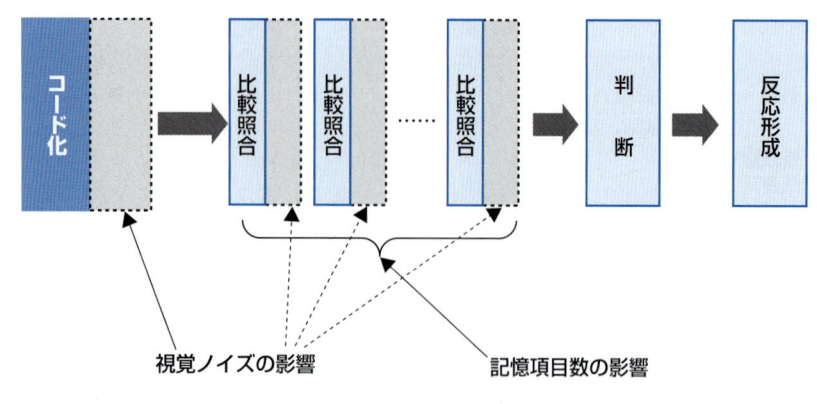

図10.10 加算要因法における視覚ノイズと記憶項目数の影響
(Sternberg, 1969b)

反応が25％，50％，75％）を変化させた（Sternberg, 1969a；1969b）。実験の結果，4つの実験要因はすべて，記憶検索課題の反応時間に影響を与えた。4つの実験要因の可能な組合せの数は6対であるが，5対で加算的効果が得られた（①と②，①と③，②と③，②と④，③と④。なお，①と④の組合せはテストされていない）。

　①と②の実験要因の対について説明する。検査項目の明瞭度は検査項目にチェッカーボードのような視覚ノイズを重ねることで操作され，これにより検査項目のコード化段階に影響を与えると考えられた。記憶項目の個数は，検査項目の個数（1, 2, 4個）で操作され，検査項目と記憶項目の比較照合段階に影響を与えると考えられた（図10.10）。もし，視覚ノイズがコード化段階のみに影響を与え，検査項目が比較照合段階で視覚ノイズが含まれない場合と同じように記憶項目と比較照合されるならば，反応時間は，切片は異なるが，傾きは等しい2本の平行な直線となるはずである。もし，視覚ノイズの影響が比較照合の段階に反映されるならば，切片は等しいが，視覚ノイズ条件では比較照合により時間を要するので，直線の傾きはノイズのない

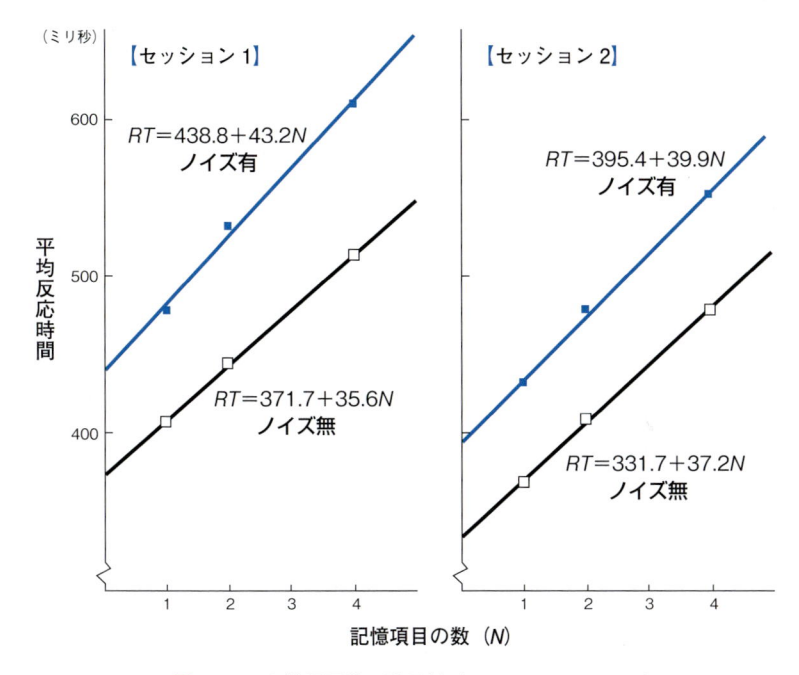

図10.11　加算要因法の適用例 (Sternberg, 1969b)

場合よりも急勾配になるはずである。

　実験の結果，実験前半のセッション1ではノイズ有条件はノイズ無条件よりも，切片が高く，傾きもやや急だったが，実験後半のセッション2では両条件で平行な2本の直線を示した（図10.11）。したがって，視覚的コード化の段階と比較照合の段階が2つの加算的な処理段階として存在しているという考えが支持された。セッション1で，視覚ノイズの影響が比較照合段階にも影響したことは，記憶項目と検査項目との比較照合が音韻的あるいは意味的コードによるのではなく，視覚的コードによることを示唆する。セッション2で，視覚ノイズの影響が比較照合段階で失われたことは，コード化段階でのノイズ除去処理が実験の繰返し，すなわち練習によって改善したため

と考えられた。

スタンバーグの記憶検索実験は，観察不能であった精神過程を反応時間で測定しうるという信念を強め，短期記憶以外の広範な分野（視覚的走査，イメージ操作，計数化過程，言語理解，意味記憶検索など）への応用をもたらした。

10.4.2 選択反応の処理段階の構造

サンダース（Sanders, 1990）は加算要因法を用いた多くの実験をレビューして，選択反応には少なくとも6つの段階があることを示した。図 10.12 は実験変数の加算と相互作用のパターンと処理段階を表している。太い線は強い実験的証拠で確立されていることを，細い線はまだ十分には検証されていないことを示す。下線の実験変数は1つ以上の段階に影響を与える変数を表して，点線で囲まれた段階はやや存在が疑わしいことを示す。

通常の選択反応は，3つの知覚的段階（前処理（preprocessing）と特徴抽出（feature extraction）と同定（identification）），1つの決定段階（反応選択（response choice）），2つの運動段階（運動プログラミング（programming）と運動調節（motor-adjustment））を含んでいる。知覚的段階と決定段階の分離は，刺激コントラストの操作や刺激―反応の適合性（S–R compatibility）などの実験変数の研究から加算性が確認されてきている。初期の加算要因法の研究は，主に知覚やカテゴリー分類に関係した研究が主であったが，その後は運動段階についても検討がなされるようになってきた。

実験的に分離されたこれらの処理段階の存在や加算と相互作用のパターンは，多様な実験変数が導入されても同じでなければならない。たとえば，ある2つの実験変数が加算的であるときに，第3の変数が導入されて加算から相互作用に変化したとすると，加算要因法では，3つの変数すべてによって影響される一つの段階だけが存在すると解釈することになる。新たな実験変数の導入や変数のレベルの変化によって，加算から相互作用へ，あるいは相互作用から加算へと不安定に変化するようであれば，極端な場合にはすべて

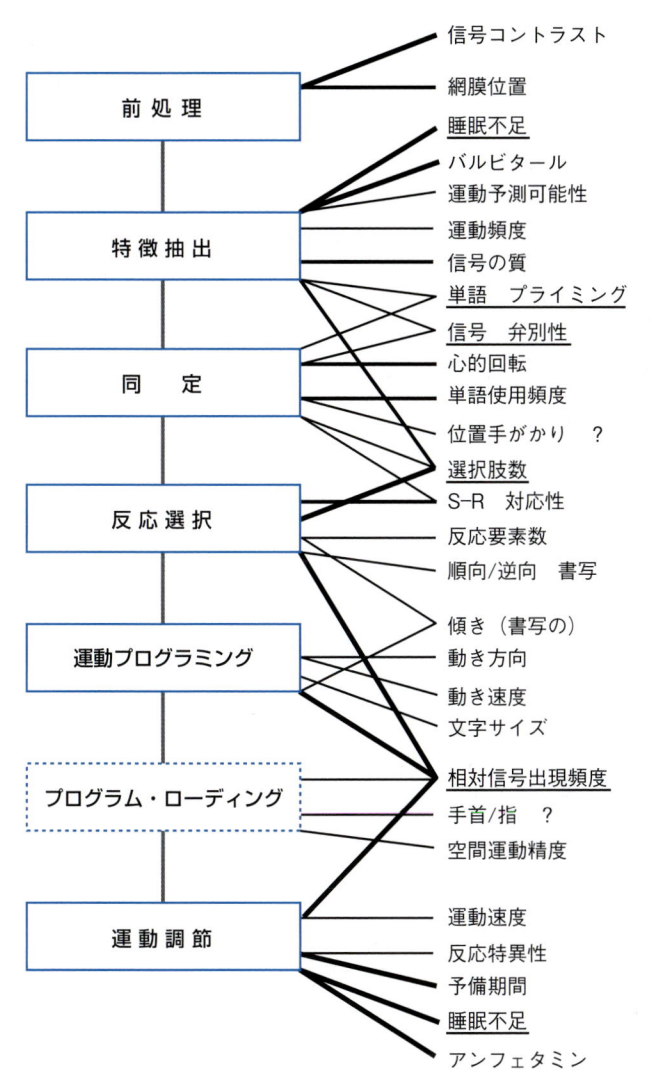

図 10.12 選択反応時間課題の情報処理における加算要因法による処理段階構造 (Sanders, 1990)

の処理がただ一つの段階で生じているという結論になってしまう。しかし，これらの処理段階の存在は，さまざまな先行研究による異なる変数レベルで行われた実験から一貫して確認されている。

10.4.3　加算要因法と系列的処理段階モデルへの批判

　加算要因法に対する批判がないわけではない。加算要因法は，単に情報処理段階に影響を与える実験要因の存在を確立するに過ぎず，各処理段階の性質を記述するものではない。また，その順番を決定するものでもない。スタンバーグは，検査項目のコード化，検査項目と記憶項目の比較照合，判断，反応形成という4つの処理段階を述べているが，この処理段階の性質や順番は推測や直観によっている。したがって，刺激と反応の間に介在する処理段階の構成について明確な理論が必要で，また，ドンデルスの減算法と加算要因法の差異は微妙でもある。加算要因法での実験要因の操作は，情報処理の操作としては，減算法のように完全に一つの処理段階を削除したり挿入したりするわけではないので，より弱い情報処理操作である。しかし，実験要因のレベルの変化がドンデルスの減算法での処理段階の挿入や削除のときに生じていたような課題の性質の変化を生じさせているのではないかという疑問も残る。

　スタンバーグのモデルでは，認知的な課題を遂行する処理過程は独立した系列的処理段階の連鎖として構成されており，各段階は直前の段階から全出力として離散的な情報を受け，その入力に対して情報変換操作を行い，後続の段階へ全出力として離散的な情報を送る。このような厳密な系列的処理段階モデルでは，ある処理段階は前の処理段階が完了するまで開始されることはなく，ある瞬間には1つの情報変換操作のみがなされる。しかし，処理段階が厳密に系列的ではなく，複数の処理段階が情報変換操作を並列的に遂行できる可能性が指摘されている。ある処理段階は，前の処理段階が終了する以前に開始できる。このような並列的処理段階モデルでは，複数の処理段階が多少でも時間的にオーバーラップして情報変換操作を行うことができる。

ここでの議論には，互いに関連しているが，2つの異なる論点が存在している。一つは，**系列と並列の区別**であり，複数の情報変換操作を同時に行うことができるか否かに関わるものである。もう一つは，**離散と連続の区別**である。離散と連続の区別は，とくに伝達の性質に関わる（Miller, 1982; 1988）。離散的な伝達モデルでは，ある処理段階での出力はその段階の全出力であり，部分的に情報が伝達されることはない。一方，連続的なモデルでは，出力のサイズは極端に小さく，どんな部分的な情報でも利用可能であれば直ちに次の段階へと次々に伝達される。

離散と連続の区別と系列と並列の区別は密接に関連している。伝達の出力サイズは反応時間の研究において重要である。離散的な伝達モデルは系列的に順序づけられた処理段階を必要とするが，連続的な伝達モデルは並列的に順序づけられた段階を可能にする。反応時間は各処理段階の所要時間の総和であるという仮定は，離散的伝達とは一致するが，連続的伝達には一致しない。連続的伝達は順序づけられた処理段階の間に時間的なオーバーラップを許容するので，反応時間は各段階に必要とされる時間の総和よりも短くなる。しかし，いくつかの段階は連続的に，ほかの段階は離散的に伝達されるという混合型も想定できる。混合型では，連続的伝達が行われる処理段階群の間に全体的な入力と出力が離散的に伝達される処理段階が存在することになる。このような混合型では，反応時間は処理段階群の所用時間の和となる。加算要因法は，連続的伝達に適さないように思えるが，少なくとも全体の処理システムのどこかに離散的伝達のポイントが存在する限り，適用可能である。

10.5 速さ―正確さのトレードオフ関数

スタンバーグの記憶検索課題は，実験参加者にはやさしい課題であるが，それでも多少の誤りを犯してしまう。反応時間計測の実験では，実験参加者は「できるだけ速くかつ正確に反応するように」と教示され，実験参加者は最短の時間で正確な反応を遂行するものと仮定されている。しかし，実験者

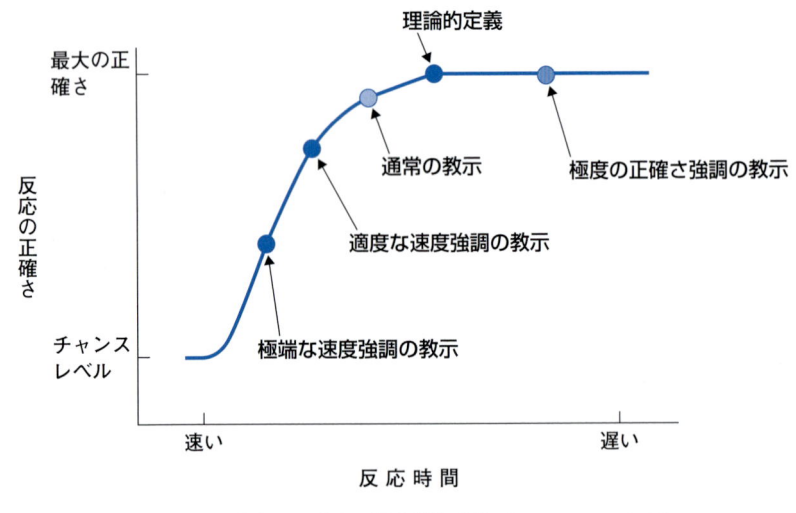

図10.13 速度―正確さの操作特性曲線（Pachella, 1974）

がこのような教示を実験参加者に与えても，実際にこの教示どおりに振る舞えるという保証はない。

　10.2でも紹介したように，反応時間実験では，速く反応しようとすると誤反応率が上昇し，正確さを増そうとすると反応が遅くなるという傾向がある。これは反応の**速さ―正確さのトレードオフ**とよばれている。反応の速さと正確さとの関係を図で表現したものは，**速さ―正確さの操作特性曲線**（speed-accuracy operating characteristic curve）または**速さ―正確さのトレードオフ関数**（Speed-Accuracy Tradeoff function；SAT関数）とよばれる（図10.13）。この操作特性曲線は，通常の「できるだけ速くしかも正確に」という教示以外に，速さを極度に強調して反応させたり，正確さを極度に強調して反応させることにより得られた正答率を反応時間に対してプロットして作られる。

　この曲線のもっとも重要な点は，反応時間の理論的定義（誤答率ゼロの最速の反応時間＝人間の処理速度の限界点）とさまざまな教示での反応時間と

の相違である。実験参加者は，教示に従って反応速度と正確さの基準を変化させている。とくに，正確さが高い場合には小さな誤答率の相違が，反応時間では大きな差となって現れる。通常の教示の場合，実験参加者は反応速度をできるだけ速くしようとするので，2～3％程度の誤りは犯してしまう。正確さの側面から見ると2～3％の誤りは無視できる程度であるが，反応時間の側面から見ると理論的定義（100％の正答率で最速の反応時間）と実験で得られる反応時間の差は大きくなり，人間の処理速度の推定値としての反応時間は過大評価されることになる。したがって，条件間の反応時間の差異を問題とする場合には，誤答率も同時に報告する必要がある。一般的には，反応時間が長くしかも誤答率の多い条件は，反応時間が短く誤答率の少ない条件よりも困難であると結論できる。しかし，試行数が少なすぎる場合には，反応時間や誤答率の正確な推定ができない場合があるので，誤った結論が引き出される可能性もある。

　いくつかの実験条件下で反応時間の計測を行った結果，条件間に反応時間の差異が認められるとき，実験参加者が反応の速さと正確さのトレードオフ基準を実験条件ごとに変えている可能性も考えられる。とくに，反応時間の減少と誤答率の増加が結びついている場合には注意が必要となる。

　ここで，仮想的な反応時間と誤答率のデータで速さと正確さのトレードオフについて具体的に考えてみよう（Lachman et al., 1979）。4つの課題A～Dにそれぞれ3条件が設定され，反応時間と誤答率が測定されたとする。そして，課題A～Dおいて条件1，2，3で得られた反応時間がそれぞれ500ミリ秒，600ミリ秒，700ミリ秒であったとする。また各課題の条件1，2，3での誤答率は5％，5％，5％（課題A），9％，5％，1％（課題B），1％，5％，9％（課題C），0％，0％，0％（課題D）であったする。図10.14に示されているように，課題Aでは，誤答率は3つのすべての条件で5％である。この3条件の反応時間と誤答率の関係は1つのSAT関数上に当てはまることはないので，反応時間の差は実験的な操作の影響と結論できる。課題Bでは，条件1，2，3と変化するにつれて反応時間は長くなり，誤答率は低下

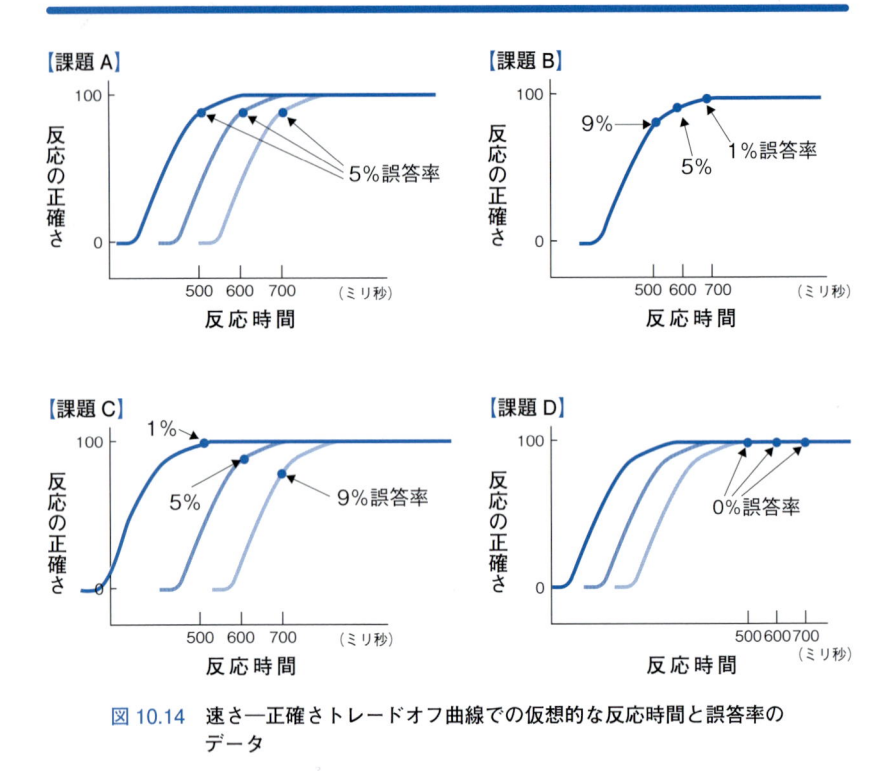

図 10.14　速さ―正確さトレードオフ曲線での仮想的な反応時間と誤答率のデータ

している。この場合には，反応時間が短縮すると誤答率が増加するという反応の速さ―正確さのトレードオフの特徴に当てはまる。このような傾向のデータでは，条件間の反応時間の差異は反応の速さ―正確さのトレードオフによるものと考えるべきであり，実験的な操作に原因を求めるべきではない。課題Cでは，誤答率の増加と反応時間の増加が連動している。この反応パターンは反応の速さ―正確さのトレードオフから予想される反応パターンと正反対のものであるので，反応時間の差異を実験的な操作によるものと考えることができる。課題Dでは，3条件すべてにおいて誤答率ゼロとなっている。一見すると理想的な実験結果のようであるが，誤答率ゼロの場合には

252　第10章　精神時間の測定

SAT関数上の誤答率ゼロの部分であればどこにでもデータが当てはまるので曲線を特定できない。このようなタイプのデータは，反応時間の差異の原因を実験的な操作に求めるべきではない。

10.5.1　ウィッケルグレンによるSAT関数実験のすすめ

　反応時間実験を行う第1の理由は，刺激提示以後の最初の数百ミリ秒になされる情報処理のダイナミックスを記述することにある。そして，もう一つの理由は，認知的課題の遂行が誤りを犯すことなくほぼ完璧に行われる場合に，反応の差異をより敏感に反映する感度の高い指標が必要とされるからである。

　反応時間計測において看過できない問題点は，スタンバーグの記憶探索課題のような情報処理のダイナミックスの定量的理論を，正答率を予測せずに反応時間のみを従属変数として検証することである（Wickelgren, 1977）。速さ―正確さのトレードオフという基本事実があるため，実験参加者はその条件で採用する正確さ基準に依存してどのようなレベルの反応時間でも得ることができる。したがって，正確さのレベルも予測しないで反応時間を予測することは意味がないことになる。

　パチェラ（Pachella, 1974）は記憶探索課題についてSAT関数を適用した。パチェラは，SAT関数の作成方法として**制限時間**（deadline）**法**を使用した。実験参加者の課題は，前述のスタンバーグの課題と同様で，通常の「できるだけ速く正確に」という教示ブロック以外に，ある制限時間以内に反応することが要求されるブロックもあり，この制限時間は次第に短くされた。練習を積んだ20人の実験参加者が4つの記憶セットサイズごとに5ブロックの実験を行い，記憶セットサイズごとにSAT関数が作成された（図10.15）。

　この記憶セットサイズごとのSAT関数に基づいて，95％，90％，85％，80％の4つの正確さレベルごとに，記憶セットサイズの関数として予測された反応時間を描いたものが図10.16である（この図ではイエスとノーの試行がまとめられている）。95％と90％の正確さレベルの関数は平行であるが，

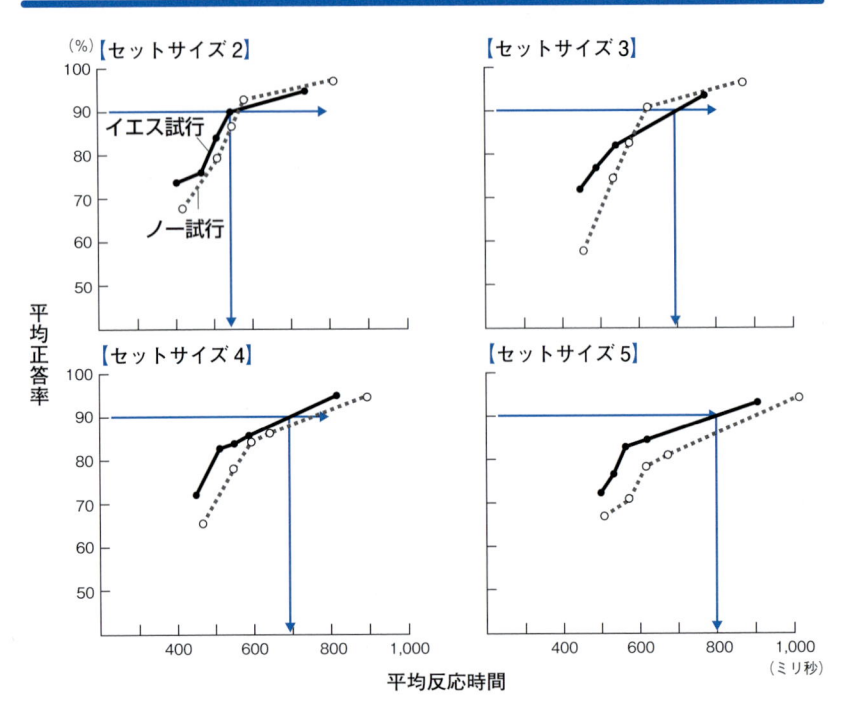

図 10.15 記憶探索実験で得られた速さ—正確さトレードオフ曲線
(Pachella, 1974)
青線はイエス試行の 90％の正確さレベルに対応する反応時間を示す。

切片が大きく異なる。つまり，このレベルの正確さの低下では，反応時間の短縮が，記憶の検索速度ではなく，その他の処理段階の速度（コード化段階やあるいは反応形成段階）に影響を与えていることである。ところが，実験参加者がさらに反応速度を増すように強制される（85％，80％の正確さレベル）と，今度は関数の切片ではなく傾き（記憶の検索速度）が異なってくる。

図 10.17 は図 10.15 から悉皆型走査，あるいは自動打ち切り型走査にうまく適合するような反応時間を選んで作ったものである。この図には，選んできた反応時間に対応した正確さのデータも記入されている。この図は，小さ

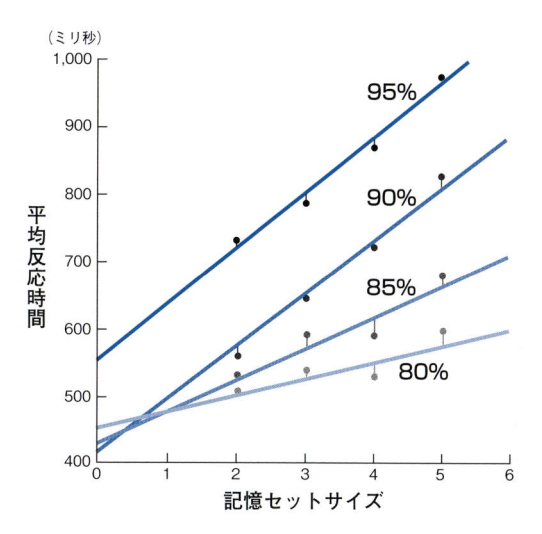

図10.16 95％，90％，85％，80％の4つの正確さレベルごとに，速さ—正確さトレードオフ曲線に基づいて，記憶セットサイズの関数として描かれた予測反応時間の図（Pachella, 1974）

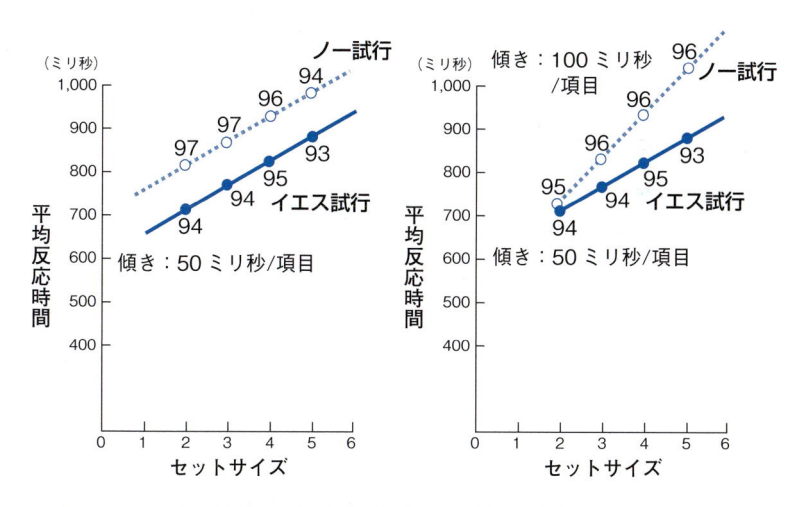

図10.17 悉皆型走査（左）と自動打ち切り型走査（右）に適合するよう選んで作られた反応時間（Pachella, 1974）

10.5 速さ—正確さのトレードオフ関数　255

い誤答率（つまり正確さ95％）の変動範囲内のデータを使って悉皆型走査も自動打ち切り型走査もどちらも表現できることを示している。したがって，誤答率が無視できるほど小さい場合でも，反応時間のデータから何かしらの結論を引き出すことには注意が必要であることがわかる。

　ウィッケルグレンは，SAT関数を通常の反応時間実験に適用すべきであると主張している（Wickelgren, 1977）。通常の反応時間の研究は，刺激と反応の間を媒介している処理段階の数や処理速度，処理形式（系列，並列）の問題を扱う。反応時間計測は，実験条件ごとの反応時間と正答からこの問題への解決を図る。測定された反応と反応時間はすべての処理過程が終了した時点で得られる。対照的に，SAT関数は刺激提示後の多くの時点で速さと正確さの測定を行う。これらの測定は処理が進行している最初の数百ミリ秒の期間中になされる。内挿は外挿よりも優れており，情報処理の活動がなされている時点での測定は終了後の測定よりも好ましい。SAT関数を適用しようとすると通常の反応時間実験と比べて少なくとも5倍の試行数のデータ収集を要するが，得られる情報の多さを考慮すれば，SAT関数の構成は時間と労力に十分に値する。

10.5.2　ウィッケルグレンによるSAT関数を構成する方法の説明

　SAT関数を得る方法には6つの基本的方法があるとウィッケルグレンは述べている（Wickelgren, 1977）。

1. 教示（instructions）法……実験参加者に反応の速さや正確さを強調する程度を変化させて教示することによって異なる速さで反応するように誘導する。この方法は，教示によって実験参加者にある速さ—正確さの基準をセットさせ，SAT関数の1つのデータポイントを得るために試行ブロックのうちでその基準を維持させる必要がある。

2. ペイオフ（payoffs）法……反応がある基準を満足した場合には利益が配分され，基準を満足できない場合には逆に支払いが要求される。たとえば，正答には $D - k \cdot (RT)$ の利益を与え，エラーには $-k \cdot (RT)$ を要求する。

試行ブロックごとに D と k の値を変化させることにより，実験参加者が異なる速度で反応し，異なる正確さをもたらすように誘導する（Swensson, 1972）。

3. **制限時間（deadlines）法**……実験参加者は，前述のパチェラの実験のように，ある制限時間よりも速く反応するように要求される。たとえば，ある試行ブロックでは刺激の提示から 400 ミリ秒以内に反応させ，ほかの試行ブロックでは 700 ミリ秒以内に反応させる。実験者は実験参加者に反応時間のフィードバックを与え，制限時間内に反応をすることを学習させる。制限時間は試行ブロック内で一定とされるが，時には各試行の開始ごとにいずれかの制限時間を指定する方法も行われている。

4. **時間範囲（time bands または time windows）法**……制限時間法のように反応時間の上限を設定するだけでなく下限も設定し，この時間範囲内で反応するように実験参加者に要求する。スノッドグラスら（Snodgrass et al., 1967）によると，実験参加者は正確にある制限時間範囲内で反応できるという。制限時間法と時間範囲法の問題点は，反応の制限時間あるいは範囲が刺激提示から長くなるにつれて反応時間の分散が増加することである。

5. **反応信号（response signals）法**……テスト刺激の提示後，実験参加者にいつ反応すべきかを知らせるための手がかり信号が与えられる。スコーテンとベッカー（Schouten & Becker, 1967）は視覚的なテスト刺激に対して，実験参加者に3つの音刺激（20 ミリ秒の持続時間，75 ミリ秒の間隔）の反応の手がかり信号を与え，3番目の音と同時に反応を行うように教示した。視覚テスト刺激の提示と反応信号の提示の時間関係を変化させることで，さまざまな反応時間を得ることができる。しかし，3番目の反応信号が本来の課題に何らかの影響をもたらす可能性がある。リード（Reed, 1973）は反応信号として刺激のオフセットを用い，試行ごとに遅延時間を変化させた。この方法は，実験参加者がその試行で反応信号が与えられるまで遅延条件を知ることができず，少なくともテスト刺激提示の最初の時間は同じ状態で反応し，方略を変化させにくいので，理論的には優れている。また反応信号も

1つであるので本来の課題への影響も少ない。

6. **反応時間分割（partitioning reaction time）法**……通常の反応時間計測の後，反応時間を，たとえば，200〜220ミリ秒，220〜240ミリ秒，240〜260ミリ秒などのように分割する。そして，その分割ごとに反応の正確さを求める。通常，この反応時間分割法では，短い反応時間の分割範囲に含まれる反応数は少なくなるので，SAT関数の非常に迅速であるが正確さの低い部分を正しくとらえることができないことが多い。しかし，簡単な知覚課題で実験参加者に約25％もの誤答率をもたらすような速さで反応を求めると，SAT関数の全領域のデータを構成できる。

　ウィッケルグレンの挙げた6つの基本的方法の目標は，反応時間の関数として正確さの指標を得ることであった。そして彼は，SAT関数の構成のために，異なる反応時間帯の間で同じSAT関数をもたらし，異なる反応時間帯ごとに異なるSAT関数を反映しないようにすることが重要であると指摘している。つまり，操作された試行ブロックの手続きでは，実験参加者が異なる遅延条件ごとに異なる方略を採用していないという保証はないので，それぞれの条件で異なるSAT関数の値をもたらしている可能性があり，試行ブロックごとに1つの条件を行う手続きよりも，試行ごとに条件がランダムに変化される手続きが好ましい。ただし，反応信号法と反応時間分割法以外の方法は，試行ごとにランダムに条件を変化させても，試行の開始ごとに時間条件を知らせる必要があるので，方略の統一性という観点から満足できるものではない。また，反応信号法は，実験参加者に反応がなされる約200ミリ秒まで反応時間条件を知らせていないが，反応信号の提示そのものが本来の課題に影響を与える可能性がある。一方，反応時間分割法は前述のように非常に速い反応のデータが不足する可能性がある。

10.6 反応時間の指標

　単純反応時間課題の最小の反応時間は一般に90〜100ミリ秒と推定されている。単純反応時間課題の事態では，試行開始時に予告信号が提示され，その後刺激が提示される。予告信号提示から刺激提示までの準備時間は一定にされたり，ある範囲内で変化されたりする。準備時間は1〜2秒が最適であるといわれるが，固定の準備時間で多数の試行を行っていると実験参加者は刺激の提示されるタイミングを学習し，反応時間を0ミリ秒にできる可能性がある。このような最小反応時間より短い反応時間は予測反応時間とよばれる。多くの実験では予測反応時間が生じると，たとえば100ミリ秒以下を予測反応時間とし，単純に削除して分析がなされる。選択反応時間課題では，予測反応時間より長い反応時間が得られるのが通常である。

10.6.1 外れ値

　反応時間は，刺激の提示から最初の1秒以下の短時間でなされる情報処理のダイナミックスを解明するために測定される。反応時間を計測する場合には，同じ条件で試行を繰り返し，その条件を代表する値を求める。ところが，反応時間測定では，測定値がかなりの範囲でばらつくのが普通である。時には，実験者が想定している「正しい」情報処理過程以外の不適切な過程を経て得られるデータもありうる。実験参加者は推測で判断を行ったり，疲労のために判断が遅れたり，不注意であったりする。そのような場合には，測定された反応時間は極端に短かったり，通常の範囲内であったり，極端に長かったりする。実験者は「不適切なデータ」を「正しいデータ」と区別し，取り除きたいと願っているが，その区別は簡単ではない。極端に反応時間が短い場合には，最小の単純反応時間は約100ミリ秒であることが知られているので，測定器の誤動作，あるいは予測反応としてある基準値（たとえば100ミリ秒）以下のデータを削除することもできる。一方，不適切な反応時間が通常の範囲や長い場合には，区別が非常に困難である。そこで，このような

外れ値（outliers）に対処する方策として，①外れ値の影響を受けない指標を採用する，②外れ値を削除する，③外れ値をほかの値と置き換える，などが考えられている。

一般に，反応時間のデータを分析するための代表値として，算術平均，中央値，幾何平均，調和平均，トリムド平均，ウィンザー化平均などが用いられる。

10.6.2 ディクソンテスト

外れ値の決定は困難であるが，あるサンプルデータが外れ値であるか否かを決定する統計的手法の一つにディクソンテスト（Dixon, 1953；Dixon & Massey, 1969；Snodgrass et al., 1985）がある。この方法では，はじめにサンプルデータを値の大小に応じて順序づける。外れ値と想定される値が大きい値であるならば，最大値から最小値へと順序づけ，外れ値と想定される値が小さい値であるならば最小値から最大値へと順序づける。ここでは，外れ値と想定される値が大きな値である場合を説明する。最大値を X_1，最小値を X_k で表す（k はサンプル数）。ディクソンテストでは 2 番目の最大値と 1 番目の最大値の差（X_2-X_1）とサンプルデータの取りうる全範囲，つまり最小値と最大値の差（X_k-X_1）という 2 つの範囲を示す値の比 r を扱う。r の計算式は $r=(X_2-X_1)/(X_k-X_1)$ となる。ただし，この r 計算式はサンプル数が 3～7 個の場合に使用される。サンプル数が 14～25 個の場合には，$r=(X_3-X_1)/(X_{k-2}-X_1)$ で求められる（表 10.1 参照）。求められた r の値が $P=0.05$ あるいは $P=0.01$ レベルの基準値よりも大きい値であるときには，最大値は異なる母集団からのサンプルであるとして排除されることになる。そして，再びその最大値を排除したサンプルデータに対して，新たな最大値が外れ値であるか否かのテストが繰り返される。

ディクソンテストは，外れ値を統計的に決定できるので便利ではあるが，サンプル数が 3～25 個の場合でしか適用できないという制約がある。

表 10.1 **外れ値検出のためのディクソンテストの表**
(Dixon & Massey, 1969)

統計量	データ数, k	$P=0.10$	$P=0.05$	$P=0.01$
$r=\dfrac{X_2-X_1}{X_k-X_1}$	3	.886	.941	.988
	4	.679	.765	.889
	5	.557	.642	.780
	6	.482	.560	.698
	7	.434	.507	.637
$r=\dfrac{X_2-X_1}{X_{k-1}-X_1}$	8	.479	.554	.683
	9	.441	.512	.635
	10	.409	.477	.597
$r=\dfrac{X_3-X_1}{X_{k-1}-X_1}$	11	.517	.576	.679
	12	.490	.546	.642
	13	.467	.521	.615
$r=\dfrac{X_3-X_1}{X_{k-2}-X_1}$	14	.492	.546	.641
	15	.472	.525	.616
	16	.454	.507	.595
	17	.438	.490	.577
	18	.424	.475	.561
	19	.412	.462	.547
	20	.401	.450	.535
	21	.391	.440	.524
	22	.382	.430	.514
	23	.374	.421	.505
	24	.367	.413	.497
	25	.360	.406	.489

10.6.3　シミュレーション実験での外れ値への対処方法の比較

　反応時間の計測は，同じ条件で多数回試行を繰り返して行われ，得られたデータはある特定の実験条件下での同じ母集団から抽出されたサンプルとみなされる。反応時間データは，同じ条件，同じ実験参加者であっても試行ごとにばらつき，正規分布のように左右対称な分布とはならない。反応時間分布は，左側では急峻な立ち上がりを示し，そして右側では緩やかな長いすそ野を持つ正に歪曲した分布となることが知られている（図10.20参照）。経験的に得られる反応時間分布に適合する理論的分布が提案されているが，とくにex-Gaussian 分布が好まれているようである（Luce, 1986；Ratcliff, 1993；Heathcote et al., 1991）。ex-Gaussian 分布は2つの独立な確率変数 X と Y があり，X が正規分布（平均 μ，標準偏差 σ）に従い，Y が指数分布（平均 τ）に従うとき，X と Y の和 Z が従う分布である（平均 $\mu+\tau$，分散 $\sigma^2+\tau^2$）。ex-Gaussian 分布は3つのパラメータ μ，σ，τ を持つ。かなり大まかにいえば，μ は分布のピークの位置を，σ はピーク周辺の広がりの程度を，τ は分布の右側のすそ野の長さを反映する。ex-Gaussian 分布が好まれる理由の一つには，このようなパラメータと分布形状との対応づけのしやすさがある。

　反応時間データの分析では，データの代表値として算術平均が求められ，実験条件間の平均値の差が分散分析で検定されることが多い。分散分析のようなパラメトリックな検定では，データが正規分布に従うという前提条件が存在する。正規分布に従わないデータについて検定を行うと，検定力が低下し，条件間に本来存在するはずの差異の検出に失敗しやすくなる。

　ラトクリフ（Ratcliff, 1993）は，実験条件間の差異がex-Gaussian 分布の μ（ピークの位置），あるいは τ（分布の右側のすそ野の長さ）に反映されている場合，さらにはデータに外れ値が含まれる場合などを想定したシミュレーション実験を行い，分散分析の検定力がかなり低下することを見出している。反応時間分布のように正に歪曲したデータでは，単純な算術平均では外れ値の影響を強く受けてしまう。そこで，絶対値（たとえば，1,000〜2,500

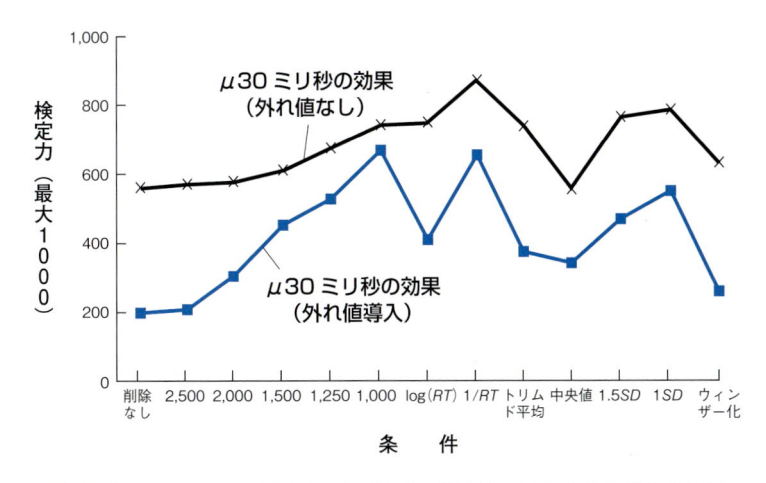

図 10.18 ex-Gaussian 分布の μ に 30 ミリ秒の差異を導入した場合の分散分析の検定力 (Ratcliff, 1993)

ミリ秒）以上を削除する，標準偏差で決定された値（たとえば，$1SD$〜$1.5SD$）以上を削除する，中央値（median）を使用する，対数あるいは逆数変換を行う（$\log(RT)$, $1/RT$），ウィンザー化（$2SD$ 以上の値を $2SD$ の値に置き換える）を行うなど施して分散分析の検定力を比較した。図 10.18 は，条件間に ex-Gaussian 分布の μ に 30 ミリ秒の差異を導入し，外れ値の含まれない場合と含まれる場合において，異なる種類の代表値に基づいて分散分析が行われたときの検定力を図示したものである。ここでの検定力とは，1,000 回の分散分析のシミュレーションにおいて有意差が得られた回数を表している。なお，外れ値の挿入される確率は全データの 0.1% であり，シミュレーションで産出された値に 0〜2,000 ミリ秒のある値が加えられて作られた。条件間の主効果が μ に反映され（分布が全体的に右方向に移動する），外れ値がない場合には，条件間の主要な差異部分が反応分布の右側すそ野部分にないため，図から明らかなように，絶対値によって削除される割合が高くなるほど（削除なしから 1,000 ミリ秒にかけて）検定力は上昇してくる。

標準偏差による削除と逆数や対数への変数変換では検定力が高く，中央値やウィンザー化の検定力は低い。外れ値が挿入された場合には，検定力は全体的に低下する。1,000ミリ秒での削除では検定力は高いままであるが，削除なしの場合では，検定力は大きく低下し，外れ値を放置しては危険であることがわかる。中央値，トリムド平均（各条件，各実験参加者の最大値の削除），ウィンザー化，対数変換では，検定力は低い。一方，標準偏差による削除と逆数変換では相対的に検定力が高い。

絶対値での削除方式は，得られる反応時間データの性質に依存して，検定力が大きく左右されてしまうため，好ましいとはいえない。そこで，標準偏差による削除が頻繁に行われているが，とくに，条件間の差異がτに反映される場合にはこの方法も好ましいものとはいいがたい。実験条件間の効果が小さく，実験参加者間の個人差が大きい場合を想定したシミュレーション実験では，標準偏差に基づく削除は，中央値と同様に好ましい検定力を示した。実験参加者間の個人差が小さい場合には，逆数変換が，個人差が大きい場合には，標準偏差に基づく削除が推奨されている。

10.6.4　反応時間分布全体の分析

得られた反応時間分布に対して最尤法を用いてex-Gaussian分布のフィッティングを行い，分布パラメータ（μ；分布のピークの位置，σ；ピーク周辺の広がりの程度，τ；分布の右側のすそ野の長さ）を推定している研究が見受けられる（たとえば，Balota & Yap, 2011；Heathcote et al., 1991；Hervey et al., 2006）。反応時間のデータ解析に関しては，「reaction time ex-Gaussian distribution」などで検索すると，参考になるウェブサイトを見つけることも可能である。

ここでは，ストループ課題での反応時間分布にex-Gaussian分布を適用した研究を紹介する（Heathcote et al., 1991）。この課題では，REDとGREENという文字刺激がそれと一致する色で提示される一致条件，この2つの単語がそれぞれ反対の色で提示される不一致条件，XXXとXXXXXが赤

図 10.19 ストループ課題での反応時間の分析結果
(Heathcote et al., 1991)

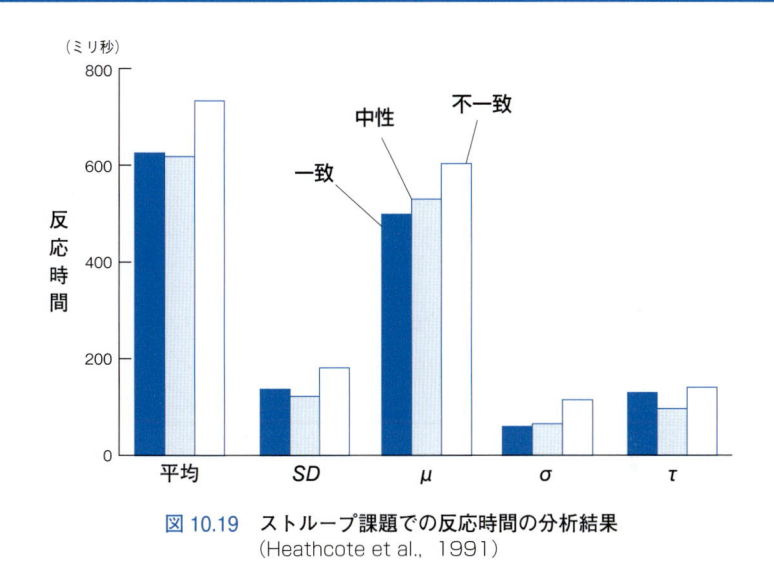

色や緑色で提示される中性条件の 3 つの条件があった。実験参加者は 100 ミリ秒提示される刺激の色をできるだけ正確にかつ速く呼称するように教示され，ボイスキーによる反応時間が測定された。各実験参加者，条件ごとに，平均反応時間と標準偏差が求められ，そして同様に反応時間分布に対して ex-Gaussian 分布のパラメータのフィッティングがなされた。図 10.19 がその結果である。通常の分散分析の結果，不一致条件は中性条件よりも有意に反応時間が長く，ストループ効果が得られ，一致条件と中性条件には有意差が認められなかった。標準偏差（SD）に関しては，中性条件が不一致条件と一致条件よりも小さく，一致条件は不一致条件よりも小さいという結果が得られた。一方，反応時間分布全体に対して ex-Gaussian 分布をフィットさせた結果では，μ の値では不一致条件は中性条件よりも，中性条件は一致条件よりも大きい結果を示した。σ については不一致条件が中性および一致条件より大きく，中性と一致条件では差異は認められなかった。また，τ につ

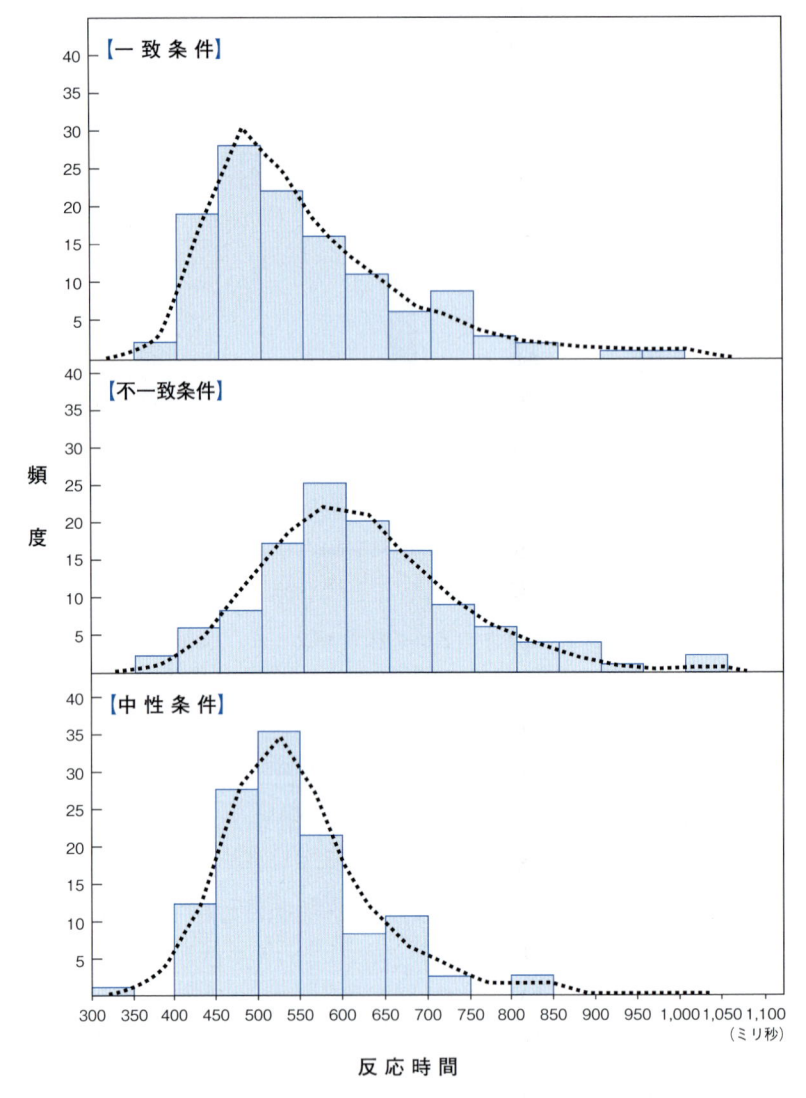

図 10.20　代表的な実験参加者の反応時間分布（Heathcote et al., 1991）

いては不一致条件と一致条件の間には差異が認められないが，両条件が中性条件より大きい結果となった．

　このように，ex-Gaussian 分布をフィットさせた結果は，通常の平均の分析では見逃されていた特徴を明らかにした．図 10.20 は一人の代表的な実験参加者のデータに ex-Gaussian 分布をフィットさせた結果を示している．中性条件の分布に比較すると，一致条件の分布のピークは全体的にやや左側にシフトしているものの右側のすそ野部分は長く，不一致条件の分布のピークは逆に右側にシフトしており，すそ野部分は長く尾を引いていることがわかる．通常の平均反応時間での分析で中性条件と一致条件の間で有意差が認められなかった理由は，μ と τ の影響を互いに打ち消したためであると推測される．

　ストループ課題以外にも，プライミング課題，サイモン課題，語彙判断課題における単語出現頻度の効果，ADHD（注意欠陥多動性障害）児でのゴー・ノーゴー課題などでも反応時間分布全体の分析がなされている（Balota & Yap, 2011；Hervey et al., 2006 など）．

　反応時間分布全体の分析は，通常の分析方法で見逃されていた特徴を発見できるという利点があるが，この分布全体を分析する方法では安定した反応時間分布のパラメータを得るために，各条件で実験参加者ごとに 100 個以上のデータを必要とする．さらに，ex-Gaussian 分布のパラメータと情報処理過程には明確な対応関係が存在するわけではないので，注意が必要である．

引用文献

第2章

Aglioti, S., DeSouza, J. F., & Goodale, M. A. (1995). Size-contrast illusions deceive the eye but not the hand. *Current Biology*, **5**, 679-685.

Biederman, I. (1987). Recognition-by-components : A theory of human image understanding. *Psychological review*, **94**, 115-147.

Boussaoud, D., Desimone, R., & Ungerleider, L. G. (1991). Visual topography of area TEO in the macaque. *Journal of Comparative Neurology*, **306**, 554-575.

Brefczynski, J. A., & DeYoe, E. A. (1999). A physiological correlate of the "spotlight" of visual attention. *Nature Neuroscience*, **2**, 370-374.

Desimone, R., Albright, T. D., Gross, C. G., & Bruce, C. (1984). Stimulus-selective properties of inferior temporal neurons in the macaque. *Journal of Neuroscience*, **4**, 2051-2062.

Downing, P. E., Chan, A. W. Y., Peelen, M. V., Dodds, C. M., & Kanwisher, N. (2006). Domain specificity in visual cortex. *Cerebral Cortex*, **16**, 1453-1461.

Eger, E., Henson, R. N., Driver, J., & Dolan, R. J. (2007). Mechanisms of top-down facilitation in perception of visual objects studied by fMRI. *Cerebral Cortex*, **17**, 2123-2133.

Fang, F., & He, S. (2005). Cortical responses to invisible objects in the human dorsal and ventral pathways. *Nature Neuroscience*, **8**, 1380-1385.

Gattass, R., Sousa, A., & Gross, C. (1988) Visuotopic organization and extent of V3 and V4 of macaque. *Journal of Neuroscience*, **8**, 1831-1845.

Glickstein, M., & Whitteridge, D. (1987). Tatsuji Inouye and the mapping of the visual fields on the human cerebral cortex. *Trends in Neurosciences*, **10**, 350-353.

Goodale, M. A., & Milner, A. D. (1992). Separate visual pathways for perception and action. *Trends in Neurosciences*, **15**, 20-25.

Hinkley, L. B. N., Krubitzer, L. A., Padberg, J., & Disbrow, E. A. (2009). Visual-manual exploration and posterior parietal cortex in humans. *Journal of Neurophysiology*, **102**, 3433-3446.

Inouye, T. (1909). *Die Sehstörungen bei Schußverletzungen der kortikalen Sehsphäre : Nach Beobachtungen an Versundeten der letzten japanische Kriege.* W. Engelmann.

Johnson-Frey, S. H., Maloof, F. R., Newman-Norlund, R., Farrer, C., Inati, S., & Grafton, S. T. (2003). Actions or hand-object interactions? Human inferior frontal cortex and action observation. *Neuron*, **39**, 1053-1058.

Kaas, J. H., Gharbawie, O. A., & Stepniewska, I. (2011). The organization and evolution of dorsal stream multisensory motor pathways in primates. *Frontiers in Neuroanatomy*, **5** : 34.

Marr, D. (1982). *Vision : A computational investigation into the human representation and processing of visual information.* Henry Holt.
(マー, D. 乾　敏郎・安藤広志（訳）(1987). ビジョン――視覚の計算理論と脳内表現―― 産業図書)

Marr, D., & Nishihara, H. K. (1978). Representation and recognition of the spatial organization of three-dimensional shapes. *Proceedings of the Royal Society of London.*

Series B. Biological Sciences, **200**, 269-294.
Mishkin, M., Ungerleider, L. G., & Macko, K. A. (1983). Object vision and spatial vision : Two cortical pathways. *Trends in Neurosciences*, **6**, 414-417.
Riddoch, G. (1917). Dissociations of visual perception due to occipital injuries, with especial reference to appreciation of movement. *Brain*, **40**, 15-57.
Sakata, H., Taira, M., Murata, A., & Mine, S. (1995). Neural mechanisms of visual guidance of hand action in the parietal cortex of the monkey. *Cerebral Cortex*, **5**, 429-438.
Spiridon, M., Fischl, B., & Kanwisher, N. (2006). Location and spatial profile of category-specific regions in human extrastriate cortex. *Human Brain Mapping*, **27**, 77-89.
Tanaka, K., Saito, H., Fukada, Y., & Moriya, M. (1991). Coding visual images of objects in the inferotemporal cortex of the macaque monkey. *Journal of Neurophysiology*, **66**, 170-189.
Tarr, M. J., & Bülthoff, H. H. (1998). Image-based object recognition in man, monkey and machine. *Cognition*, **67**, 1-20.
Tong, F., Meng, M., & Blake, R. (2006). Neural bases of binocular rivalry. *Trends in Cognitive Sciences*, **10**, 502-511.
von der Heydt, R., Peterhans, E., & Baumgartner, G. (1984). Illusory contours and cortical neuron responses. *Science*, **224**, 1260-1262.
Valyear, K. F., Culham, J. C., Sharif, N., Westwood, D., & Goodale, M. A. (2006). A double dissociation between sensitivity to changes in object identity and object orientation in the ventral and dorsal visual streams : A human fMRI study. *Neuropsychologia*, **44**, 218-228.
Weiskrantz, L., Warrington, E. K., Sanders, M. D., & Marshall, J. (1974). Visual capacity in the hemianopic field following a restricted occipital ablation. *Brain*, **97**, 709-728.

第3章

Ayres, A. J. (1979). *Sensory integration and the child*. Western Psychological Service.
　　（Ayres, A. J.　佐藤　剛（監訳）(1983). 子どもの発達と感覚統合　協同医書出版社）
Bower, T. (1977). *The perceptual world of the child*. Fontana.
　　（バウアー, T. 古崎愛子（訳）(1979). 乳幼児の知覚世界――そのすばらしき能力――　サイエンス社）
Butterworth, G., & Hopkins B. (1988). Hand-mouth coordination in the new-born baby. *British Journal of Developmental Psychology*, **6**, 303-314.
Fox, E., Russo, R., Bowles, R. J., & Dutton, K. (2001). Do threatening stimuli draw or hold visual attention in sub-clinical anxiety? *Journal of Experimental Psychology : General*, **130**, 681-700.
藤田貴子・山崎貴男・飛松省三（2007）. 自閉症スペクトラムにおける視空間認知障害　心理学評論, **50**, 46-53.
岩堀修明（2011）. 図解 感覚器の進化――原始動物からヒトへ水中から陸上へ――　講談社
Johnson, M. H. (2005). Subcortical face processing. *Nature Reviews Neuroscience*, **6**, 766-774.
鴨下賢一（2008）. 感覚・認知発達指導　大城昌平・木原秀樹（編）　新生児理学療法　メディカルプレス　pp.204-213.
小西行朗（2008）. 胎児・新生児の発達　大城昌平・木原秀樹（編）　新生児理学療法　メ

ディカルプレス　pp.14-25.
Kuhl, P. K., Stevens, E., Hayashi, A., Deguchi, T., Kiritani, S., & Iverson, P. (2006). Infants show a facilitation effect for native language phonetic perception between 6 and 12 months. *Developmental Science*, **9**, 13-21.
松田隆夫（2000）．知覚心理学の基礎　培風館
Meltzoff, A. N., & Borton, R. W. (1979). Intermodal matching by human neonates. *Nature*, **282**, 403-404.
三輪高喜（2006）．嗅覚の発達　子どもと発育発達，**4**, 26-31.
明和政子（2008）．身体マッピング能力の起源を探る　ベビーサイエンス，**8**, 2-13.
長田久雄（1993）．高齢者の感覚と知覚　井上勝也・木村　周（編）　新版 老年心理学　朝倉書店
中川敦子（2011）．注意と自己制御　平木典子・稲垣佳世子・斉藤こずゑ・高橋惠子・氏家達夫・湯川良三（編）　児童心理学の進歩［2011年版］　金子書房　pp.29-55.
Nakagawa, A., & Sukigara, M. (2012). Difficulty in disengaging from threat and temperamental negative affectivity in early life : A longitudinal study of infants aged 12-36 months. *Behavioral and Brain Functions*, **8**, 40.
根ヶ山光一・山口　創（2005）．母子におけるくすぐり遊びとくすぐったさの発達　小児保健研究，**64**, 451-460.
丹生健一（2008）．嗅覚の加齢とアンチエイジング　アンチエイジング医学，**4**, 625-628.
Peltola, M. J., Leppänen, J. M., Palokangas, T., & Hietanen, J. K. (2008). Fearful faces modulate looking duration and attention disengagement in 7-month-old infants. *Developmental Science*, **11**, 60-68.
Posner, M. I., & Raichle, M. E. (1994). *Images of mind*. Scientific American Library.
　　（ポスナー，M. I.・レイクル，M. E.　養老孟司・加藤雅子・笠井清登（訳）（1997）．脳を観る――認知神経科学が明かす心の謎――　日経サイエンス社）
Posner, M. I., Rothbart, M. K., Sheese, B. E., & Voelker, P. (2012). Control networks and neuromodulators of early development. *Developmental Psychology*, **48** (3), 827-835.
Rochat, P. (2001). *The infant world*. Harvard University Press.
　　（ロシャ，P. 板倉昭二・開　一夫（訳）（2004）．乳児の世界　ミネルヴァ書房）
Spelke, E. S. (1976). Infants' intermodal perception of events. *Cognitive Psychology*, **8**, 553-560.
Stevens, J. C., & Choo, K. K. (1996). Spatial acuity of the body surface over the life span. *Somatosensory and Motor Research*, **13**, 153-166.
立木　孝・笹森史朗・南　吉昇・一戸孝七・村井和夫・村井盛子・河嶋　寛（2002）．日本人聴力の加齢変化の研究　*Audiology Japan*, **45**, 241-250.
和田有史（2008）．五感を統合する力　発達，**116**, 23-29.
和氣典二（2007）．触覚の基礎　大山　正・今井省吾・和氣典二・菊地　正（編）　新編 感覚・知覚心理学ハンドブック　Part2　誠信書房　pp.381-410.
Werker, J. F., & Tees, R. C. (1984). Cross-language speech perception : Evidence for perceptual reorganization during the first year of life. *Infant Behavior and Development*, **7**, 49-63.
Wilcox, T., Haslup, J., & Boas, D. A. (2010). Dissociation of processing of featural and spatiotemporal information in the infant cortex. *Neuroimage*, **53**, 1256-1263.

山口真実・金沢　創（2008）．赤ちゃんの視覚と心の発達　東京大学出版

第4章

Amoore, J. E., Pelosi, P., & Forrester, L. J. (1977). Specific anosmias to 5α-androst-16-en-3-one and ω-pentadecalactone : The ruinous and musky primary odors. *Chemical Senses and Flavor*, **2**, 401-425.

Ayabe-Kanamura, S., Schicker, I., Laska, M., Hudson, R., Distel, H., Kobayakawa, T., & Saito, S. (1998). Differences in perception of everyday odors : A Japanese-German cross-cultural study. *Chemical Senses*, **23**, 31-38.

Bensafi, M., Porter, J., Pouliot, S., Mainland, J., Johnson, B., Zelano, C., Young, N., Bremner, E., Aframian, D., Khan, R., & Sobel, N. (2003). Olfactomotor activity during imagery mimics that during perception. *Nature Neuroscience*, **6**, 1142-1144.

Birnbaum, M. (2011). *Season to taste*. Ecco Press.
　（バーンバウム，M.　ニキリンコ（訳）（2013）．アノスミア——わたしが嗅覚を失ってからとり戻すまでの物語——　勁草書房）

Cain, W. S. (1979). To know with the nose : Keys to odor identification. *Science*, **203**, 467-470.

Cain, W. S., & Johnson, F. (1978). Lability of odor pleasantness : Influence of mere exposure. *Perception*, **7**, 459-465.

Cain, W. S., de Wijk, R., Lulejian, C., Schiet, F., & See, L. C. (1998). Odor identification : Perceptual and semantic dimensions. *Chemical Senses*, **23**, 309-326.

Carrasco, M., & Ridout, B. (1993). Olfactory perception and olfactory imagery : A multidimensional analysis. *Journal of Experimental Psychology : Human Perception and Performance*, **19**, 287-301.

Chrea, C., Valentin, D., Sulmont-Rosse, C., Nguyen, D. H., & Abdi, H. (2005). Semantic, typicality and odor representation : A cross-cultural study. *Chemical Senses*, **30**, 37-49.

Dalton, P. (1996). Odor perception and beliefs about risk. *Chemical Senses*, **21**, 447-458.

Dalton, P., & Wysocki, C. J. (1996). The nature and duration of adaptation following long-term exposure to odors. *Perception and Psychophysics*, **58**, 781-792.

Distel, H., Ayabe-Kanamura, S., Martinez-Gomez, M., Schicker, I., Kobayakawa, T., Saito, S., & Hudson, R. (1999). Perception of everyday odors : Correlation between intensity, familiarity and strength of hedonic judgment. *Chemical Senses*, **24**, 191-199.

Distel, H., & Hudson, R. (2001). Judgment of odor intensity is influenced by subjects' knowledge of the odor source. *Chemical Senses*, **26**, 247-252.

Djordjevic, J., Zatorre, R. J., & Jones-Gotman, M. (2004). Effects of perceived and imagined odors on taste detection. *Chemical Senses*, **29**, 199-208.

Dravnieks, A. (1985). *Atlas of odor character profiles*. ASTM. Data Series DS 61.

Engen, T., Kuisma, J. E., & Eimas, P. D. (1973). Short-term memory of odors. *Journal of Experimental Psychology*, **99**, 222-225.

Engen, T., & Ross, B. M. (1973). Long-term memory of odors with and without verbal descriptions. *Journal of Experimental Psychology*, **100**, 221-227.

Herz, R. S. (2004). A naturalistic analysis of autobiographical memories triggered by olfactory visual and auditory stimuli. *Chemical Senses*, **29**, 217-224.

Herz, R. S., & von Clef, J. (2001). The influence of verbal labeling on the perception of

odors: Evidence for olfactory illusions? *Perception*, **30**, 381-391.
樋口貴広・庄司　健・畑山俊輝 (2002). 香りを記述する感覚形容語の心理学的検討　感情心理学研究, **8**, 45-59.
Jehl, C., Royet, J. P., Holley, A. (1997). Role of verbal encoding in short- and long-term odor recognition. *Perception and Psychophysics*, **59**, 100-110.
Khan, R. M., Luk, C. H., Flinker, A., Aggarwal, A., Lapid, H., Haddad, R., & Sobel, N. (2007). Predicting odor pleasantness from odorant structure: Pleasantness as a reflection of the physical world. *Journal of Neurosciences*, **27**, 10015-10023.
Koenig, O., Bourron, G., & Royet, J. P. (2000). Evidence for separate perceptive and semantic memories for odours: A priming experiment. *Chemical Senses*, **25**, 703-708.
Laing, D. G., Legha, P. K., Jinks, A. L., & Hutchinson, I. (2003). Relationship between molecular structure, concentration and odor qualities of oxygenated aliphatic molecules. *Chemical Senses*, **28**, 57-69.
Lehrner, J. P., Walla, P., Laska, M., & Deecke, L. (1999). Different forms of human odor memory: A developmental study. *Neuroscience*, **272**, 17-20.
Lyman, B. J., & McDaniel, M. A. (1986). Memory for odors and odor names: Modalities of elaboration and imagery. *Journal of Experimental Psychology: Learning, Memory, and Cognition*, **16**, 656-664.
Mombaerts, P. (2004). Genes and ligands for odorant, vomeronasal and taste receptors. *Nature Reviews Neuroscience*, **5**, 263-278.
Paivio, A. (1971). *Imagery and verbal processes*. Holt, Rinehart and Winston.
Quignon, P., Kirkness, E., Cadieu, E., Touleimat, N., Guyon, R., Renier, C., Hitte, C., Andre, C., Fraser, C., & Galibert, F. (2003). Comparison of the canine and human olfactory receptor gene repertoires. *Genome Biology*, **4**, R80.
Rolls, B. J., Rolls, E. T., Rowe, E. A., & Sweeney, K. (1981). Sensory specific satiety in man. *Physiology and Behavior*, **27**, 137-142.
Rolls, E. T., & Rolls, J. H. (1997). Olfactory sensory-specific satiety in humans. *Physiology and Behavior*, **61**, 461-473.
斉藤幸子・飯田健夫・坂口　豁・児玉廣之 (1997). 悪臭の質の記述の特徴　臭気の研究, **28**, 32-43.
斉藤幸子・綾部早穂・小早川達 (2008). 持続臭気の時間依存強度と知覚特性の関係　におい・かおり環境学会誌, **39**, 399-407.
Schab, F. R., & Crowder, R. G. (1995). Implicit measures of odor memory. In F. R. Schab, & R. G. Crowder (Eds.), *Memory for odors*. Erlbaum. pp.71-91.
杉山東子 (2007). ニオイ認知過程における嗅覚表象の性質　筑波大学大学院人間総合科学研究科心理学専攻博士論文.
杉山東子・綾部早穂・菊地　正 (2000). ラベルがニオイの知覚に及ぼす影響　日本味と匂学会誌, **7**, 489-492.
杉山東子・綾部早穂・菊地　正 (2003). ニオイ同定課題における発話を用いた認知過程の分析　筑波大学心理学研究, **25**, 9-15.
Sugiyama, H., Ayabe-Kanamura, S., & Kikuchi, T. (2006). Are olfactory images sensory in nature? *Perception*, **35**, 1699-1708.
竹内晴彦・青木恵子・斉藤幸子・綾部早穂・半田　高 (1995). 花の香りの官能評価用語の選定　生命工学工業技術研究所研究報告, **3**, 13-22.

戸田英樹・斉藤幸子・杉山東子・後藤なおみ・小早川達（2007）．認知的要因が特定悪臭物質の快不快に及ぼす影響――臭気順応測定システムによる計測――　におい・かおり環境学会誌, **38**, 18-23.
上野吉一（1992）．自由想起法による匂いの定性的知覚の研究　心理学研究, **63**, 256-261.
Walk, H. A., & Johns, E. E.（1984）. Interference and facilitation in short-term memory for odors. *Perception and Psychophysics*, **36**, 508-514.
Weismann, M., Yousry, I., Heuberger, E., Nolte, A., Ilmberger, J., Kobal, G., Yousry, T. A., Kettenmann, B., & Nadich, T. P.（2001）. Functional magnetic resonance imaging of human olfaction. *Neuroimaging Clinics of North America*, **11**, 237-250.
Willander, J., & Larsson, M.（2006）. Smell your way back to childhood：Autobiographical odor memory. *Psychonomic Bulletin and Review*, **13**, 240-244.
Wilson, D. A., & Stevenson, R. J.（2006）. *Learning to smell：Olfactory perception from neurobiology to behavior*. The Johns Hopkins University Press.
　　（ウィルソン，D. A.・スティーブンソン，R. J.　鈴木まや・柾木隆寿（監訳）（2012）．「においオブジェクト」を学ぶ――神経生物学から行動科学が示すにおいの知覚――　フレグランスジャーナル社）
Wysocki, C. J., Dorries, K. M., & Beauchamp, G. K.（1989）. Ability to perceive androstenone can be acquired by ostensibly anosmic people. *Proceedings of the National Academy of Sciences of the United States of America*, **86**, 7976-7978.
山本晃輔（2008）．においによる自伝的記憶の無意図的想起の特性――プルースト現象の日誌法的検討――　認知心理学研究, **6**, 65-73.

第5章

Boselie, F., & Wouterlood, D.（1992）. A critical discussion of Kellman and Shipley's（1991）. theory of occlusion phenomena. *Psychological Research*, **54**, 278-285.
Cutting, J. E.（1978）. Generation of synthetic male and female walkers through manipulation of a biomechanical invariant. *Perception*, **7**, 393-405.
Dallenbach, K. M.（1951）. A puzzle-picture with a new principle of concealment. *American Journal of Psychology*, **64**, 431-433.
de Wit, T. C. J., & van Lier, R.（2002）. Global visual completion of quasi-regular shapes. *Perception*, **31**, 969-984.
Dittrich, W. H.（1993）. Action categories and perception of biological motion. *Perception*, **22**, 15-22.
Dittrich, W. H., Troscianko, T., Lea, S. E. G., & Morgan, D.（1996）. Perception of emotion from dynamic point-light displays represented in dance. *Perception*, **25**, 727-738.
Ferrari, M.（1992）. *Color for survival：Mimicry and camouflage in nature*. EDIZONE WHITE STAR.
　　（フェラーリ，M.　池田清彦（訳）（1994）．擬態生物の世界　新潮社　pp.14-15.）
Hochberg, J. E., & Hardy, D.（1960）. Brightness and proximity factors in grouping. *Perceptual and Motor Skills*, **10**, 22.
Hochberg, J. E., & Silberstein, A. A.（1956）. A quantitative index of stimulus similarity：Proximity vs. differences in brightness. *American Journal of Psychology*, **69**, 456-458.
Johansson, G.（1973）. Visual perception of biological motion and a model for its analysis.

Perception and Psychophysics, **14**(2), 201-211.
Johansson, G. (1975). Visual motion perception. *Scientific American*, **232**, 76-88.
（ヨハンソン，G. 河内十郎（訳）(1975). 人は動くものをどう見る 本明 寛（編） 別冊サイエンス 特集 視覚の心理学——イメージの世界—— 日本経済新聞社 pp.108-117.
Kanizsa, G. (1979). *Organization in vision : Essays on gestalt perception*. Preager.
（カニッツァ，G. 野口 薫（監訳）(1985). カニッツァ 視覚の文法——ゲシュタルト知覚論—— サイエンス社）
Kubovy, M., & Wagemans, J. (1995). Grouping by proximity and multistability in dot lattices : A quantitative gestalt theory. *Psychological Science*, **6**(4), 225-234.
Markovich, S. (2002). A modal completion in visual perception. *Visual Mathematics*, **4**(1) ; http://www. mi. sanu. ac. rs/vismath/fila
Mather, G., & Murdoch, L. (1994). Gender discrimination in biological motion display based on dynamic cues. *Proceedings of the Royal Society of London, SeriesB, Biological Sciences* **258**, 273-279.
Metelli, F. (1940). Ricerche sperimentali sulla percezione del movement. *Revista di Psicologia*, **36**, 319-370.
Metzger, W. (1953). *Gesetze des Sehens*. 2nd ed. Verlag von Waldemar Kramer.
（メッツガー，W. 盛永四郎（訳）(1968). 視覚の法則 岩波書店）
Micella, F., & Pinna, B. (1987). Segregazion in profondiata e modificazione della grandezza fenomenica come effetti correlati del completamento amodale. *Giornale Italiano di Psicologia*, **14**, 97-112.
Musatti, C. L. (1924). Sui fenomeni stereocinetic. *Archivio Italiano di Psicologia*, **3**, 105-120.
(Trs. by Flock, H. R., & Bartori, C. (1962). Stereokinetic phenomena. Psychology Department, Cornell University.)
大山 正（1960). 群化現象における近接と類同の要因の量的研究 日本心理学会第24回大会発表論文集，44.
Oyama, T. (1961). Perceptual grouping as a function of proximity. *Perceptual and Motor Skills*, **13**, 305-306.
Palmer, S. E. (1999). *Vision science : Photons to phenomenology*. MIT press.
Palmer, S. E., & Beck, D. H. (2007). The repetition discrimination task : An objective method for studying perceptual grouping. *Perception and Psychophysics*, **69**(1), 68-78.
Palmer, S. E., & Levitin, D. J. (1998). Synchrony : A new principle of perceptual grouping. Paper presented at the 39th Annual Meeting of the Psychonomic Society.
Parks, T. E. (1994). On the microgenesis of illusory figures : A failure to replicate. *Perception*, **23**, 857-862.
Parks, T. E. (1995). The microgenesis of illusory figures : Evidence for visual hypothesis testing. *Perception*, **24**, 681-684.
Reynolds, R. I. (1981). Perception of an illusory contour as a function of processing time. *Perception*, **10**, 107-115.
Rubin, E. (1921). *Visuell Wahrgenommene Figuren*. Glydenalske Boghandel.
Sekuler, A. B., & Murray, R. F. (2001). Amodal completion : A case study in grouping. in T. F. Shipley, & P. J. Kellman (Eds.), *From fragments to objects : Grouping and segmentation in vision*. Elsevier Press. pp.265-294.

椎名　健（2008）．かたちの知覚　菊池　正（編）　感覚知覚心理学　朝倉書店
Sumi, S.（1984）. Upside-down presentation of Johanson moving light-spot pattern. *Perception*, **13**, 283-286.
鷲見成正（1986）．Stroboscopic Vision における運動視知覚特性　テレビジョン学会技術報告，**9**(49)，1-6.
Sumi, S.（1989）. Kinetic contours in rotating objects. *Perception*, **18**, 293-302.
高橋晋也（1990）．瞬間呈示法による主観的輪郭の微小生成過程の検討──誘導図形の見えを手掛かりとして──　電子情報通信学会技術研究報告（画像工学），**89**(363)，7-12.
高橋晋也（1991）．主観的輪郭の微小生成過程における図形手がかりの作用の検討　心理学研究，**62**，212-215.
Takahashi, S.（1993）. Microgenetic process of perception of subjective contour using "self-sufficient"-inducing pattern. *Perceptual and Motor Skills*, **77**, 179-185.
Takahashi, S.（1994）. Microgenetic process of subjective contour perception in "noise-containing" inducing patterns. *Japanese Psychological Research*, **36**, 195-200.
Takashima, M., Fujii, T., & Shiina, K.（2009）. Amodal completion is not completed only behind the occluder. *Perception*, **38**, 1410-1412.
高島　翠・藤井輝男・椎名　健（2010）．アモーダル知覚における異方性　基礎心理学研究，**28**(2)，232-238.
Unuma, H., & Tozawa, J.（1994）. Perception of illusory contour and spatio-temporal integration in the visual system. *Japanese Psychological Research*, **36**, 188-194.
van Lier, R., der Helm, P., & Leeuwenberg, E.（1995）. Competing global and local completions in visual occlusion. *Journal of Experimental Psychology : Human Perception and Performance*, **21**, 571-583.
Vezzani, S.（1999）. Shrinkage and expansion by amodal completion : A critical review. *Perception*, **28**, 935-947.
Wouterlood, D., & Boselie, F.（1992）. A good continuation model of some occlusion phenomena. *Psychological Research*, **54**, 267-277.
Zanforlin, M.（1981）. *Perception of apparent width using adjacent surfaces* Ⅱ *: Apparent shrinkage and expansion of adjacent (or striped) surfaces : An explanatory hypothesis*. Report number 37, Institute of Psychology, University of Padova.

第6章

Cavanagh, P.（1989）. Multiple analyses of orientation in the visual system. In D. M. Lam, & C. D. Gilbert（Eds.）, *Neural mechanisms of visual perception*. Portfolio Publishing Company. pp.261-279.
Cavanagh, P., Arguin, M., & Treisman, A.（1990）. Effects of surface medium on visual search for orientation and size features. *Journal of Experimental Psychology : Human Perception and Performance*, **16**(3), 479-491.
Livingstone, M. S., & Hubel, D. H.（1987）. Psychophysical evidence for separate channels for the perception of form, color, movement, and depth. *Journal of Neuroscience*, **7**, 3416-3466.
Morita, H., Morita, M., & Kumada, T.（2003）. Integration process of contours defined by different attributes. *Cognitive Brain Research*, **36**(4), 211-218.

Morita, M., Morokami, S., & Morita, H. (2010). Attribute pair-based visual recognition and memory. *PLoS ONE*, **5**(3), e9571.

Rousselet, G. A., Mace, M. J. M., & Fabre-Thorpe, M. (2003). Is it an animal? Is it a human face? Fast processing in upright and inverted natural scenes. *Journal of Vision*, **3**, 440-455.

Thorpe, S., Fize, D., & Marlot, C. (1996). Speed of processing in the human visual system. *Nature*, **381**(6), 520-522.

Treisman, A. (1986). Features and objects in visual processing. *Scientific American*, **255**, 106-115.
（トリーズマン，A. 髙野陽太郎（訳）(1987). 特徴と対象の視覚情報処理 サイエンス, **17**, 86-98.）

Treisman, A. M., & Gelade, G. (1980). A feature-integration theory of attention. *Cognitive Psychology*, **12**, 97-136.

Treisman, A., & Gormican, S. (1988). Feature analysis in early vision : Evidence from search asymmetries. *Psychological Review*, **95**, 15-48.

Treisman, A., & Schmidt, H. (1982). Illusory conjunctions in the perception of objects. *Cognitive Psychology*, **14**, 107-141.

Ungerleider, L. G., & Mishkin, M. (1982). Two cortical visual systems. In D. J. Ingle, M. A. Goodale, & R. J. W. Mansfield (Eds.), *Analysis of visual behavior*. MIT Press. pp.549-586.

Zeki, S. (1999). *Inner vision : An exploration of art and the brain*. Oxford University Press.
（ゼキ，S. 河内十郎（監訳）(2002). 脳は美をいかに感じるか——ピカソやモネが見た世界—— 日本経済新聞社）

Zihl, J., von Carmon, D., & Mai, N. (1983). Selective disturbance of movement vision after bilateral brain damage. *Brain*, **106**, 313-340.

第7章

Bornstein, R. F., & D'Agostino, P. R. (1992). Stimulus recognition and the mere exposure effect. *Journal of Personality and Social Psychology*, **63**, 545-552.

Broadbent, D. E. (1958). *Perception and communication*. Pergamon.

Bruner, J. S., & Postman, L. (1947). Enituibak selectivity in perception and reaction. *Journal of Personality*, **16**, 69-77.

Cheesman, J., & Merikle, P. M. (1984). Priming with and without awareness. *Perception and Psychophysics*, **36**, 387-395.

Cherry, E. C. (1953). Some experiments on the recognition of speech, with one and with two ears. *The Journal of the Acoustical Society of America*, **25**, 975-979.

Colman, A. M. (Ed.) (2001). *Oxford dictionary of psychology*. Oxford University Press.

de Haan, E. H. F., Young, A., & Newcombe, F. (1987). Face recognition without awareness. *Cognitive Neuropsychology*, **4**, 385-415.

Deutsch, J. A., & Deutsch, D. (1963). Attention : Some theoretical considerations. *Psychological Review*, **70**, 80-90.

Driver, J., & Tipper, S. P. (1989). On the nonselectivity of 'selective' seeing : Contrasts between interference and priming in selective attention. *Journal of Experimental Psychology : Human Perception and Performance*, **15**, 304-314.

Eriksen, B. A., Eriksen, C. W. (1974). Effects of noise letters upon identification of a target letter in a non-search task. *Perception and Psychophysics*, **16**, 143-149.
Fenske, M. J., & Raymond, J. E. (2006). Affective influences of selective attention. *Current Directions in Psychological Science*, **15**, 312-316.
Fernandez-Duque, D., & Thornton, I. M. (2000). Change detection without awareness : Do explicit reports underestimate the representation of change in the visual system? *Visual Cognition*, **7**, 323-344.
Francolini, C. M., & Egeth, H. E. (1980). On the nonautomaticity of "automatic" activation : Evidence of selective seeing. *Perception and Psychophysics*, **27**, 331-342.
菊地　正・八木善彦 (2003). 注意の基礎理論　大山　正・今井省吾・和氣典二・菊地　正 (編)　新編 感覚・知覚心理学ハンドブック　Part2　誠信書房　pp.48-57.
Kunst-Wilson, W. R., & Zajonc, R. B. (1980). Affective discrimination of stimuli that cannot be recognized. *Science*, **207**, 557-558.
Lavie, N. (1995). Perceptual load as a necessary condition for selective attention. *Journal of Experimental Psychology : Human Perception and Performance*, **21**, 451-468.
Lavie, N. (2001). The role of capacity limits in selective attention : Behavioral evidence and implications for neural activity. In J. Braun, & C. Koch (Eds.), *Visual attention and cortical circuits*. MIT Press. pp.49-68.
Lavie, N., & Cox, S. (1997). On the efficiency of visual selective attention : Efficient visual search leads to inefficient distractor rejection. *Psychological Science*, **8**, 395-398.
Mack, A., & Rock, I. (1998). *Inattentional blindness*. MIT Press.
Marcel, A. J. (1983). Conscious and unconscious perception : Experiments on visual masking and word recognition. *Cognitive Psychology*, **15**, 197-237.
Marshall, J. C., & Halligan, P. W. (1988). Blindsight and insight in visuo-spatial neglect. *Nature*, **336**, 766-767.
McGinnies, E. (1949). Emotionality and perceptual defense. *Psychological Review*, **56**, 244-251.
Mitroff, S. R., Simons, D.J., & Levin, D. T. (2004). Nothing compares 2 views : Change blindness can occur despite preserved access to the changed information. *Perception and Psychophysics*, **66**, 1268-1281.
Moore, C. M., & Egeth, H. (1997). Perception without attention : Evidence of grouping under conditions of inattention. *Journal of Experimental Psychology : Human Perception and Performance*, **23**, 339-352.
Moray, N. (1959). Attention in dichotic listening : Affective cues and the influence of instructions. *Quarterly Journal of Experimental Psychology*, **11**, 58-60.
Monahan, J. L., Murphy, S. T., & Zajonc, R. B. (2000). Subliminal mere exposure : Specific, general, and diffuse effects. *Psychological Science*, **11**, 462-466.
Murphy, S. T., & Zajonc, R. B. (1993). Affect, cognition, and awareness : Affective priming with optimal and suboptimal stimulus exposures. *Jounal of Personality and Social Psychology*, **64**, 723-739.
Ortells, J. J., & Daza, M. T. (2003). Semantic activation in the absence of perceptual awareness. *Perception and Psychophysics*, **65**, 1307-1317.
Palmer, S. E. (1999). *Vision science : Photons to phenomenology*. MIT Press.
Raymond, J. E., Fenske, M. J., & Tavassoli, N. T. (2003). Selective attention determines

emotional responses to novel visual stimuli. *Psychological Science*, **14**, 537-542.
Rock, I., Linnett, C. M., & Grant, P. (1992). Perception without attention : Results of a new method. *Cognitive Psychology*, **24**, 502-534.
Rafal, R., & Robertson, L. (1995). The neurology of visual attention. In M. S. Gazzaniga (Ed.), *The cognitive neurosciences*. MIT Press. pp.625-648.
Rensink, R. A., O'Regan, J. K., & Clark, J. J. (1997). To see or not to see : The need for attention to perceive change in scene. *Psychological Science*, **8**, 368-373.
新村 出（編）(2008). 広辞苑［第六版］ 岩波書店
Simons, D. J., & Ambinder, M. S. (2004). Change blindness. *Current Directions in Psychological Science*, **14**, 44-48.
Simons, D. J., & Levin, D. T. (1998). Failure to detect changes to people during a real-world interaction. *Psychonomic Bulletin and Review*, **5**, 644-649.
Simons, D. J., & Chabris, C. F. (1999). Gorillas in our midst : Sustained inattentional blindness for dynamic events. *Perception*, **28**, 1059-1074.
鈴木光太郎（2008）. オオカミ少女はいなかった――心理学の神話をめぐる冒険―― 新曜社
Treisman, A. (1969). Strategies and models of selective attention. *Psychological Review*, **76**, 282-299.
Weiskrantz, L., Elizabeth, K., Warrington, E. K., Sanders, M. D., & Marshall, J. (1974). Visual capacity in the hemianopic field following a restricted occipital ablation. *Brain*, **97**, 709-728.
Yagi, Y., Ikoma, S., & Kikuchi, T. (2009). Attentional modulation of the mere exposure effect. *Journal of Experimental Psychology : Learning, Memory, and Cognition*, **35**, 1403-1410.
Zajonc, R. B. (1968). Attitudinal effects of mere exposure. *Journal of Personality and Social Psychology, Monograph Supplement*, **9**, 1-27.

第8章

Ashcraft, M. H. (2002). *Cognition*. 3rd ed. Prentice Hall.
Bregman, A. S. (1990). *Auditory scene analysis : The perceptual organization of sound*. MIT Press.
Cherry, E. C. (1953). Some experiments on the recognition of speech, with one and with two ears. *Journal of the Acoustical Society of America*, **25**, 975-979.
Darwin, C. J., Turvey, M. T., & Crowder, R. G. (1972). An auditory analogue of the Sperling partial report procedure : Evidence for brief auditory storage. *Cognitive Psychology*, **3**, 255-267.
Denes, P. B., & Pinson, E. N. (1963). *The speech chain*. 2nd ed. W. H. Freeman.
Deatherage, B. H., & Hirsh, I. J. (1959). Auditory localization of clicks. *Journal of the Acoustical Society of America*, **31**, 486-492.
Driver, J. (1996). Enhancement of selective listening by illusory mislocation of speech sounds due to lip-reading. *Nature*, **381**, 66-68.
Efron, R. (1970). Effect of stimulus duration on perceptual onset and offset latencies. *Perception and Psychophysics*, 231-234.
Elliot, L. L. (1962). Backward masking : Monotic and dichotic conditions. *Acoustical Society of America*, **34**, 1108-1115.

Elliot, L. L. (1971). Backward and forward masking. *Audiology*, **10**, 65-76.
Gardner, M. B. (1969). Distance estimation of 0° or apparent 0°-oriented speech signals in anechoic space. *Journal of the Acoustical Society of America*, **45**, 47-53.
国際電気通信基礎技術研究所（編）(1994). 視聴覚情報科学――人間の認知の本質にせまる―― オーム社
Lee, B. S. (1950). Effects of delayed speech feedback. *Journal of the Acoustical Society of America*, **22**, 824-825.
Massaro, D. W. (1973). A comparison of forward versus backward recognition masking. *Journal of Experimental Psychology*, **100**, 434-436.
McGurk, H., & MacDonald, J. (1976). Hearing lips and seeing voices. *Nature*, **264**, 746-748.
Moore B. C. J. (1989). *An introduction to the psychology of hearing*. 3rd ed. Academic Press.
（ムーア，B. C. J. 大串健吾（監訳）(1994). 聴覚心理学概論 誠信書房）
Neisser, U. (1967). *Cognitive psychology*. Appleton.
（大羽 蓁（訳）(1981). 認知心理学 誠信書房）
恩藤知典（編）(1991). スーパー理科事典 受験研究社
Sperling, G. (1960). The information available in brief visual presentations. *Psychological Monographs：General and Applied*, **74**, 1-30.
Thurlow, W. R., & Elfner, L. F. (1959). Continuity effects with alternately sounding tones. *Journal of the Acoustical Society of America*, **31**, 1337-1339.
van Noorden, L. P. A. S. (1977). Minimum differences of level and frequency for perceptual fission of tone sequences ABAB. *Journal of the Acoustical Society of America*, **61**, 1041-1045.
Warren, R. M., Obusek, C. J., & Ackroff, J. M. (1972). Auditory induction：Perceptual synthesis of absent sounds. *Science*, **176**, 1149-1151.
Warren, R. M., & Warren, R. P. (1970). Auditory illusions and confusions. *Scientific American*, **223**, 30-36.

第9章

Anstis, S. M. (1973). Hearing with the hands. *Perception*, **2**, 337-341.
Aspell, J. E., Lenggenhager, B., & Blanke, O. (2009). Keeping in touch with one's self：Multisensory mechanisms of self-consciousness. *PLoS ONE*, 4, e6488.
Atkins, J. E., Fiser, J., & Jacobs, R. A. (2001). Experience-dependent visual cue integration based on consistencies between visual and haptic percepts. *Vision Research*, **41**, 449-461.
Bertelson, P., Vroomen, J., de Gelder, B., & Driver, J. (2000). The ventriloquist effect does not depend on the direction of deliberate visual attention. *Perception and Psychophysics*, **62**, 321-332.
Botvinick, M., & Cohen, J. (1998). Rubber hands 'feel' touch that eyes see. *Nature*, **391**, 756.
Callan, D. E., Jones, J. A., Munhall, K., Callan, A. M., Kroos, C., & Vatikiotis-Bateson, E. (2003). Neural processes underlying perceptual enhancement by visual speech gestures. *Neuroreport*, **14**, 2213-2218.
Calvert, G. A. (2001). Crossmodal processing in the human brain：Insights from functional neuroimaging studies. *Cerebral Cortex*, **11**, 1110-1123.
Calvert, G. A., Campbell, R., & Brammer, M. J. (2000). Evidence from functional magnetic

resonance imaging of crossmodal binding in the human heteromodal cortex. *Current Biology*, **10**, 649-657.

Calvert, G., Spence, C., & Stein, B. E. (Eds.) (2004). *The handbook of multisensory processing*. MIT Press.

Cytowic, R. E. (1993). *The man who tasted shapes*. J. P. Putnam's.
(シトーウィック，R. E. 山下篤子（訳）(2002). 共感覚者の驚くべき日常──形を味わう人，色を聴く人── 草思社)

Dalton, P., Doolittle, N., Nagata, H., & Breslin, P. A. S. (2000). The merging of the senses: Integration of subthreshold taste and smell. *Nature Neuroscience*, **3**, 431-432.

Demattè, M. L., Sanabria, D., Sugarman, R., & Spence, C. (2006). Cross-modal interactions between olfaction and touch. *Chemical Senses*, **31**, 291-300.

Diederich, A., & Colonius, H. (2004). Bimodal and trimodal multisensory enhancement: Effects of stimulus onset and intensity on reaction time. *Perception and Psychophysics*, **66**, 1388-1404.

Driver, J. (1996). Enhancement of selective listening by illusory mislocation of speech sounds due to lip-reading. *Nature*, **381**, 66-68.

Ehrsson, H. H. (2007). The experimental induction of out-of-body experiences. *Science*, **317**, 1048.

Eimer, M., & Driver, J. (2000). An event-related brain potential study of cross-modal links in spatial attention between vision and touch. *Psychophysiology*, **37**, 697-705.

Ernst, M. O., & Banks, M. S. (2002). Humans integrate visual and haptic information in a statistically optimal fashion. *Nature*, **415**, 429-433.

Frassinetti, F., Bolognini, N., Làdavas, E. (2002). Enhancement of visual perception by crossmodal visuo-auditory interaction. *Experimental Brain Research*, **147**, 332-343.

Forster, B., Cavina-Pratesi, C., Aglioti, S., & Berlucchi, G. (2002). Redundant target effect and intersensory facilitation from visual-tactile interaction in simple reaction time. *Experimental Brain Research*, **143**, 480-487.

Gottfried, J. A., & Dolan, R. J. (2003). The nose smells what the eye sees: Crossmodal visual facilitation of human olfactory perception. *Neuron*, **39**, 375-386.

Graziano, M. S. A., & Gross, C. G. (1993). A bimodal map of space: Somatosensory receptive fields in the macaque putamen with corresponding visual receptive fields. *Experimental Brain Research*, **97**, 96-109.

Haggard, P. (2006). Just seeing you makes me feel better: Interpersonal enhancement of touch. *Social Neuroscience*, **1**, 104-110.

Harrington, L. K., & Peck, C. K. (1998). Spatial disparity affects visual-auditory interactions in human sensorimotor processing. *Experimental Brain Research*, **122**, 247-252.

Holmes, N. P. (2007). The law of inverse effectiveness in neurons and behaviour: Multisensory integration versus normal variability. *Neuropsychologia*, **45**, 3340-3345.

Jousmäki, V., & Hari, R. (1998). Parchment-skin illusion: Sound-biased touch. *Current Biology*, **8**, R190.

Kennett, S., Taylor-Clarke, M., & Haggard, P. (2001). Noninformative vision improves the spatial resolution of touch in humans. *Current Biology*, **11**, 1188-1191.

Macaluso, E., Frith, C. D., & Driver, J. (2000). Modulation of human visual cortex by crossmodal spatial attention. *Science*, **289**, 1206-1208.

McDonald, J. J., Teder-Sälejärvi, W. A., & Ward, L. M. (2001). Multisensory integration and cross-modal attention effects in the human brain. *Science*, **292**, 1791.

Merzenich, M. M., Nelson, R. J., Stryker, M. S., Cynader, M. S., Schoppmann, A., & Zook, J. M. (1984). Somatosensory cortical map changes following digit amputation in adult monkeys. *Journal of Comparative Neurology*, **224**, 591–605.

Murray, M. M., Molholm, S., Michel, C. M., Heslenfeld, D. J., Ritter, W., Javitt, D. C., Schroeder, C. E., & Foxe, J. J. (2005). Grabbing your ears : Rapid auditory-somatosensory multisensory interactions in low-level sensory cortices are not constrained by stimulus alignment. *Cerebral Cortex*, **15**, 963–974.

Odgaard, E. C., Arieh, Y., & Marks, L. E. (2003). Cross-modal enhancement of perceived brightness : Sensory interaction versus response bias. *Perception and Psychophysics*, **65**, 123–132.

Pavani, F., Spence, C., & Driver, J. (2000). Visual capture of touch : Out-of-the-body experiences with rubber gloves. *Psychological Science*, **11**, 353–359.

Penfield, W., & Rasmussen, T. (1952). *The cerebral cortex of man*. Macmillan.

Pick, H. L., Warren, D. H., & Hay, J. C. (1969). Sensory conflict in judgments of spatial direction. *Perception and Psychophysics*, **6**, 203–205.

Ramachandran, V. S. (1993). Behavioral and magnetoencephalographic correlates of plasticity in the adult human brain. *Proceedings of the National Academy of Sciences of USA*, **90**, 10413–10420.

Ramachandran, V. S., & Hubbard, E. M. (2003). Hearing colors, tasting shapes. *Scientific American*, **288**, 52–59.
（ラマチャンドラン，V. S.・ハバード，E. M. (2003). 数字に色を見る人たち——共感覚から脳を探る—— 日経サイエンス，8月号，42–51.）

Ramachandran, V. S., & Rogers-Ramachandran, D. (1996). Synaesthesia in phantom limbs induced with mirrors. *Proceedings of the Royal Society B : Biological Sciences*, **263**, 377–386.

Ramachandran, V. S., Rogers-Ramachandran, D., & Cobb, S. (1995). Touching the phantom limb. *Nature*, **377**, 489–490.

Sekuler, R., Sekuler, A. B., & Lau, R. (1997). Sound alters visual motion perception. *Nature*, **385**, 308.

Shams, L., Kamitani, Y., & Shimojo, S. (2000). What you see is what you hear. *Nature*, **408**, 788.

Shams, L., Kamitani, Y., Thompson, S., & Shimojo, S. (2001). Sound alters visual evoked potentials in humans. *Neuroreport*, **12**, 3849–3852.

Spence, C., & Driver, J. (2004). *Crossmodal space and crossmodal attention*. Oxford University Press.

Stein, B. E., & Meredith, M. A. (1993). *The merging of the senses*. MIT Press.

Taylor-Clarke, M., Kennett, S., & Haggard, P. (2004). Pesistence of visual-tactile enhancement in humans. *Neuroscience Letters*, **354**, 22–25.

Tsakiris, M. (2010). My body in the brain : A neurocognitive model of body-ownership. *Neuropsychologia*, **48**, 703–712.

Watanabe, K., & Shimojo, S. (2001). When sound affects vision : Effects of auditory grouping on visual motion perception. *Psychological Science*, **12**, 109–116.

第10章
Ashcraft, M. H.（1989）. *Human memory and cognition*. Scott, Foresman & Company.
Attneave, F.（1959）. *Applications of information theory to psychology：A summary of basic concepts, methods, and results*. Holt, Rinehart, and Winston.
　（アトニーブ，F. 小野　茂・羽生義正（訳）（1968）．心理学と情報理論――基本概念，方法，結果――　ラテイス）
Balota, D. A., & Yap, M. J.（2011）. Moving beyond the mean in studies of mental chronometry：The power of response time distributional analyses. *Current Directions in Psychological Science*, **20**, 160-166.
Boring, E. G.（1950）. *A history of experimental psychology*. 2nd ed. Appleton-Century-Crofts.
Collins, A. M., & Quillian, M. R.（1969）. Retrieval time from semantic memory. *Journal of Verbal Learning and Verbal Behavior*, **8**, 240-247.
Dixon, W. J.（1953）. Analysis of extreme values. *Annals of Mathematical Statistics*, **21**, 488-506.
Dixon, W. J., & Massey, F. J.（1969）. *Introduction to statistical analysis*. MacGraw-Hill.
Donders, F. C.（1868/1969）. On the speed of mental processes.（Trs. by W. G. Koster）, In W. G. Koster（Ed.）, *Attention and performance* II. North-Holland. pp.412-431.
Fitts, P. M.（1954）. The information capacity of the human motor system in controlling the amplitude of movement. *Journal of Experimental Psychology*, **47**, 381-391.
Heathcote, A., Popiel, S. J., & Mewhort, D. J. K.（1991）. Analysis response time distributions：An example using the Stroop task. *Psychological Bulletin*, **109**, 340-347.
Hervey, A. S., Epstein, J. N., Curry, J. F., Tonev, S., Arnold, L. E., Conners, C. K., Hinshaw, S. P., Swanson, J. M., & Hechtman, L.（2006）. Reaction time distribution analysis of neuropsychological performance in an ADHD Sample. *Child Neuropsychology*, **12**, 125-140.
Helmholtz, H. L. F. von（1850/1853）. *Über die Methoden, kleinste Zeittheile zu messen, und ihre Anwendung für physiologishe Zwecke.*（Original work translated（1853）. in *Philosophical Magazine*, **6**（Section 4）, 313-325.）
Hick, W. E.（1952）. On the rate of gain of information. *Quarterly Journal of Experimental Psychology*, **4**, 11-26.
今田　恵（1962）．心理学史　岩波書店
Jastrow, J.（1890）. *The time relations of mental phenomena*. Hodges.
Külpe, O.（1893/1909）. *Outlines of psychology：Based upon the results of experimental investigation*. 3rd ed. Macmillan. Translation of original work published in 1893.
Lachman, R., Lachman, J. L., & Butterfield, E. C.（1979）. *Cognitive psychology and information processing：An introduction*. Lawrence Erlbaum.
　（ラックマン，R.・ラックマン，J. L.・バターフィールド，E. C.　箱田裕司・鈴木光太郎（訳）（1988）．認知心理学と人間の情報処理　サイエンス社）
Luce, R. D.（1986）. *Response times：Their role in inferring elementary mental organization*. Oxford University Press.
松本亦太郎（1914）．実験心理学十講　弘道館
McClelland, J. L.（1979）. On the time relations of mental processes：An examination of systems of processes in cascade. *Psychological Review*, **86**, 287-330.
Meyer, D. E., Osman, A. M., Irwin, D. E., & Yantis, S.（1988）. Modern mental chronometry.

Biological Psychology, **26**, 3-67.
Miller, J. (1982). Discrete versus continuous stage models of human information processing : In search of partial output. *Journal Experimental Psychology : Human Perception and Performance*, **8**, 273-296.
Miller, J. (1988). Discrete and continuous models of human information processing : Theoretical distinctions and empirical results. *Acta Psychologica*, **67**, 191-257.
Neisser, U. (1963). Decision-time without reaction time : Experiments in visual scanning. *American Journal of Psychology*, **76**, 376-385.
Neisser, U. (1964). Visual search. *Scientific American*, **210** (6), 94-102.
Neisser, U. (1967). *Cognitive psychology*. Appleton-Century-Crofts.
　（ナイサー, U. 大羽 蓁（訳）(1981). 認知心理学　誠信書房）
Pachella, R. G. (1974). The interpretation of reaction time in information processing research. In B. Kantowitz (Ed.), *Human information processing : Tutorials in performance and cognition*. Halstead. pp.41-82.
Posner, M. I. (1978). *Chronometric explorations of mind*. Lawrence Erlbaum.
Posner, M. I., & Keele, S. W. (1967). Decay of visual information from a single letter. *Science*, **158**, 137-139.
Posner, M. I., & Mitchell, R. F. (1967). Chronometric analysis of classification. *Psychological Review*, **74**, 392-409.
Posner, M. I., & Raichle, M. E. (1994). *Images of mind*. Scientific American Books.
　（ポスナー, M. I.・レイクル, M. E.　養老孟司・加藤雅子・笠井清登（訳）(1997). 脳を観る──認知神経科学が明かす心の謎──　日経サイエンス社）
Ratcliff, R. (1993). Methods of dealing with reaction time outliers. *Psychological Bulletin*, **114**, 510-532.
Reed, A. V. (1973). Speed accuracy tradeoff in recognition memory. *Science*, **181**, 574-576.
Rosenbaum, D. A., & Krist, H. (1996). Antecedents of action. In H. Heuer, & S. W. Keele (Eds.), *Handbook of perception and action*. Vol. 2. *Motor skills*. Academic Press. pp.3-69.
Sanders, A. F. (1990). Issues and trends in the debate on discrete vs continuous processing of information. *Acta Psychologica*, **74**, 123-167.
Schouten, J. F., & Becker, J. A. M. (1967). Reaction time and accuracy. *Acta Psychologica*, **27**, 143-153.
Shepard, R. N., & Metzler, D. (1971). Mental rotation of three-dimensional objects. *Science*, **171**, 701-703.
Snodgrass, J. G., Luce, R. D., & Galanter, E. (1967). Some experiments on simple and choice reaction time. *Journal of Experimental Psychology*, **75**, 1-17.
Snodgrass, J. G., Lwvey-Berger, G., & Haydon, M. (1985). *Human experimental psychology*. Oxford University Press.
Sternberg, S. (1966). High speed scanning in human memory. *Science*, **153**, 652-654.
Sternberg, S. (1967). Two operations in character recognition : Some evidence from reaction time measurements. *Perception and Psychophysics*, **2**, 45-53.
Sternberg, S. (1969a). Memory scanning : Mental process revealed by reaction-time experiments. *American Scientist*, **57**, 421-457.
Sternberg, S. (1969b). The discovery of processing stages : Extensions of Donders' method. In W. G. Koster (Ed.), *Attention and performance* II. North-Holland. pp.276-315.

Stroop, J. R. (1935). Studies of interference in serial verbal reactions. *Journal of Experimental Psychology*, **18**, 643-662.
Swensson, R. G. (1972). The elusive tradeoff : Speed vs accuracy in visual discrimination tasks. *Perception and Psychophysics*, **12**, 16-31.
Telford, C. W. (1931). The refractory phase of voluntary and associative responses. *Journal of Experimental Psychology*, **14**, 1-36.
梅本堯夫・大山　正（編著）(1994). 心理学史への招待――現代心理学の背景――　サイエンス社
Welford, A. T. (1980). *Reaction times*. Academic Press.
Wickelgren, W. A. (1977). Speed-accuracy tradeoff and information processing dynamics. *Acta Psychologica*, **41**, 67-85.
Woodrow, H. (1914). The measurement of attention. *Psychological Monographs*, 17(Whole No. 76).
Woodworth, R. S. (1899). The accuracy of voluntary movement. *Psychological Review*, **3** (3, Suppl. 13), 1-119.
Woodworth, R. S. (1938). *Experimental psychology*. Holt.
Wundt, W. (1880). *Grundzüge der physiologishen Psychologie*. 2nd ed. W. Engelmann.

人名索引

ア　行

アスペル（Aspell, J. E.）　211, 213

井上達二　53, 54

ウィッケルグレン（Wickelgren, W. A.）　253, 256, 258
ウェーバー（Weber, E. H.）　32, 33, 37
ウェルトハイマー（Wertheimer, M.）　44, 46, 47, 113
ウォレン（Warren, R. M.）　193
ウッドロー（Woodrow, H.）　233
ウッドワース（Woodworth, R. S.）　233〜235
ヴント（Wundt, W.）　40〜45, 232

エアーズ（Ayres, A. J.）　87
エクスナー（Exner, S.）　227

大山　正　120

カ　行

カヴァナー（Cavanagh, P.）　146, 148
カニッツァ（Kanizsa, G.）　50, 129
カント（Kant, I.）　19, 28, 36〜38

北里柴三郎　38
キャッテル（Cattell, J. M.）　230, 233
キャルバート（Calvert, G. A.）　223
キュルペ（Külpe, O.）　233

グデール（Goodale, M. A.）　61, 66
クボヴィ（Kubovy, M.）　120
クンスト＝ウィルソン（Kunst-Wilson, W. R.）　163, 164, 177

ゲーテ（von Goethe, J. W.）　23, 26〜31
ケーラー（Köhler, W.）　44〜46
ケネット（Kennett, S.）　207, 209
ケプラー（Kepler, J.）　11, 13

コフカ（Koffka, K.）　44, 47
コリンズ（Collins, A. M.）　237

サ　行

サイモンズ（Simons, D. J.）　172, 173, 175
榊　俶　38
サンダース（Sanders, A. F.）　246

ジェームズ（James, W.）　107
シェパード（Shepard, R. N.）　237
ジャストロー（Jastrow, J.）　233
ショウペンハウエル（Schopenhauer, A.）　29
シラー（Schiller, F.）　28

杉山東子　96, 102
スコーテン（Schouten, J. F.）　257
スタンバーグ（Sternberg, S.）　237, 239, 240, 242, 243, 246, 248, 249, 253
スティーヴンス（Stevens, J. C.）　75

ストループ（Stroop, J. R.） 233
スノッドグラス（Snodgrass, J. G.） 257
スパーリング（Sperling, G.） 197
スペルキ（Spelke, E. S.） 86
鷲見成正 133

セクラー（Sekuler, R.） 204

タ 行

ダーウィン（Darwin, C. J.） 197
ダウニング（Downing, P. E.） 61
高島 翠 125
高橋晋也 130
ダルトン（Dalton, P.） 98

チーズマン（Cheesman, J.） 161, 162, 164, 177
チェリー（Cherry, E. C.） 165, 166, 199

デウィット（de Wit, T. C. J.） 127
デカルト（Descartes, R.） 12〜14, 21, 22
テルフォード（Telford, C. W.） 233

ドイチェ（Deutsch, J. A.） 166
ドッジ（Dodge, R.） 227
ドライバー（Driver, J.） 168
ドリー（Dolley, C. S.） 230
トリーズマン（Treisman, A. M.） 135, 137, 139, 140, 166
ドンデルス（Donders, F. C.） 231〜233, 248

ナ 行

ナイサー（Neisser, U.） 237, 239

中川敦子 88

ニュートン（Newton, I.） 13, 18, 24, 27, 28, 40

根ヶ山光一 74

ハ 行

ハーツ（Herz, R. S.） 103
パーマー（Palmer, S. E.） 117, 121, 157
パチェラ（Pachella, R. G.） 253

ヒック（Hick, W. E.） 233
ヒップ（Hipp, M.） 35, 227
ヒルシュ（Hirsh, A.） 229

フィッツ（Fitts, P. M.） 235, 236
ブーゲ（Bouguer, P.） 33
フェヒナー（Fechner, G. T.） 31〜33, 37
フック（Hooke, R.） 24
フムボルト（von Humboldt, W.） 28
フランコリーニ（Francolini, C. M.） 167
プルースト（Proust, M.） 103
ブルーナー（Bruner, J. S.） 159
プルキニエ（Purkyně, J. E./Purkinje, J. E.） 30〜32, 37
ブレグマン（Bregman, A. S.） 179, 182
ブロードベント（Broadbent, D. E.） 165, 166

ペイヴィオ（Paivio, A.） 92
ベッセル（Bessel, F. W.） 228
ヘリング（Hering, E.） 31, 33, 35,

37, 39
ベル（Bell, C.）14
ペルトラ（Peltola, M. J.）88
ヘルムホルツ（von Helmholtz, H.）
　24, 25, 33〜38, 40, 45, 229, 231

ボーリング（Boring, E. G.）225
ボーンスタイン（Bornstein, R. F.）
　164
ポズナー（Posner, M. I.）88, 225, 237
ボトビニック（Botvinick, M.）210, 211

マ　行

マー（Marr, D.）50, 51
マーセル（Marcel, A. J.）160〜162
マーフィー（Murphy, S. T.）163
マカルーソ（Macaluso, E.）223
マクギニス（McGinnies, E.）159
マスケライン（Maskelgne, N.）228
マック（Mack, A.）174
松本亦太郎　41, 227
マルコビッチ（Markovich, S.）125
マルサス（Malthus, T. R.）32

ミュラー（Müller, J. P.）13〜15, 24, 31, 33, 34, 37, 40, 41, 229

ムーア（Moore, C. M.）173
ムサッチ（Musatti, C. L.）132

メテリ（Metelli, F.）133

メルツォフ（Meltzoff, A. N.）87

森林太郎　38
森田ひろみ　148
モレイ（Moray, N.）166

ヤ　行

山本晃輔　103
ヤング（Young, T.）23〜25, 38

ヨハンソン（Johansson, G.）131

ラ　行

ライプニッツ（von Leibniz, G. W.）
　15, 18, 20〜22
ラトクリフ（Ratcliff, R.）262
ラビ（Lavie, N.）169, 171
ラファル（Rafal, R.）157
ラマチャンドラン（Ramachandran, V. S.）214, 216
ラムフォード（Rumford, C.）29, 30

リード（Reed, A. V.）257
リドック（Riddoch, G.）65

ルビン（Rubin, E. J.）110

レイモンド（Raymond, J. E.）171
レンシンク（Rensink, R. A.）175

ロック（Locke, J.）15〜20, 36
ロック（Rock, I.）172, 173
ロッツェ（Lotze, R. H.）37

事項索引

ア　行

愛着　82
アイディア　16
圧覚　73
アトム　22
アモーダル知覚　123
　　――拡大　128
　　――完結　124
　　――縮小　128
　　――補完　123
アルゴリズム　51

閾　96, 156
閾下感情プライミング　163
閾下単純接触効果　163
閾下知覚　156, 157, 160, 162, 164
位置不変性　55
位置マップ　139
一般化円筒　58
色　52

内側の要因　111
運動　52
　　――によってもたらされる体制化
　　　　131
運動調節　246
運動プログラミング　246
運動盲　144

エコーイックメモリ　197
エネルギー恒存則　34
エピソード記憶　103

大きさ恒常説　129
奥行き　130
音による距離感の知覚　188
同じ幅の要因　111
「おばあさん細胞」仮説　57
オルソネーザル嗅覚　91
音韻　191
　　――の知覚　191
温覚　73
音楽の知覚　194
音源定位　80, 187
音声スペクトル包絡　194
音声知覚　189
音素修復　192
音脈分凝　180, 181
音律　191
　　――の知覚　193

カ　行

外線条野身体領域　61
外側膝状体　83
海馬傍回場所領域　61
快不快　104
　　知覚的な要因　106
　　認知的な要因　105
覚醒　88
拡大　128
カクテルパーティ効果　199
影の色の現象　29
仮現運動　44
加算要因法　242
　　――の適用例　243
　　――への批判　248

形の特徴　141, 142
可聴閾　179
カメラ・オブスクラ　10
　──・ミュージアム　11
感覚　9
感覚間相互作用　203
感覚間の統合　86
感覚空間　94
感覚知覚の役割　50
感覚統合　87
感覚特殊神経エネルギー　14
関係系　125
感性的知覚　124
感性的特徴の獲得　130
感性満腹感　106
間接課題　161

規則性　124
期待　65
　──による知覚の変容　67
擬態　133, 143
機能的可塑性　216
基本周波数　194
キモグラフ　234
逆有効性の法則　218
客観的閾　162
客観的態度の要因　116
逆向性マスキング　161, 187
嗅覚　9, 80, 91
　──受容体　91
　──情報処理　91
　──表象　92, 94
嗅球　82, 92
嗅細胞　91
共感覚　218
教示法　256
狭小の要因　111

共通運命の要因　115
共通領域　118
強度　97
局所徴験説　37
局所的完結　127
近赤外分光法　84
近接の要因　113, 196

空間認識　61
空間の法則　218
空間分解能　75
空間方向の要因　113
組合せコーディング　58
グルーピング　180
グループ間配置　122
グループ内配置　121
クロスモーダル知覚　203
　──の仕組み　218
　──の神経基盤　222
　──の例　204
クロノスコープ　34, 35, 227
群化の要因　113

経験の要因　117
警告信号　227
計算理論　51
継時マスキング　185
系列的処理段階モデル　248
　──への批判　248
ゲシタルト心理学（ゲシュタルト心理
　学）　43, 44, 113
ゲシュタルト原理　180
ゲシュタルト要因　113
結合錯誤　140, 141
言語獲得　79
言語情報　191
減算法　231, 239

——の復活　237
幻肢　214
　——痛　214
原始スケッチ　51
現象　21
原子論　43
検知閾　96

後期選択理論　166
交互作用説　12
光線に色はない　13
ゴー・ノーゴー反応時間課題　231
五感　9
個人声　191
　——の知覚　193
個人方程式　228
異なる属性で定義された形の統合　145
ことばの鎖　190
混合図形　146〜148
　——の錯視量　146, 147
　——を用いた視覚探索実験　148
困難度指標　236

サ　行

最小時間課題　235
再認課題　164
再認記憶　100
サッカード　63

ジオン　58
視覚　9, 83
視覚性失認　56
視覚走査　237
視覚探索課題　171
視覚探索実験　135
視覚的注意　140
視覚の計算理論　50

視覚のモジュール構造　143
視覚野　52
時間的近接の要因　180
時間と強さの交換作用　187
時間の法則　218
時間範囲法　257
時間マッチング課題　234
色覚の三原色説　24
糸球体　92
刺激選択性　54
刺激提示間非同期　161
刺激—反応の適合性　246
自己受容感覚　209
視細胞　52
示差的特徴　191
視神経　52
悉皆型走査　241
実験心理学　40, 41
　——の成立　40
　——の方法論　41
実行注意　88
視点依存モデル　59
自伝的記憶　103
視点不変性　58
自動打ち切り型走査　242
社会性　193
視野闘争　66
主観的閾　162
主観的輪郭　129
縮小　128
主体　21
受動的無視　172, 174
受容野　52, 222
瞬間刺激提示装置　227
順向性マスキング　187
純粋挿入仮定　232
順応　98

準備時間　227
　　――の効果　233
上丘　83, 88
小細胞系　84
情報処理アプローチ　165
初期・後期論争　166
初期選択理論　166
触覚　9, 73
処理モジュール　144
親近性　159
神経興奮伝播速度の測定　33, 34
神経細胞　52
神経心理学　157
信号検出理論　162
心的エネルギー説　129
心理的不応期　233
心理物理同型説　45, 46

図　109
水晶体　83
垂直水平錯視　146
ストループ効果　234
スピーチ知覚　191
　　――における文脈効果　191
スピーチパーセプション　189

制限時間法　253, 257
声質　193
精神時間測定　225
精神物理学　31, 32
声性情報　191
生理学的心理学　40
先験主義認識論　36
先行音効果　188
選好注視法　85
潜在的知覚　155
前処理　246

センソリウム　12
選択的聴取　199
選択反応時間課題　231
前庭感覚　77
前庭動眼反射　77
前部帯状回　89

層化　130
相称の要因　111
相貌失認　57
側頭葉　65
側抑制説　129

タ　行

大域的完結　127
第1性質の感覚　18
体外離脱体験　213
大細胞系　84
対称性　124
体制化　113
体性感覚　73
第2性質の感覚　18
大脳性色盲　144
体部位再現地図　73, 214
多感覚知覚　203
多義図形　109
タブラ・ラサ　17
　　――説　20
段階説　39
短期再認記憶　100
単語句切れの錯覚　191
単純接触効果　106, 163
単純特徴　135, 137
単純反応時間課題　231

地　109
知覚的群化　113

知覚的に保持される匂いの記憶　104
知覚的防衛　157
知覚の体制化　113
知覚プライミング　104
知識に基づく知覚の変容　68
チャンスレベル　160
注意　87
注意の解放　88
注意の負荷理論　169
中継核　52
中心窩　83
聴音結合　191
聴覚　9, 79
　——における高次認知　197
　——による空間認知　187
聴覚刺激の多義性　180
聴覚情報処理における映像の効果　199
聴覚的感覚記憶　197
聴覚的注意　199
聴覚的補完　182
聴覚認知の基本機能　184
聴覚の情景分析　179, 180
聴覚フィードバック　190
聴覚マスキング　184
聴覚誘導　182
長期再認記憶　100
聴空間　187
直接課題　161
直列探索　137

追唱　165, 199
痛覚　73
ツェルナー錯視　147

定位　88
定義　145
ディクソンテスト　260

テンポ　196

統覚　23
統覚型視覚性失認　56
同時性　117
同時マスキング　184
頭頂葉　63, 88
透明視　129, 130
倒立顔効果　61
特異的無嗅覚症　97
特徴的抽出　246
特徴統合理論　135, 139
特徴マップ　139
独立した単音　180
トップダウン処理　68, 191

ナ　行

内観　41
滑らかな連続性　124

匂いの記憶　100
匂いの言語化　100
　——が促進する記憶　100
匂いの受容機構　91
匂いの知覚　96
匂いの同定　101
匂いプリズム　98
二重符合化理論　92
日常生活における知覚の体制化　133
2点弁別閾測定法　75
2と1/2スケッチ　51
ニュートラル配置　122
ニュールック心理学　159
ニューロン　52
認識論　16
認知閾　96
認知マスキング　187

音色の知覚　194

脳　49

ハ　行
場　43
パーチメントスキン錯覚　207
バイオロジカルモーション　132
背側経路　55, 62, 83
　——と知覚意識　66
　——における物体の処理　64
背側前頭野　89
バイモーダル・ニューロン　222
白紙説　20
外れ値　259, 260
速さ—正確さの操作特性曲線　250
速さ—正確さのトレードオフ　229, 234, 250
速さ—正確さのトレードオフ関数　249, 250
バリント症候群　157
反転図形　109
反応時間　227
　——の計測　227
　——の指標　259
　——分布全体の分析　264
反応時間分割法　258
反応信号法　257
反応潜時　227
反応選択　246
反応バイアス　159

ピアノ共鳴説　36
光　50
非感性的知覚　123
皮質盲　65
微小生成　127

左上側頭溝　223
非注意　165
　——の知覚　156
　——の知覚研究　165
非注意刺激　165
非注意盲　172
表現　50
表面特徴　141

フィッツの法則　236
ブーゲ=ウェーバーの法則　33
フェヒナーの法則　32
複数のモジュールにおける輪郭の検出　145
腹側経路　55, 62, 83
　——と知覚意識　66
腹話術効果　199, 200, 204
物心二元論　12
物体認識　58
負のプライミング効果　169
プライミング効果　126, 162
プライムマッチング法　126
フランカー課題　166
フランカー適合性効果　167
プルースト現象　103
プルキニエ現象　30
プレグナンツの原理　45, 120
プレグナンツへの傾向　120, 129
プレボス=フェヒナー=ベンハム主観色現象　32
文化的背景　105
分凝　109

ペイオフ法　256
平衡感覚　77
閉合の要因　111, 116
並列探索　137

事項索引　293

ヘルムホルツのスピリチュアリズム　35
ヘルムホルツの精神主義　35
変化盲　174
扁桃体　83
弁別閾　96

方位弁別課題　209
妨害刺激嫌悪効果　171
紡錘状回顔領域　60
ボトムアップ処理　67
ホムンクルス　12

マ　行

マガーク効果　200, 204
膜迷路　77
マスキング可能性　184
マスク刺激　160

味覚　9, 82
味蕾　82

無関係説　129

眼　52
明暗　52
明度　130
メロディ　196
　　――の知覚　196
面の形成　130

盲視　65
網膜　52, 83
網膜位置座標対応　52, 53
モーダル知覚　124
目標到達行動　234
モナド　22
モナドロジー　21

ヤ　行

ヤング＝ヘルムホルツ説　38

よい形の要因　115
よい連続の要因　114, 196
要素の連結　119

ラ　行

ラバーハンド錯覚　209

リズム　196
　　――の知覚　196
立体運動視　132
リドック現象　65
領域の分離　138
両耳分離聴　165, 199
輪郭　142

類同の要因　116, 196

冷覚　73
レトロネーザル嗅覚　91
連合型視覚性失認　56
連続聴効果　182

ロール効果　182

欧　字

AIP 領域　64
a 法　231
b 法　231
c 法　231
EBA　61
FFA　60
how の経路　56
LGN　83
LIP 領域　64

MIP 領域　64
PPA　61
RBC モデル　58
SAT 関数　250, 253, 256

SOA　161
what の経路　55, 82, 152
where の経路　55, 82, 152

執筆者紹介

【編者略歴】名前のあとの括弧内は各担当章を表す．

綾部早穂(あやべさほ)（第0章，第4章（分担））

1986年　筑波大学第二学群人間学類卒業
1997年　筑波大学大学院博士課程心理学研究科修了
　　　　高砂香料工業株式会社総合研究所，健康科学大学，
　　　　フィリップモリス（USA）感覚評価研究所を経て，
現　在　筑波大学人間系教授　博士（心理学）

主要編著書
『知覚心理学』（分担執筆）（ミネルヴァ書房，2011）
『においの心理学』（共編著）（フレグランスジャーナル社，2008）
『感覚知覚心理学』（分担執筆）（朝倉書店，2008）
『新編　感覚・知覚心理学ハンドブック　Part2』（分担執筆）（誠信書房，2007）

熊田孝恒(くまだたかつね)（第2章）

1986年　筑波大学第二学群人間学類卒業
1991年　筑波大学大学院博士課程心理学研究科修了
　　　　産業技術総合研究所，理化学研究所を経て，
現　在　京都大学大学院情報学研究科教授　教育学博士

主要著書
『マジックにだまされるのはなぜか──「注意」の認知心理学──』（化学同人，2012）
『心理学研究法2 ──認知──』（分担執筆）（誠信書房，2012）
『注意と安全』（分担執筆）（北大路書房，2011）
『高齢者心理学』（分担執筆）（朝倉書店，2008）
『新編　感覚・知覚心理学ハンドブック　Part2』（分担執筆）（誠信書房，2007）

【執筆者】名前のあとの括弧内は各担当章を表す。

金子隆芳（第1章）　筑波大学名誉教授
かねこ たかよし

中川敦子（第3章）　名古屋市立大学大学院人間文化研究科教授
なかがわ あつこ

杉山東子（第4章）　花王株式会社感性科学研究所研究員
すぎやま はるこ

藤井輝男（第5章）　敬愛大学経済学部経営学科教授
ふじい てるお

森田ひろみ（第6章）　筑波大学図書館情報メディア系講師
もりた

八木善彦（第7章）　立正大学心理学部教授
やぎ よしひこ

中島正人（第8章）　独立行政法人科学技術振興機構（JST）社会技術研究開発センター（RISTEX）アソシエイトフェロー
なかじま まさと

和田裕一（第9章）　東北大学大学院情報科学研究科人間社会情報科学専攻准教授
わだ ゆういち

菊地　正（第10章）　元筑波大学教授
きくち ただし

ライブラリ スタンダード心理学 =2
スタンダード感覚知覚心理学

2014年2月10日Ⓒ	初 版 発 行
2020年9月10日	初版第2刷発行

編 者	綾部早穂	発行者	森平敏孝
	熊田孝恒	印刷者	中澤 眞
		製本者	松島克幸

発行所　株式会社　サイエンス社
〒151-0051　東京都渋谷区千駄ヶ谷1丁目3番25号
営業 TEL （03）5474-8500（代）　振替 00170-7-2387
編集 TEL （03）5474-8700（代）
FAX 　　（03）5474-8900

印刷 ㈱シナノ　製本 松島製本
《検印省略》

本書の内容を無断で複写複製することは，著作者および出版者の権利を侵害することがありますので，その場合にはあらかじめ小社あて許諾をお求め下さい。

ISBN978-4-7819-1332-2
PRINTED IN JAPAN

サイエンス社のホームページのご案内
http://www.saiensu.co.jp
ご意見・ご要望は
jinbun@saiensu.co.jp　まで.